AI重塑生意经

如何实现快速盈利

莫 敏、宋 涛、刘巨波、苏 嵩 著

人民邮电出版社

北 京

图书在版编目（CIP）数据

AI 重塑生意经 ： 如何实现快速盈利 / 莫敏等著. --
北京 ： 人民邮电出版社，2025. -- ISBN 978-7-115
-67546-0

Ⅰ. F71-39

中国国家版本馆 CIP 数据核字第 20250V83S6 号

内 容 提 要

  本书以四位不同背景的年轻创业者从 0 到 1 创建品牌、做生意的故事为主线，生动讲解了利用 AI 解决经商难题的实战方法与案例，如讲解市场调研、商业模式分析、人力资源管理、数据分析、营销、做图等环节遇到的问题，利用 AI 解决问题的路径等。

  本书内容轻松有趣、实用性强，能帮助做生意的人学会将做生意与 AI 技术相结合，实现降本增效与经商成功。作为 AI 应用方面的普及性读物，本书也适合作为有关院校 AI 应用课程的教材。

◆ 著   莫 敏 宋 涛 刘巨波 苏 嵩

  责任编辑   刘 姿

  责任印制   彭志环

◆ 人民邮电出版社出版发行   北京市丰台区成寿寺路 11 号

  邮编 100164   电子邮件 315@ptpress.com.cn

  网址 https://www.ptpress.com.cn

  北京市艺辉印刷有限公司印刷

◆ 开本：700×1000   1/16

  印张：15.25   2025 年 8 月第 1 版

  字数：299 千字   2025 年 8 月北京第 1 次印刷

定价：69.80 元

读者服务热线： **(010)81055296** 印装质量热线： **(010)81055316**
反盗版热线： **(010)81055315**

序言一

人工智能（Artificial Intelligence，AI）正以滚滚洪流之势迅速发展着，相信读者朋友们已经看过很多关于 AI 的新名词及各个大模型厂商的新闻了。而这就带来了一个新问题：作为个体，我们应当如何学习和运用 AI 生成内容呢？

本书旨在帮助读者充分利用 AI 来提高业务效率、增强竞争力，并在这个不断变化的商业环境中取得成功。本书经过精心设计，涵盖了从基础知识到实际应用的广泛内容，使读者可以逐步深入地了解 AI 在现代商业中的应用，并学会如何将 AI 整合到日常业务中。

本书先普及了有关 AI 的基础知识，接着深入探讨了 AI 在日常办公、市场调研、商业模式、人力资源管理等方面的具体应用。书中提供了丰富的实践指导，涵盖了数据分析、生成营销内容、生成图片等核心，可以帮助读者将 AI 运用到日常业务中，提高效率和增强创新能力。

本书不仅是一本实用指南，还是一本激发创新思维的作品。它鼓励读者思考如何使用 AI 解决复杂的商业问题，如何通过智能体的组合来应对各种挑战。书中系统化的内容将帮助读者建立起全面的 AI 应用知识体系，使读者能够在实际工作中灵活运用 AI。

本书的几位编者既有着资深的从业经验，又都是 AI 的深度用户。他们将自己的经验和见解融合在一起，创作了本书。无论你是刚刚起步的创业者，还是希望在现有业务中融入 AI 的资深管理者，本书都将是你不可或缺的指南。

禅道软件创始人

王春生

序言二

在当今瞬息万变的商业环境中，人工智能正迅速崛起，成为推动创新和提高效率的关键力量。本书以生动的创业故事为主线，从多个角度深入探讨了 AI 如何应用于企业运营的方方面面，帮助企业在激烈的市场竞争中脱颖而出。

本书的特色在于通过四位年轻创业者的实际案例，详细展示了 AI 在不同业务领域的应用。从市场分析到用户研究，再到商业模式分析和商业计划书生成，本书提供了丰富的理论知识和实际操作指南。

例如，AI 可以帮助企业快速高效地进行市场调研，收集并分析大量数据，从而做出更明智的商业决策。本书还探讨了如何利用 AI 优化用户调研过程。通过自动生成问卷、模拟访谈和数据分析，企业能够更深入地了解用户需求，优化产品设计和提升用户体验。此外，AI 在商业模式分析和商业计划书生成中的应用，可以帮助企业明确自身优势，制定切实可行的发展策略。

在项目管理方面，AI 能够辅助项目计划编制、变更管理和处理紧急项目，确保项目按时高质量完成。本书通过创业故事的讲述，展示了 AI 在实际项目管理中所发挥的巨大作用。

在营销方面，AI 大大增强了企业的营销能力，从社交媒体互动到小红书营销，AI 为企业提供了全方位的营销支持。本书详细讲解了 AI 在这些领域的应用，使读者能够灵活运用 AI，让品牌触达更多消费者，提升品牌影响力。

此外，本书还介绍了如何通过 AI 辅助设计工作，生成高质量的视觉内容，进一步提升品牌形象和市场竞争力。AI 具有强大的能力，能帮助企业高效处理海量数据，优化运营决策。

特别值得一提的是，AI 在数据分析和用户反馈信息分析方面的应用更是无法替代。通过自动化的数据处理和分析，企业能够迅速从大量数据中提取有价值的信息，发现潜在问题和市场机会。同时，AI 还能帮助企业解析用户反馈信息，识别用户需求和痛点，从而持续改进产品和服务，提高用户满意度。

本书不仅是企业管理者的必备指南，也是所有希望在数字化转型中取得成功的人的必读之作。通过本书，读者将深入了解 AI 如何在企业经营的各个环节中创造价值，从而实现业务的全面提升。让我们携手本书，开启商业创新的新篇章！

诺基亚北京研发中心总经理

刘海玲

前言

在这个科技迅猛发展的时代，人工智能不再是科幻小说中的遥远概念，而是深入影响我们日常生活和工作的实际工具。本书正是在这样的背景下应运而生的。本书缘起于四位年轻创业者的故事，他们在创办品牌的过程中，成功地将 AI 应用于各个环节，最终实现了商业成功。这个故事不仅展示了 AI 的强大力量，也促使我们产生了将相关经验分享给更多职场人士的愿望。

本书适合与做生意、经营有关的读者，也适合从事产品管理、项目管理、市场营销和品牌设计等岗位的白领阅读。

通过阅读本书，读者能够深入了解 AI 技术的基本概念、实际应用，以及如何在日常工作中将其发挥到极致的内容。本书分享了一些成功的案例，展示了 AI 如何帮助员工提高工作效率、减少重复性工作，以及如何实现更高质量的发展。同时，本书提供了一些实用的技巧和方法，可以帮助读者更好地利用现有的 AI 工具，在工作中取得更好的成绩。

为了帮助读者更好地理解和应用本书的内容，我们建议按照以下方式阅读。

● **循序渐进**：从基础概念到高级应用，逐步深入，确保每个知识点都能掌握。

● **结合实践**：积极参与书中的实用练习，将所学知识应用于实际工作中。

● **持续学习**：利用书中推荐的资源，持续积累关于 AI 的知识和扩展其应用领域。

总之，本书不仅是一部展示 AI 在商业中应用的指南，还是一把开启未来职业成功的钥匙。通过阅读本书，读者能够更好地理解和应用 AI，从而提高工作效率，实现职业的飞速发展。让我们一同开启这段探索与成长的旅程吧！

↘ 本书的独特之处

本书通过讲述一群年轻人创立独立咖啡品牌的故事，全面展示了 AI 在现代社会中的巨大作用。在创业过程中，这群年轻人遇到了各种问题，但他们都巧妙地将 AI 融入解决问题的过程中，最终取得了显著的成就。

本书采用叙事性的写作手法，每一章都以一个具体的问题作为开头，然后详细介绍如何利用 AI 获得解决方案，最终呈现出令人满意的结果。这种写作手法有助于读者更快速地将自己代入实际工作场景中，从而将从书中获得的启发运用到自己的工作中，运用合理的 AI 思维和工具来解决实际问题。

通过阅读本书，读者可以深入了解 AI 在现代社会中的广泛应用，以及了解它如何帮助人们在各种领域取得成功。同时，本书的叙事性写作方式也使理论知识更加生动有趣，易于理解和吸收。无论是对初学者还是有一定经验的读者，本书都是一本极具价值的参考书。

↘ 内容介绍

本书讲述了四个年轻人离职后一起创业的故事。他们创建了一家名为"职人大咖"的线上及线下咖啡品牌。从品牌的构想、建设到运营的过程中，他们遇到了各种问题，但通过运用 AI，用更高效率和更低成本的方式解决了这些问题。

书中四位年轻人如下。

● **马珂**：技术专家，精通网站开发和电子商务。

● **戴伟**：财务专家，精通市场分析和资金管理。

● **陶戈**：市场营销专家，善于品牌推广和提升用户体验感。

● **李斯**：在咖啡行业从事多年，经验丰富，懂得咖啡品质和供应链管理。

本书具体分为 10 章。

第 1 章：创业团队的学习篇。在开始创业之前，团队成员需掌握一定的 AI 基础知识，为解决后续遇到的问题奠定坚实的基础，以便顺利解决。

第 2 章：AI 日常办公基础篇。本章涉及运用 AI 协助团队撰写汇报材料、绘制流程图等内容，旨在提升个人办公效率。

第 3 章 ~ 第 5 章：AI 市场调研、用户调研、商业模式分析篇。读者在这一部分将学习如何利用 AI 进行高效的数据收集、分析，以及准确解读市场情况，为确定产品定位和市场营销战略提供科学依据。同时，本部分还涵盖 AI 在用户研究和商业模式分析中的应用，可以帮助读者通过用户行为分析和需求识别，推动商业模式的创新和优化。

第 6 章：AI 人力资源管理能力篇。本章探讨利用 AI 优化人力资源管理，特别是 AI 在招聘过程中的应用，包括筛选简历、构建模拟面试场景、生成面试问题，以及对候选人回答进行评估并生成面试报告。本章旨在帮助读者提高招聘效率，同时确保以客观、高效的方式评估候选人。

第 7 章：AI 管理能力篇。本章着重介绍如何借助 AI 进行项目计划与管理，包括整理汇总项目信息，快速生成项目计划。通过学习本章内容，读者将掌握使用 AI 进行项目计划与管理的核心技巧，确保项目能够高效、顺利地进行。

第 8 章 ~ 第 10 章：第 8 章为数据分析能力篇，第 9 章、第 10 章为内容生成与营销能力篇，此两部分可概括为 AI 运营能力篇。此两部分旨在通过案例使读者能够有效地将 AI 应用于日常运营活动中，提升运营效率和增强创意输出。

通过系统地学习本书，读者不仅能够掌握 AI 的核心应用，还能够深入了解如何将 AI 策略性地应用于创业项目中，从而在竞争激烈的商业环境中脱颖而出。

莫敏

目录

第1章 开启 AI 大门的钥匙：提示词

1.1 提示词概述 003
1.1.1 AI 工具的基本操作 004
1.1.2 提示词的基本使用技巧 005
1.1.3 提示词的高级使用技巧 008

1.2 创建专属 AI 智能体 017
1.2.1 专属 AI 智能体的作用 018
1.2.2 如何创建专属 AI 智能体 019

第2章 用 AI 制作汇报文件及流程图

2.1 写作汇报材料的艺术 024
2.1.1 汇报材料的种类和重要性 024
2.1.2 AI 对编写报告的作用 025
2.1.3 自动生成汇报内容的思路和技巧 025

2.2 晋级汇报相关内容 026
2.2.1 能力成熟度模型的建立 027
2.2.2 创建公文高手智能体的思路 037
2.2.3 创建公文高手智能体的步骤 038
2.2.4 利用智能体做晋级汇报准备 045
2.2.5 利用智能体生成晋级汇报材料，优化晋级报告 046

2.3	画流程图	048
2.3.1	流程图的使用场景	048
2.3.2	利用 AI 和 Mermaid 画流程图	049

第3章　AI 辅助市场调研

3.1	市场调研的目的与方法	055
3.1.1	市场调研的目的	055
3.1.2	市场调研的方法	056
3.2	使用 AI 辅助市场调研	058
3.2.1	PESTLE 分析	059
3.2.2	波特五力模型分析	063
3.2.3	SWOT 分析	067
3.2.4	一键生成市场调研报告	068

第4章　AI 辅助用户调研

4.1	用户调研的必要性	072
4.1.1	用户调研的定义和目的	073
4.1.2	不做用户调研的风险	073
4.1.3	常用的用户调研方法	074
4.2	AI 辅助用户调研	076
4.2.1	AI 辅助问卷调查	076
4.2.2	AI 辅助深度访谈	089
4.2.3	AI 辅助生成调研报告 PPT	100

第5章　AI 辅助商业模式分析

5.1	商业模式概述	104
5.1.1	商业模式的定义及其关键组成部分	104
5.1.2	商业模式分析的意义	105

5.1.3 常见的商业模式类型 106

5.2 AI 辅助商业模式分析 107
5.2.1 竞品的商业模式分析 108
5.2.2 "职人大咖"项目商业模式评价 113

5.3 AI 辅助生成商业计划 118
5.3.1 商业计划的定义 119
5.3.2 AI 协助制定商业计划 120

第 6 章

如何利用 AI 提高招聘效率

6.1 AI 辅助筛选简历 127
6.1.1 AI 中简历匹配原则 127
6.1.2 建立"职人大咖简历筛选助手"智能体，
并设置筛选规则 127
6.1.3 把业务部门的招聘需求和简历同时发给
"职人大咖简历筛选助手"智能体 129
6.1.4 简历筛选及联系候选人 131

6.2 利用 AI 创建虚拟面试官，准备面试问题 131
6.2.1 训练 AI，让它学习面试匹配原则 132
6.2.2 让虚拟面试官生成第一轮面试的问题 134
6.2.3 让虚拟面试官生成第二轮面试的问题 136
6.2.4 让虚拟面试官生成第三轮面试的问题 139
6.2.5 AI 辅助生成面试报告 143

第 7 章

AI 辅助项目计划与管理

7.1 项目及项目计划介绍 148
7.1.1 项目计划的目的 149
7.1.2 项目计划的内容 150
7.1.3 项目集与项目的关系 150

7.2 AI 辅助项目计划 152

7.2.1　收集项目信息　153

7.2.2　输入数据到 AI 工具　155

7.2.3　创建项目计划并分配任务和角色　157

7.2.4　维护项目计划，实施变更管理　162

7.2.5　紧急项目管理　165

第 8 章

AI 辅助数据分析和编程

8.1　AI 数据分析概述　170

8.1.1　AI 数据分析定义　170

8.1.2　AI 数据分析与传统数据分析的区别　170

8.1.3　常用的 AI 数据分析工具和技术　171

8.2　AI 辅助数据分析　173

8.2.1　AI 辅助定量数据分析　174

8.2.2　AI 辅助定性数据分析　184

第 9 章

加大营销力度，触达更多消费者

9.1　选择不同的营销方式　192

9.2　AI 助力五种营销方式　194

9.2.1　社交媒体互动　194

9.2.2　邮件营销　195

9.2.3　微信公众号营销　197

9.2.4　微信朋友圈营销　199

9.2.5　小红书营销　202

第 10 章

如何拥有自己的专属设计师

10.1　AI 文生图基本操作　207

10.2　AI 文生图高级技巧　210

10.3　AI 文生图辅助工具　225

第 1 章

开启 AI
大门的钥匙:
提示词

在南方某市一家人流如织的线下咖啡店"客满楼"里，四位男士正坐在一起热烈讨论着什么。他们刚从各自的公司离职，现在计划共同创业。他们的目标是创立一家在线咖啡经营商店，提供优质的咖啡产品和便捷的购买体验。每个人都拥有自己独特的技能和丰富的经验，这为他们的创业成功增添了更多的砝码。他们的对话如下。

李斯："朋友们，我们都完成了约定，从原来的公司辞职，现在我们可以全身心地投入创业中了。关于我们的咖啡品牌创业计划，有很多现实困难需要解决，其中最大的问题就是缺少持续的资金和资源投入，大家有什么好的解决办法吗？"

戴伟："关于资金的问题，除了我们自己筹集的启动资金，还需要更多的资金分步注入线上及线下业务的开发及部署。这些资金需要通过引入投资人的方式筹集，但目前还没有足够打动人的商业方案去打动投资人，毕竟多数投资人会选择做锦上添花而不是雪中送炭的事。要吸引投资，我们必须尽快完成初步建设，拿出一定的成果后再去寻找投资人。"

陶戈："的确如此。总的来说，我们缺人、缺少足够的资金，这个在短时间内无法解决。所以，我认为首先要解决的问题应该是如何在现有的条件下，提升我们的工作效率，如何提升我们的资金利用水平。"

马珂："是的。但，朋友们，虽然目前的现实是这样，但我觉得并不是没有突破的方向。最近十年，人工智能技术已经跨越式前进，如果我们能够学习和掌握相关的技术，完全能实现在资金和其他资源受限的条件下，更好地提升工作效率，用有限的资金完成更多有价值的工作。我觉得人工智能可能是一个突破口。"

戴伟："最近我也总是听说这个概念，并且了解到这个技术的确已经应用在不同行业。但我对人工智能确实并不了解，不知道它是否能帮我们。马珂你能先给我们做一个人工智能的知识普及吗？"

马珂："我也在初步学习阶段，只是从书本上了解到了一些知识，但实际工作中如何应用，我也不是很清楚。你们对 AI 帮助我们提升效率有什么想法？"

李斯："听说，现在很多人在用 AI 提升工作效率。他们经常提到一个词，叫提示词。据说还有一个叫作提示词工程师的新职业，但我也不知道具体是做什么的。"

马珂："嗯，我听说过提示词工程师，他们通过调试针对 AI 的提示词，帮助企业解决一系列问题，提升效率。说穿了，就是研究如何更好地跟 AI 工具交互。但是，AI 提示词能否帮助我们这样的创业公司，比如，改进我们的商业模式或者咖啡供应链，帮助我们优化库存管理、预测需求、改善客户服务，甚至提供客户个性化的推荐，等等。说实话，我也不是特别有信心。"

陶戈："对了，马珂，我记得你曾经提到过请外面的专家给我们讲一下如何使用 AI。也许他们会有一些建议。"

李斯："好主意。我也赞成。"

戴伟："我支持。听了大家的讨论，我觉得学习使用 AI 工具还是非常有必要的。我们可以请一家有实践经验的培训公司给我们培训。公司也可以分配一点儿资金支持这个事情。毕竟，智能时代，我们不能成为被人工智能工具淘汰的人。"

"哈哈哈……"大家被戴伟的诙谐逗得开怀大笑。

大家很快决定深入研究 AI 工具的使用，以期能够利用它为自己的创业项目带来更多机会和提升创新能力。

马珂作为团队中的核心技术专家，义不容辞地接受了如何利用 AI 帮助他们提高工作效率的重要任务。

1.1 提示词概述

马珂心想，如果要学习一个新事物，一定要先了解这个新事物的概念，这样才能更好地理解这个新事物，以及利用这个新事物。

同样地，在使用 AI 提示词（简称提示词）之前，我们有必要了解什么是提示词，以及它能起到什么样的作用。

经过朋友的推荐，马珂最终与一家叫 Arvo Insights 的培训公司确定了合作关系。

于是，马珂将自己的疑问与培训公司沟通了一下，希望他们的培训内容一定要包含提示词的基本概念、提示词使用技巧等内容，并希望培训公司根据自己的经验，完善整个培训计划。

最终，Arvo Insights 培训公司确定了这次培训的完整框架，具体如下。

①什么是提示词及其主要作用。

② AI 工具的基本操作。

③提示词使用技巧。

④ AI 智能体基础知识。

⑤如何创建专属 AI 智能体。

跟培训公司确定好培训时间后，马珂就马不停蹄地召集小伙伴们一起学习。

培训公司安排了一名叫小莫的高级讲师，他是工业和信息化部人才交流中心认证的人工智能应用技术讲师。小莫先跟大家分享了最基础的知识：什么是提示词。

所谓提示词，是我们向 AI 模型提供的一种文本输入，用于引导或指示 AI 生成特定的回复或内容。提示词可以看作一种与 AI 对话的方式，通过它，我们能够指示 AI 执行各种任务，比如生成文本、图片、代码，或者执行特定的查询任务等。

小莫接着介绍了提示词的主要作用，具体如下。

- **引导生成内容**：提示词直接影响 AI 生成内容的方向和风格。例如，当我们要求 AI 画一幅画或写一篇文章时，可以使用具体的提示词告诉 AI，想要的是什么样的画风或文章风格。
- **交互和定制**：通过精确的提示词，我们可以更精确地与 AI 交互，实现定制化的内容生成。这对需要高度个性化输出的应用场景尤其重要。
- **提高效率**：合适的提示词可以帮助 AI 更快地理解我们的需求，减少理解误差，从而提高响应效率，增强生成内容的相关性。

简而言之，提示词是用户与 AI 之间交流的桥梁，它直接影响到 AI 输出内容的质量和相关性，是实现高效、个性化 AI 服务的关键。

可以说，只有合适的提示词，才能生成符合需求的输出内容。

1.1.1 AI 工具的基本操作

在介绍了什么是提示词和其主要作用后，小莫见大家都没有什么疑问，于是说道："接下来就是实际的演练了，毕竟实践出真知嘛！"

小莫接着说："市面上的 AI 工具层出不穷，大家不可能把所有的 AI 工具都尝试一遍，现阶段最重要的是了解提示词的基本操作。掌握了提示词的基本使用逻辑，就能将其快速应用到其他任务工具上了。"

小莫告诉大家，他会给大家分享一套使用 AI 工具的方法。

小莫说："我们先从 AI 工具的基本操作开始吧，大家注意做好笔记！"

小莫开始滔滔不绝地讲了起来。

- **提示词输入框**：在 AI 工具上新建一个对话后，在提示词输入框中可以输入文字，也可以上传各种格式（例如表格、图片等）的文档，以丰富提示词的内容，或者为 AI 工具提供想要特定分析的参考文档。
- **提示词修改**：如需调整当前提示词内容，通常可在现有内容旁边点击编辑按钮，以重新编辑文本。
- **文本复制**：当 AI 工具生成内容后，通常在内容下方有"复制"按钮，单击可以快速复制所有内容，而无须选中所有内容后再按"Ctrl + C"组合键来复制。

● **重新生成**：如果对当前生成的内容不甚满意，可以单击重新生成的按钮，再次生成内容，直到得到满意的结果。

● **停止生成**：在 AI 工具生成内容的过程中，如果想要停止生成当前的内容，通常可以单击提示词输入框旁边的"停止"按钮来中止输出，以便调整提示词内容或执行其他操作。

1.1.2 提示词的基本使用技巧

介绍完 AI 工具的基本操作后，小莫问大家："有不懂的地方吗？"

大家都表示没问题，让小莫继续往下讲。小莫说道："好的，看起来大家都已经掌握了基本的 AI 工具操作技巧，是时候进行实践了。"

小莫对马珂说："马珂，我知道你已经学习过一些关于 AI 的知识，也做过一些实践，我想了解一下，你在使用提示词的时候，有遇到问题吗？"

马珂回答道："有的时候 AI 输出的内容非常符合需求，可以直接使用；有时则需稍微调整提示词才能达到预期效果；但也有时候，AI 输出的内容和期望完全不同，需重新开始对话，令我困惑。"

小莫说："嗯，这是提示词初学者普遍会遇到的问题，今天我就把我们公司整理的提示词使用技巧一一跟大家分享，希望对大家有用！"

1. 万能提示词公式

小莫说道："类似于套用数学公式，我们准备了一套可用于大多数场景的万能提示词公式，它可以解决写不出高质量提示词的难题。"

通过使用提示词五步法，为 AI 提供完整的任务要求。

● **角色设定**：明确 AI 需要扮演的角色。

● **建模**：提供角色的职责，形成初始化配置。

● **任务描述**：明确 AI 需要完成的任务。

● **方法和技术**：告诉 AI 可以使用的方法和技术。

● **输出格式**：指定期望的输出格式，如风格、情感、内容长度、表格。

例如：

> 你是一个专业的咖啡拉花专家。
> 你的职责是为新手咖啡师提供咖啡拉花的指导。
> 现在有一个刚学手冲咖啡的新手，想要学习五种常见的咖啡拉花技术。

> 请用你的专业知识和个人经验，制定循序渐进的咖啡拉花学习计划。
>
> 请用表格方式输出。

AI 很快就给出了一份非常详细的咖啡拉花学习计划。

> 当指导一个刚开始学习手冲咖啡并对咖啡拉花感兴趣的新手时，我会推荐一个循序渐进的学习计划。以下是五种常见的学习咖啡拉花技术的计划，旨在帮助新手从基础到复杂，逐步掌握咖啡拉花技术。
>
> | 时间 | 拉花形状 | 目标 | 练习重点 | 提示 |
> | --- | --- | --- | --- | --- |
> | 第 1 周 | 心形 | 学会控制牛奶流速和位置，制作简单的心形图案 | 从高处开始倒奶，快满时，降低高度并提高流速，轻轻拉动倒奶罐，在咖啡表面中心位置制作心形 | 保持手的稳定性和倒奶的连贯性 |
> | 第 2 周 | 罗塞塔 | 制作基本的罗塞塔图案 | 从咖啡杯一端开始，慢慢向咖啡杯另一端移动，然后快速穿回，形成罗塞塔图案 | 练习控制牛奶的流速和手的移动速度 |
> | 第 3 周 | 苹果 | 学会制作苹果形状的拉花图案 | 完成心形图案的绘制后，轻轻摇晃倒奶罐制作苹果图案 | 练习控制倒奶的结束位置和摇晃的幅度 |
> | 第 4 周 | 斑马条纹 | 制作斑马条纹图案 | 先制作一个大的白色圆形，然后交替倒入少量的咖啡和牛奶，制造出斑马条纹 | 练习快速交换倒奶和倒咖啡的技巧 |
> | 第 5 周 | 图腾或自定义图案 | 学习制作复杂的图腾或自定义图案 | 结合之前学到的技巧，创造个性化图案。可以尝试使用牙签或其他工具帮助描绘细节 | 耐心和创造力是关键。应不怕失败，多尝试不同的设计 |
>
> 对刚开始学习咖啡拉花的新手来说，重要的是从基础做起，逐步增加难度，并且不断实践和修正。掌握每种技术都需要时间和耐心，而每次尝试都是一个学习和改进的机会。在实践过程中，新手可以逐渐创造自己独特的风格和技巧。

小莫说："大家熟练掌握了这个万能提示词公式后，就能够解决大量已知领域内的问题，提升效率，但记得一定要多练习！"

2. 常见提示词任务模板

小莫继续分享道："除了刚刚提到的万能提示词公式，实际上大家在使用 AI 执行不同类型的任务时，可以使用不同的提示词任务模板，快速解决常见问题。"

一些常见的任务类型及提示词任务模板如下。

- **解释概念**：请帮我解释 [概念名称]，以类比的方式进行说明，用小学生都能听懂的语言。
- **创建内容**：请为我以下这篇文章创建 5 个不同版本的标题，要求能够抓人眼球，吸引用户点击：[文章内容]。
- **创建文章框架**：请为 [主题名称] 创建一个详细的文章框架。
- **总结内容**：请用一句话概括总结如下这篇文章：[文章内容]。
- **翻译内容**：将以下内容翻译成 [语种名称]：[文章内容]。
- **提供创意**：以下是我写的一篇文章，请基于 [文章主题] 帮我补充缺失的要点：[文章内容]。

小莫刚讲完，陶戈就举手示意，并说道："小莫老师，太好了，我们营销部需要经常跟内容打交道，我现在迫不及待地想去试验啦！"

台下一片大笑，陶戈果然是个急性子。

3. 其他技巧

（1）神奇的"继续"

小莫继续说道："我听马珂说，你们对 AI 的基础知识有一定的了解，已经知道了什么是 Token。"

大家点头表示赞同。小莫说："其实在每一个与 AI 的对话回合中，也是有 Token 限制的！"

马珂问道："小莫老师，你是指每次跟 AI 对话时，输入和输出内容都有字数限制吗？"

小莫回答道："是的，当要求 AI 一次性输出过多内容时，很有可能会超出 Token 限制，导致输出的内容不完整，但是可以使用"继续"功能，让 AI 继续输出未完的内容。"

李斯："原来如此，学到了！"

（2）特殊的分隔符

小莫继续说道："另外，除了平常使用的标点符号，例如逗号、句号、冒号等，AI 还能理解一些特殊的分隔符。在提示词中使用这些特殊的分隔符，能够让 AI 输出更加可控的内容。"

分隔符的作用如下。

- **上下文分割**：当需要向模型提供大量的上下文信息时，可以使用明确的分隔符（如"###"或"==="）区分上下文和当前的询问或指令。这有助于模型区分哪部分文本是背景信息，哪部分是需要直接响应的。

- **多步骤任务分隔**：在处理复杂或多步骤的任务时，使用数字或符号（如"→"）来序列化和分隔步骤。这可以帮助模型按顺序处理信息。
- **特定任务格式化**：对于某些特定任务，如编码、数学计算或数据分析，使用特定任务的符号和格式（如等号、大于符号、小于符号和代码块格式）可以提高模型理解和执行任务的准确度。

"哇，想不到小小的提示词，居然有这么多奥秘。"马珂说道。

1.1.3　提示词的高级使用技巧

"是的。"小莫说，"到目前为止，我已经介绍完了提示词的基础使用技巧，大家有没有什么疑问？"

马珂环顾了一下四周，见大家都一副兴高采烈的样子，就说道："看样子大家都很兴奋，应该没什么疑问。"

小莫微微一笑，说道："那我就继续讲啦！其实，为了控制 AI 输出的内容的准确性与相关性，使其尽量符合预期，我们公司也专门整理了一系列高级技巧。"

1. 提供示例

通过提供参考示例，可以让 AI 输出与示例风格一致的新内容。

具体的语法如下。

> 请以我提供的示例作为参考：
> ＜示例一＞
> ＜示例二＞
> ＜示例三＞
> 现在请你模仿这些示例的风格，输出 [目标主题]。

小莫说："既然大家是做咖啡品牌的，那就让 AI 模仿诗仙李白的风格，写一首赞美咖啡的五言绝句吧。"说话的工夫，小莫在提示词输入框中输入如下内容。

> 你现在的角色是一名唐朝的诗人，熟读唐诗三百首。下面是几首李白的诗句，供你参考他的写诗风格。
> 1. 望庐山瀑布
> 日照香炉生紫烟，遥看瀑布挂前川。飞流直下三千尺，疑是银河落九天。
> 2. 静夜思
> 床前明月光，疑是地上霜。举头望明月，低头思故乡。
> 3. 月下独酌
> 花间一壶酒，独酌无相亲。举杯邀明月，对影成三人。

```
=====
现在请你模仿李白的风格，创作一首赞美咖啡的五言绝句诗。
```

AI 很快给出了如下回复。

```
昼夜劳思极，一饮销万忧。
香浓令心醒，夜半灯下游。
此诗尝试模仿李白诗歌的风格，通过赞美咖啡的香浓和提神效果，表达对咖啡的赞赏。
基于唐朝诗人这一角色，将现代的咖啡文化与古典诗词风格相结合，试图创造出一种时空交
错的美感。
```

陶戈感叹道："哇，写得比我好多了！！"

2. 分步推理

小莫老师接着说："OK，我们回到正题吧。当面对一些比较复杂的问题，无法通过三言两语说清楚，需要分步解决时，就可以要求 AI 将问题进行拆分，逐步解决问题。"

具体的语法如下。

```
[你的问题]
让我们一步一步思考。
```

"我们继续拿咖啡举例，让 AI 分步推理为什么年轻人逐渐青睐独立咖啡厅。"

```
你现在的身份是一名资深的咖啡行业业内人士。
为什么现在越来越多的年轻人喜欢去独立咖啡厅喝咖啡，而不去星巴克这种大品牌咖啡
店，让我们一步一步思考。
```

AI 给出的回复如下。

```
现在越来越多的年轻人喜欢去独立咖啡厅而不是大品牌咖啡店，比如星巴克，这个趋势
可以从几个方面来理解。
追求个性化和定制化体验：独立咖啡厅往往能提供更加个性化和定制化的服务。其可以
根据顾客的具体需求来调制咖啡，同时店内装潢和氛围也更加多样化，能满足年轻人追求独
特和个性化体验的需求。
咖啡质量和专业性：很多独立咖啡厅都非常重视咖啡的质量和制作工艺，从挑选咖啡豆
```

到研磨，再到最终的冲泡，都有专业的标准和独特的技术，这吸引了很多寻求高质量咖啡体验的年轻顾客。

独特的社交体验：独立咖啡厅通常提供一种不同于大型连锁咖啡店的社交环境，其提供一个更加亲密和放松的空间，让人们在享受咖啡的同时，也能享受与朋友或陌生人之间的社交互动。

支持本地经济和小型企业：许多年轻人倾向于支持本地经济和小型企业，因为这样可以促进社区的经济发展，也会让他们感觉自己的消费更有意义。选择独立咖啡厅就是这种倾向的体现。

寻求新鲜感和创新：独立咖啡厅往往更愿意尝试新的咖啡制作方法或者独特的咖啡品种，致力于为顾客提供新奇的体验。与大型连锁咖啡店相比，独立咖啡厅更能快速适应市场变化和顾客需求，推出创新产品。

环境意识和社会责任：一些独立咖啡厅还会强调环保和社会责任，比如使用减少废物的环保材料、支持公平贸易等，这与年轻人的价值观相契合。

总的来说，年轻人偏好独立咖啡厅的趋势反映了他们对喝咖啡体验的高要求，以及对个性化、社区感、质量、新鲜感和社会责任感的追求。这不仅仅是关于喝咖啡的地方的选择，更是一种生活方式和价值观的体现。

看着 AI 给出的回复，李斯说道："我还真没有意识到环境意识和社会责任也对独立咖啡厅有影响，看来后续我们也要注重一下这方面的宣传。"

3. 生成表格

这时候，马珂问道："小莫老师，有时候，我希望 AI 生成的内容以表格形式呈现，方便直接复制到本地表格中使用，这个也可以通过提示词限定吗？"

小莫："是的，我来给大家演示一下怎么实现这个目的。"

具体的语法如下。

> [你的问题]
> 你可以将答案分解成不同的类别，以丰富内容。
> 创建一个表格，将这些类别分别放入不同的列中，表格内容需要包含你的原始答案。

小莫："现在，我要求 AI 调研中国前 10 名线下咖啡品牌，并按照不同维度进行分类，用表格展示。"

> 罗列出中国目前前 10 名线下咖啡品牌。
> 将这些品牌按多个不同的类别分类，例如品牌规模、价格、知名度等，以丰富内容。
> 创建一个表格，将咖啡品牌按类别分别放入不同的列中，表格内容需要包含你的原始答案。

AI 不仅以表格罗列了需要的内容，还进行了文字解释。

要提供中国目前前 10 名线下咖啡品牌及其分类，我们可以基于品牌规模、价格区间、知名度等因素进行简要分析。请注意，由于市场持续变化，这个列表可能不能完全反映最新状况，但会尽力提供一个概念性框架。
- 品牌规模：考虑到门店数量、品牌影响力等因素。
- 价格区间：从经济实惠到高端精品。
- 知名度：根据消费者对品牌的认知度。

下面是一个示例表格，列出了中国目前前 10 名的线下咖啡品牌，并根据上述维度进行了简单的整理。

品牌名称	品牌规模	价格区间	知名度
星巴克	大	中高端	高
瑞幸咖啡	大	中端	高
COSTA 咖啡	中	中高端	中高
Manner 咖啡	中	经济实惠	中
皮爷咖啡	小	高端	中
PACIFIC 咖啡	中	中端	中
M Stand 咖啡	小	高端	中
漫猫咖啡	中	中端	中
KUDDO 咖啡	小	中高端	中
库迪咖啡	中	经济实惠	中

4. 提示词转换器

"输出表格，是一个常用的提示词功能，接下来我要讲的这个功能更高级。"小莫继续说道，"由于人的思维存在局限性，有的时候自己都不清楚到底想要一个什么样的东西，所以当用语言描述出来时，发现还是跟自己的想象和期望存在差距。

"而 AI 的知识面远大于人类，因此可以借助 AI 帮助人类拓宽知识边界，补充提示词中缺失的细节，这样能使提示词更加丰满，并且能让 AI 更好地理解和解析。

"我们可以让 AI 发挥提示词转化器的功能，将细节不全的文本转化为更适合 AI 理解的详细提示词。

"还是先跟大家讲具体的语法吧，具体如下。"

> 你是一个创建提示词的专家，擅长生成简洁明了和实用的提示词。
> 请问我可以添加哪些内容和细节改善下面这个提示词的输出结果？
> 我的提示词是：[当前提示词内容]。
> 将这些细节要点的格式转化为可以放入我的信息的填空格式。

紧接着，小莫在提示词输入框中输入了如下内容。

> 你是一个创建提示词的专家，擅长生成简洁明了和实用的提示词。
> 请问我可以添加哪些内容和细节改善下面这个提示词的输出结果？
> 我的提示词是：[作为刚开始学习手冲咖啡的新手，我应该怎么开启自己的手冲咖啡之旅]。
> 将这些细节要点的格式转化为可以放入我的信息的填空格式。

AI 给出了非常详尽的回复。

> 要改善您的提示词并获得更简洁、更实用的输出结果，您可以添加一些您感兴趣的方面的细节。这不仅有助于定向回答，还可以让回答更具针对性和实用性。下面是一些建议的细节和要点，以及将它们整合到您的提示词中的方法。
>
> 设备和工具：您是否已经有了一些基础的手冲咖啡设备（如滤纸、手冲壶、磨豆机等），或者您需要建议从何处购买这些工具。
>
> 预算：您计划为学习手冲咖啡投资多少钱？根据不同的预算可能会推荐不同级别的设备和咖啡豆。
>
> 口味偏好：您对咖啡的口味（如酸、苦、浓郁等）有何偏好？这有助于推荐合适的咖啡豆和冲泡方法。
>
> 时间投资：您愿意为每次冲泡咖啡投入多少时间？这影响推荐哪些更快速或更细致的冲泡方法。
>
> 学习资源：您希望通过哪种方式学习（如视频教程、书籍、一对一教学等）？
>
> 将以上要点转化为填空格式的提示词，可以这样设计：
>
> "我是刚开始学习手冲咖啡的新手，希望开始我的手冲咖啡之旅。我目前[拥有/计划购买]基础设备，如[具体设备]。我的预算是[预算范围]，我对咖啡的口味偏好是[口味偏好]，希望能找到既适合我口味又不超预算的咖啡豆和冲泡方法。我每次冲泡咖啡愿意投入[时间长度]。我喜欢通过[学习方式]来学习新技能。请问我应该如何开始我的手冲咖啡之旅？"
>
> 这样的提示词提供了具体的信息和偏好，有助于获得更符合需求和实用的建议。

马珂看到 AI 输出的内容，差点跳起来了！

他说道："这个提示词转化器功能也太有用了吧，我一直觉得自己的提示词写得不够完美，有了这个功能，我再也不怕自己的脑子不够用了！"

5. 批判性指导

小莫说道："是的，即使已经熟练掌握了提示词的使用方法，这个提示词转换器功能依然非常有用！

"OK，我接着讲。当我们优化内容时，经常苦于找不到专业人士给出有建设性的指点建议，而 AI 作为一个预训练了海量学科数据的大模型，完全有资格成为某个垂直领域的专家，评价我们手里的已有内容，并提供相应的改进建议。

"一般来说，AI 可以从以下几个方面提供批判性指导。

● 准确性：检查现有内容是否有事实错误或误导性陈述。

● 可信度：评估内容来源的可靠性，确保内容是公正的，没有偏见。

● 清晰度：确保内容清晰易懂，改善写作风格和语法。

● 相关性：确保内容与目标受众相关，确定内容的重点和目标。

"我们可以利用 AI 知识渊博的这个特性，帮助我们拓展写作思路和提升内容的准确性、易读性，具体的语法如下。"

> 我希望你能作为 [行业 / 领域名称] 方面的专家和批评家。评估下面的内容，告诉我它有哪些不好的地方，并且给出客观公正的批判，然后指出要怎么改进。
>
> [可以在此处提供一些背景信息]
>
> 我们一步步地思考，我希望你能解决每个环节的问题。
>
> 这是我的内容 [现有内容]。

接着，小莫噼里啪啦地敲了一阵键盘，输入了如下内容。

> 我希望你能作为市场营销策略方面的专家和批评家。评估下面的内容，告诉我它有哪些不好的地方，并且给出客观公正的批判，然后指出要怎么改进。
>
> 这是一项关于新产品发布的市场营销策略。
>
> 我们一步步地思考，我希望你能解决每个环节的问题。
>
> 这是我的内容："我们计划在下一个季度推出一款全新口味的联名咖啡饮品，我们将在社交媒体上进行广泛的推广，并在主流媒体上发布一些广告。我们还将通过电子邮件向现有的客户推送新品信息。联名发布会将在我们的总部举行，我们邀请了一些重要的行业媒体和博客作者。"

AI 很快给出了非常详尽的回复，具体如下。

> 你的市场营销策略已经有了对新产品发布的基础框架，但是确实存在一些可以改进的地方。我将逐一提出批评和提出针对性建议。

1. 社交媒体推广

批评：简单地说"进行广泛的推广"缺乏具体的策略和目标。社交媒体领域是一个复杂且多变的领域，不同的平台吸引了不同的受众群体，不同平台上的内容表现形式也大不相同。

改进：应该明确哪些社交媒体适合你的目标受众。例如，如果目标受众是年轻人，那么小红书和抖音可能是更好的选择。策略应该包括具体的计划，如利用短视频、直播互动，提供限时优惠，以及利用这些平台的独特功能提高用户参与度和品牌知名度。

2. 主流媒体广告

批评："在主流媒体上发布一些广告"听起来很传统，而且可能成本高昂。更重要的是，这种方法可能不会带来期望的回报，尤其是在目标受众主要消费数字内容的情况下。

改进：考虑将一部分预算转移到数字广告上，特别是那些可以精准定位目标受众的平台。使用数据驱动的方法识别和锁定潜在客户，比如通过搜索引擎广告、社交媒体广告，以及与目标受众兴趣相关的在线社区和论坛广告识别和锁定潜在客户。

3. 电子邮件营销

批评：向现有客户发送电子邮件是个不错的方法，但是这种策略过于被动，且缺乏个性。

改进：制定一个更细致的电子邮件营销策略，比如通过个性化推荐和定制化的优惠来提升客户参与度。可以考虑使用 A/B 测试优化邮件标题和内容，以提高打开率和点击率。此外，引入鼓励现有客户介绍新客户的机制，这样可以有效地扩大客户基础。

4. 联名发布会

批评：虽然举办联名发布会是个好方法，但只邀请"一些重要的行业媒体和博客作者"，可能会错失与更多用户互动的机会。

改进：考虑将联名发布会变成一个线上线下结合的活动，利用直播工具面向所有可能感兴趣的人。这不仅可以扩大影响范围，还能提升品牌曝光度。要确保活动中有互动环节，比如提问、在线投票等，提高用户参与感。此外，可以通过提供赠品、试用装或特别优惠券等方式鼓励更多的用户参与。

总结如下。

你的初步策略是一个良好的起点，但它需要更细致的规划和更具针对性的执行计划。通过对社交媒体的深入研究、数字广告的精确定位、电子邮件营销的个性化及通过线上线下相结合活动提升参与度，你的市场营销策略将更加有效，更能够吸引并留住客户。

陶戈说道："嗯，感觉这个功能可以帮我补充和优化现有的一些营销计划细节，特别是当我们有实力招聘新人时，该功能可以很大幅度地节省教育和培训新人的成本。"

马珂接过话头，说道："不只是营销领域，我觉得该功能也可以帮助技术人员优化技术文档，太棒了！"

6. 比较提示

小莫说道："没错，其实我们公司在整理 AI 培训文档时，也经常会用这个功能，它的确非常有用。

"另外，还有一个功能，我觉得是非常有用的。我们如果希望从多维度对比两个或多个对象，就可以让 AI 按照我们希望的维度进行内容罗列，深度对比两个或多个对象之间的相似性和差异性，辅助决策。"

实现这个功能的具体的语法如下。

> 请对比下方的对象，将它们的相似之处、区别、特征、功能、关键点概括到一个表格中。
>
> 以下是我想要对比的内容：
> [内容 1]
> [内容 2]

小莫继续说："我自己作为咖啡消费者，尝试过不同种类的咖啡，比如咖啡厅里的手冲咖啡、超市里的速溶咖啡，或者是携带方便的咖啡液，如果想要了解并对比这三种咖啡饮品，我们可以这样提示 AI。"

> 请对比下方的对象，将它们的相似之处、区别、特征、功能、关键点、便捷性、费用概括到一个表格中。
>
> 以下是三个我想要对比的内容：
> ● 手冲咖啡；
> ● 速溶咖啡；
> ● 咖啡液。

AI 以表格的形式进行了回复，针对不同场景，对这三种咖啡饮品从不同维度做了详细对比，用户可以根据自己的实际情况选择适合自己的饮品。

> 为了帮助你更好地比较手冲咖啡、速溶咖啡和咖啡液，我已经将它们的相似之处、区别、特征、功能、关键点、便捷性和费用概括到了下表。

项目	手冲咖啡	速溶咖啡	咖啡液
相似之处	提供咖啡因，有提神作用	提供咖啡因，有提神作用	提供咖啡因，有提神作用
区别	需要现磨咖啡豆和使用手冲工具	无须磨咖啡豆或特殊工具，加水即可食用	通常为浓缩咖啡的形式，可直接饮用或稀释饮用
特征	新鲜，可根据个人口味调整	制作快捷，口味固定	口味和浓度可调，便于快速饮用
功能	受咖啡爱好者青睐，具有品味和仪式感	方便快速，适合忙碌的人	便利性高、有一定的品质

项目	手冲咖啡	速溶咖啡	咖啡液
关键点	咖啡豆的质量、研磨度和冲泡技巧	速溶粉的品牌和口味	咖啡液的浓度、品牌
便捷性	较低，需要一定时间和技巧	高，几乎无须准备时间	中等，比手冲咖啡简单，比速溶咖啡复杂
费用	通常较高，需要购买咖啡豆和手冲设备	低，速溶咖啡相对便宜	因品牌而异，通常介于手冲咖啡和速溶咖啡之间

陶戈说道："我感觉这种对比分析方式，非常适合我们营销部门做市场调研分析，AI 能够考虑我们平时可能没有考虑到的因素，我得把这个功能好好用起来！"

小莫："没错，在实际应用过程中，如果能利用 AI 分析已有数据，获得的帮助会更大，更有针对性！"

7. 逆向工程提示词

小莫继续说道："OK，接下来跟大家讲解最后一个提示词使用小技巧，它叫逆向工程提示词。"

马珂道："逆向工程？这不是技术领域的一个专业术语吗？"

小莫说道："没错，在 AI 中，同样可以用到这个技巧。举个例子，如果发现有一段内容写得特别好，想要知道如何通过 AI 输出类似内容，就可以用到逆向工程提示词这一技巧。

"简单来说，就是把这段内容作为参考信息提供给 AI，让 AI 分析其构成，并生成相应的提示词，以写出风格一致的内容的逆向思维方法。

"具体的语法如下。"

> 你是一个提示词工程专家，能够根据用户提供给你的文本进行逆向提示，请记住在你创建的提示词中不能有文本中的产品信息，留空让我填写自己的信息。我将给你提供以下内容：[参考内容]。
>
> 请你充分捕捉该文本的语气、语法、写作风格，以便你创作该文本的提示词，并且我希望在将来使用你创建的提示词复制我提供的文本的风格。

小莫："OK，我们来看个实际的例子吧。"

> 你是一个提示词工程专家，能够根据用户提供给你的文本进行逆向提示，请记住在你创建的提示词中不能有文本中的产品信息，留空让我填写自己的信息。我将给你提供以下内容：

[“职人大咖服务计划”致力于为您的工作场所或餐饮场所提供一系列优质的饮品和服务，并通过“职人大咖”独特的品牌价值，为您提供喜爱的饮品及无法替代的体验，孕育人文精神。“职人大咖服务计划”不仅能够丰富您的饮品选择、落实“职人大咖”的使命，还可以吸引更多顾客，从而增加营收。]

请你充分捕捉该文本的语气、语法、写作风格，以便你创作该文本的提示词，并且我希望在将来使用你创建的提示词复制我提供的文本的风格。

AI 生成了一份定制的提示词，具体如下。

为了创建符合您需求的提示词，我将根据您提供的文本的语气、语法和风格设计一个框架。以下是我为您定制的提示词：

[“＿＿＿＿服务计划”旨在为您的 ＿＿＿＿ 或 ＿＿＿＿ 提供一系列优质的 ＿＿＿＿ 和服务。通过 ＿＿＿＿ 的独特品牌价值，为您提供喜爱的 ＿＿＿＿ 及无法替代的体验，从而孕育 ＿＿＿＿。“＿＿＿＿服务计划”不仅能够丰富您的 ＿＿＿＿ 选择，实现 ＿＿＿＿ 的使命，还可以吸引更多顾客，从而增加营收。]

在这个提示词模板中，您可以根据具体情况填写空白部分（例如品牌名称、服务类型、具体产品、使命宣言等），以复制您希望展现的文本风格和内容。这样做可以帮助您保持品牌信息的一致性，并有效传达您的商业理念。

李斯说道："好高级的用法啊！像做填空题一样，只需要补充缺失的内容，就能够生成一份和示例风格相同的详尽提示词，太妙了！"

小莫："OK，今天就跟大家分享这些关于提示词的内容吧，虽然看起来很简单，但还是要多练习实操，这样才能消化这些知识点！"

"职人大咖"的小伙伴们对小莫老师表示了感谢，迫不及待地打开了各自的计算机。

1.2 创建专属 AI 智能体

经过了各种类型的提示词实操，马珂依然有一个小小的烦恼，就是每次让 AI 解决同一个类型的问题时，都需要重新输入包含角色定义、相应的辅助材料，以及输出格式要求等内容的提示词。

有没有一个办法，让 AI 记住之前提出的要求和赋予它的角色，这样在解决同类型问题的时候，无须重复输入要求，更好地提高工作效率。

马珂把自己的困惑分享给了小伙伴，发现大家也有类似的问题。于是马珂决定跟培训公司再沟通一下，看是否有解决方案。

不到半天，培训公司就给出了反馈方案，这次依然安排小莫老师来指导解决这个问题。

"又见面啦，朋友们！"小莫老师说，"你们的这个问题很典型，针对现在的AI，完全能解决！

"如果需要执行一系列同类型任务，只需要为这类任务创建专属 AI 智能体，就可以解决这个问题了。"

小莫接着说："请大家想象一下，你有一个非常聪明的小精灵，它可以帮助你解决各种各样的问题，比如写故事、解答疑问，甚至帮你工作。

"而且，这个小精灵有一个非常特别的功能，你可以告诉它你喜欢的东西，比如，喜欢的故事风格，感兴趣的领域，偏好的格式，它就会更懂你，写出来的故事和给你的答案都是跟这些东西相关的。"

马珂问道："如果真有这么一个小精灵，岂不是它比我自己还懂我吗？"

小莫回道："没错，这就是解决你们的问题的策略，它叫专属 AI 智能体，它就是你们的小精灵。"

1.2.1 专属 AI 智能体的作用

小莫接着说："前面讲的专属 AI 智能体，可能听起来难以理解，接下来我再说一些具体的例子吧。

"有了这个专属的 AI 智能体，就能够解决各种各样的特定场景问题。"

具体应用场景如下。

● 聊天伙伴：无论是帮你打发时间，还是回答你的问题，专属 AI 智能体都能像真人一样和你聊天，而且非常懂你！

● 写作小帮手：如果你需要写一封邮件、一篇报告或社交媒体上的帖子，但不知道怎么下笔，它能帮你搞定，甚至还能按照你喜欢的风格来写。

● 学习小助手：在学习语言或者其他内容的过程中，它能够根据你的进度和兴趣，提供个性化的练习和解释，让学习变得更加有趣。

● 创意源泉：当你需要创作故事、音乐或艺术作品时，它可以提供灵感，甚至与你合作，帮你完成创作。

● 数据分析专家：它仿佛是一个既能读懂数字，又能告诉你这些数字背后故事的智能分析师，不仅能帮助你更好地理解数据，还能让你基于数据做出更明智的决策。

● 编程小帮手：它可以帮你写代码，解决编程难题，让编程工作变得轻松愉快。

● 设计师顾问：它仿佛是一个既能理解你的设计需求，又能快速将这些需求变成现实的智能设计伙伴，不仅可以帮助你加速创作过程，还能激发新的创意和提高可行性。

- 客服小秘书：它能够回答客户的问题，提供帮助，就像一个随时待命的客服小秘书，能提高客户满意度。
- 营销创意工厂：需要想出吸引人的广告语或营销策略时，它可以根据你的目标受众，提供创意。
- 推荐小能手：在网购或者选择电影、音乐时，它能根据你的喜好推荐商品或内容，就像一个懂你的好朋友。

小莫说："只有你想不到的，没有它做不到的！"

台下一片哗然，李斯说："太厉害了，这个 AI 智能体似乎不是只能解决同类型任务重复输入提示词的问题，感觉它的用途很广泛。"

小莫笑着说道："对呀，大家准备好找到这个小精灵了吗？"

1.2.2　如何创建专属 AI 智能体

1. 创建指引

小莫见大家一脸期待的样子，继续说道："OK，我们开始吧。其实专属 AI 智能体的创建非常简单，我们拿 GPT 举例吧，按照如下四步就可以轻松完成创建。"

第一步，单击"探索 GPT"，如图 1-1 所示，进入 GPT 的频道首页。

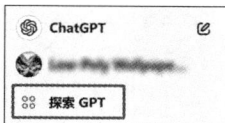

图 1-1　单击"探索 GPT"

第二步，单击页面右上角的 "创建"，开始创建专属 AI 智能体，如图 1-2 所示。

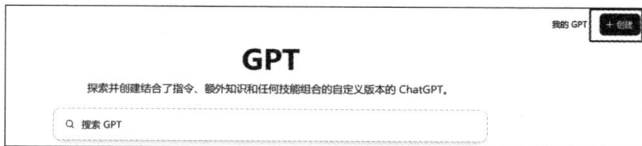

图 1-2　开始创建专属 AI 智能体

第三步，依次输入专属 AI 智能体的名称、描述、指令，并上传相应的知识文档，如图 1-3 所示。

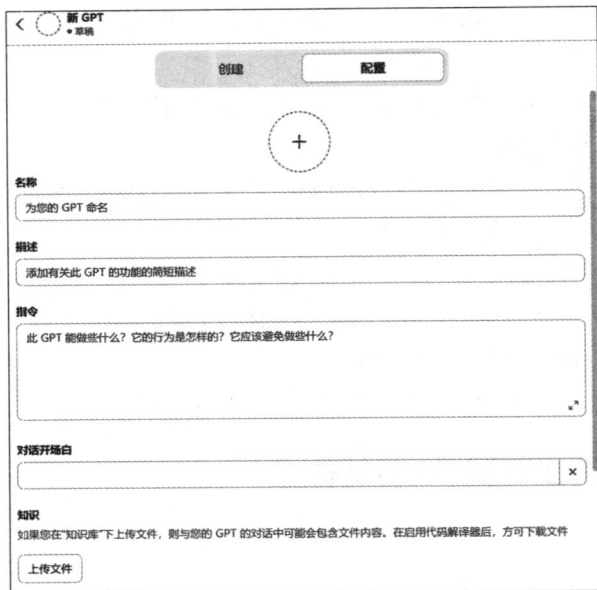

图 1-3　填写专属 AI 智能体的内容

第四步，单击右上角的"创建"即可完成创建任务，如图 1-4 所示。

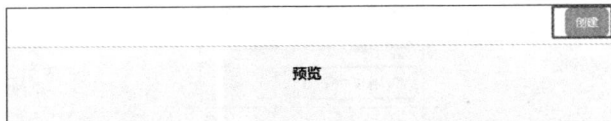

图 1-4　单击"创建"

是不是非常简单?

2. 重要说明

小莫："在创建专属 AI 智能体时，最重要的莫过于指令和知识文档了。

"指令，等同于上次跟大家介绍的提示词，把之前学习到的提示词技巧应用到这里即可。

"知识文档，即提供给专属 AI 智能体的定制化训练语料，能使其更好地适应特定的用例或理解特定的数据集。当向这个 AI 智能体提出问题时，它会基于知识文档进行回复。"

AI 智能体支持上传多种类型的文档进行训练或提供数据，包括但不限于以下类型:

- 文本文件（.txt）；
- PDF 文件（.pdf）；
- Word 文档（.doc、.docx）；
- Excel 电子表格（.xls、.xlsx）；
- PowerPoint 演示文稿（.ppt、.pptx）；
- JSON 文件（.json）；
- CSV 文件（.csv）。

　　马珂和小伙伴们在这两次培训课程结束后，都积极地投入实操中，终于掌握了提示词的使用方法。在学习和实践的过程中，大家总结出了大量适用于自己工作岗位的技巧和方法论！

　　多亏马珂牵头找到了 Arvo Insights 这家专业的培训公司，帮助大家揭开了 AI 的神秘面纱，开启了利用 AI 高效工作之旅！

第 2 章

用 AI 制作汇报
文件及流程图

陶戈看着自己的笔记本电脑，叹了口气："上次一起学习了 AI 的一些基本用法后，工作效率的确有所提升，但我基本上只使用 AI 弥补自己的知识盲区，不知道在一些具体的业务场景中，它是否能帮助到我们。比如，我觉得我们目前的工作协同还不够好，协同性需要进一步增强。不知道 AI 在这方面能否提供帮助。"

李斯放下手中的咖啡杯，认真地点了点头："确实，我们开始创业以来，工作量与日俱增，我也感觉到了工作协同性的不足。"

戴伟调整了一下眼镜，有些困惑地说："我也有同感。我们是自主创业，不再受上级领导的约束，但我们需要进行自我管理，应该将之前工作中的一些好做法，比如定期沟通信息，引进来。这不仅有助于协同我们的工作，还能形成更有效的团队协作。"

马珂抬头望向他们，说："你们的看法我非常赞同。我们不能因为怕麻烦而忽视这些必要的细节。"

戴伟立刻附和道："确实，我完全同意！但考虑到目前我们处于创业的初期阶段，工作已经十分繁重且杂乱。如果还要花大量时间编写各类报告和汇报材料，我们又得分出不少精力和时间，大家会很疲惫。"

陶戈也表达了赞同："对，没错。"

陶戈突然眼前一亮，两眼似乎闪烁着小星星，他兴奋地说道："兄弟们，我觉得我知道该如何解决这个问题了。如果我们利用 AI 技术编写各类公文、汇报材料，是不是不仅可以减少我们的工作量，还可以促进我们之间的信息沟通呢？说不定，还会有特别好的效果。"

戴伟也表示同意："确实，如果能将编写各类公文的经验与人工智能技术结合起来，应该能很好地解决这个问题。"

马珂："我可以问一下上次给我们做培训的公司是否可以做 AI 应用场景的分享。可以的话，我邀请他们来给我们做一个专场演讲。"

李斯笑着，拿起手机准备行动："太棒了，我安排一下会议室，我们可以深入探讨这个问题。"

四人的脸上都露出了笑容，这次的讨论似乎让他们找到了解决问题的正确途径。

马珂很快跟 Arvo Insights 公司联系上。培训公司听了马珂的诉求后，给出了肯定答复。但是，考虑到要分享的是 AI 应用场景相关内容，培训公司希望"职人大咖"公司能够提供更多的背景信息。于是，双方决定按照"职人大咖"公司提供具体的业务场景和规则、培训公司现场指导的研讨会模式开展培训。

双方约定好时间后，开始了应用 AI 技术解决实际问题的培训。第一个主题是 AI 辅助写作汇报。

2.1　写作汇报材料的艺术

在会议室的讲台前，李斯微笑着对大家说："各位伙伴，以及 Arvo Insights 公司的 AI 专家们都已经到场了。接下来，我将和大家分享我们在创业阶段经常使用的一些汇报材料及这些材料的编写要点。"

2.1.1　汇报材料的种类和重要性

在职场上，汇报技巧通常被视为职业成功的关键因素之一。尽管实际的工作成果至关重要，但具备有效展示这些成果的能力，对个人的职业发展往往有着更直接的影响。优秀的汇报不仅能够帮助上级快速了解工作进展和成果，还能显著提升个人的可见度和专业形象。尤其是在决策层面，这种能力更是不可或缺的。

在一项统计分析中，各项工作时间的比例如下：工作本身占 25%，休息占17%，处理杂事占 19%，交流协调占 21%，而汇报工作占据了 18%，如图 2-1 所示。这一数据揭示了一个现实——报告事项占据了大量的宝贵时间。

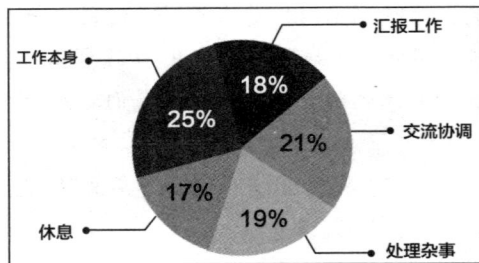

图 2-1　工作时间配比

因此我们亟需一种解决方案，以提升我们处理报告的效率和质量。而 AI 技术能够自动化地整理和生成报告，这极大地减少了汇报工作消耗的时间。利用 AI 技术，我们不仅能更快地完成高质量的报告，还能将更多时间用于占工作时间 25% 的核心工作任务，从而提高整体业务的效率和成效。AI 技术的引入，无疑有利于工作方式的革新。

2.1.2 AI 对编写报告的作用

马珂扶了扶眼镜，向培训公司的顾问咨询："听了李斯的介绍，您认为在这些公文处理及汇报工作中，AI 工具能做些什么呢？"

培训公司的顾问回答道："AI 工具可以从思路指引、文字内容生成、编辑和优化文档、内容校对、多语种翻译等方面介入相关的工作。接下来，结合李斯先生的介绍，我将讲述使用 AI 工具完成这些工作的思路。"

利用 AI 自动化报告工具，可以显著提升报告的编写效率和质量，其具体功能如下。

- **自动生成报告**：只需向 AI 提供关键信息，如项目进度、成果、存在的问题及改进措施，AI 便能自动生成一份详尽的项目报告。
- **编辑和优化报告**：如果已经有了一份报告草稿，AI 可以进行深度编辑和内容优化，显著提升报告的质量和可读性。
- **提供模板**：如果对报告结构感到困惑，AI 可以提供多种报告模板，帮助我们快速编写报告。
- **提供建议**：在编写报告过程中遇到难题时，AI 随时待命，解疑释惑，帮助我们克服写作障碍。在这个层面上，我们需要掌握提示词的使用技能，让 AI 扮演一个智能建议助手。
- **检查语法和拼写**：AI 还能检查报告中的语法和拼写错误，确保文本内容在语法和拼写方面准确无误。
- **翻译报告**：AI 能够轻松完成多语言翻译。
- **提供报告写作技巧**：AI 还会分享有效的报告写作技巧，帮助我们掌握撰写高质量报告的关键要素。

通过这些先进的功能，AI 不仅简化了报告的编写流程，还提高了报告的专业度和可执行性，让报告写作不再是一项繁重的任务。

2.1.3 自动生成汇报内容的思路和技巧

在快节奏的职场环境中，自动生成汇报内容不仅可以节省时间，还能提高汇报内容的质量和准确性。以下是一些实用的思路和技巧，有助于您高效生成汇报内容。

- **明确汇报需求**：在使用 AI 生成汇报内容前，首先需要明确汇报的目的和受众。汇报是为了向管理层展示项目进度，还是为了让团队成员了解项目情况。确定了目的和受众后，可以更有效地定制 AI 的输出内容，以满足具体的汇报需求。
- **收集关键数据和信息**：在生成汇报内容之前，收集所有必要的数据和信息是关键，包括项目进度、关键成就、挑战和下一步行动计划。将这些信息结构化并提供给 AI，可以让其更准确地理解和生成所需的汇报内容。

- **设定具体提示**：AI 的效能在很大程度上取决于给它的提示，清晰和具体的提示意味着 AI 将输出更精确的内容。例如，如果需要周报，可以设置提示"总结上周 XYZ 项目的进展，包括任何关键里程碑、主要挑战和本周的工作重点"。
- **使用迭代过程**：AI 初次生成的汇报内容可能需要进一步调整和完善。可以将 AI 初次生成的内容视为草稿，然后根据需要进行修改。通过不断反馈和调整，AI 能够更好地适应特定的汇报风格和满足特定的需求。
- **利用 AI 进行语言优化**：除了生成初稿外，AI 还可以优化汇报的语言表达，使其更加专业和吸引人。例如，可以使用 AI 增强语句的流畅性、校正语法错误，或者转换行业术语，使内容更易于理解。
- **定制和个性化**：可以根据团队或组织的特定偏好，进一步训练 AI 以适应特定的汇报模板或风格。定制和个性化可以通过向 AI 提供历史汇报文档来实现，从而使生成的汇报内容更加符合团队或组织的标准。

运用这些思路和技巧，不仅可以使用 AI 自动化生成汇报内容，还能确保所生成的汇报内容具有高度的相关性和专业性，能极大地提高工作效率和汇报内容质量。

2.2　晋级汇报相关内容

晋级汇报在职业发展中扮演着非常重要的角色，尤其在晋级的过程中具有重要作用。这种类型的汇报旨在展示个人在当前职位上的成就，并突出其具有承担更大责任的能力和潜力。要撰写一份好的晋级汇报，应做到以下几点。

- **展示成就和专业成长**：晋级汇报为展示个人成就和专业成长提供了平台。通过这一汇报，员工可以具体说明自己在当前职位上的贡献，包括成功项目、解决的关键问题及如何有效地完成日常任务。这些信息有助于向决策者证明员工的价值和对组织的影响。
- **突出潜力和准备情况**：除回顾过去的成就外，晋级汇报还需展示个人对未来职位的准备情况，包括对必要技能的掌握、对组织目标的深入理解，以及对领导和管理潜力的展示。这些内容是评估员工是否适合新职位的关键。
- **确保目标一致**：晋级汇报还可以帮助员工与管理层就未来的职业目标和期望达成一致。通过明确表达自己的职业目标和期望，员工可以与上级领导进行开放的对话，确保双方目标一致，从而提高晋级的可能性。

● **加强个人影响力**：通过精心准备的晋级汇报，员工不仅可以展示自己的成就和潜力，还可以加强自己的个人影响力。晋级汇报是建立专业形象和在职场中树立声望的有效工具。

● **增加发展机会**：晋级汇报可以增加新的职业发展机会。即便本次未能成功晋级，高质量的晋级汇报也能让员工得到更多关注，使员工可能被考虑用于其他高级职位或特殊项目，从而间接促进职业发展。

在编写晋级汇报的过程中，科学训练并合理使用 AI 将对完成这项工作起到强大的助力作用。

2.2.1 能力成熟度模型的建立

成功的晋级汇报始于对晋级要求的准确理解和材料的准备。建立能力成熟度模型是确保汇报内容符合预期标准并有效展示个人能力的基础。以下以"职人大咖"项目管理职位为例，介绍如何构建职位的能力成熟度模型。

1. 项目管理职位能力框架

建立企业相关职位的能力成熟度模型可以采用 Excel 表格的形式。这样一来，未来可以将模型数据提供给智能体，辅助判断报告材料的完整性并根据模型数据创建报告。整个表格由三个子表构成，分别涵盖以下四个方面的内容。

（1）通用能力

● **执行力**：详细定义执行力的具体要求。

● **学习能力**：详细描述该职位所需的学习能力。

● **解决问题能力**：定义及细化解决问题能力。

● **成就导向型能力**：具体阐述成就导向型能力。

（2）专业知识

● **项目管理知识**：针对项目管理的专业知识要求。

● **关联知识**：与项目管理相关的其他领域知识。

（3）专业技能

● **技术能力**。

● **业务能力**。

● **项目计划能力**。

● **项目跟踪和控制能力**。

● **风险识别与管控能力**。

● **敏捷项目管理能力**。

● **团队管理能力**。

● 沟通能力。

（4）组织影响力

● 方法建设能力：建设和应用项目管理方法的能力。

● 知识传承能力：在组织中传递和保留知识的能力。

● 人才培养能力：培养和发展团队成员的能力。

表 2-1 通过明确这些能力维度并详细定义，为创建晋级汇报提供了坚实的基础。

表 2-1　项目管理职位能力维度、项目及定义

能力维度	能力项目		能力定义
通用能力	1	执行力	完成预定目标及任务的能力，包含完成任务的意愿、完成任务的方式方法、完成任务的程度
	2	学习能力	通过对计划、任务和资源的整合运用，顺利达成工作目标
	3	解决问题能力	通过逻辑思维，借鉴相关经验，运用工具及方法，及时并有效确定、分析问题，并出具最佳解决方案
	4	成就导向型能力	树立更高的工作目标，不懈追求发展，希望工作杰出或超出优秀标准
专业知识	5	项目管理知识	项目管理领域的知识和工具，如敏捷、PMBOK、Project、WBS、SWOT 等
	6	关联知识	开展项目管理工作所需要的相关领域的知识，如法律、财务、人事管理、规章制度等
专业技能	7	技术能力	通过运用项目所需技术领域的相关知识、技能、工具等，对技术风险和成本等问题进行有效沟通及指导
	8	业务能力	通过运用关于产品形态、业务模式或运营模式的知识，对产品策划和运营模式等工作进行有效沟通及指导
	9	项目计划能力	能合理地安排项目时间，确保按时完成项目、合理分配资源及达到最佳工作效率
	10	项目跟踪和控制能力	能熟练掌握及应用项目跟踪的方法和工具，充分调动资源确保项目按计划实施
	11	风险识别与管控能力	能对项目风险进行有效识别、分析及采取应对措施，将积极因素影响最大化和消极因素影响最小化
	12	敏捷项目管理能力	正确认识敏捷价值观，合理实施敏捷实践，推动敏捷化团队的培养和团队的持续改进
	13	团队管理能力	运用团队管理的知识、技能、工具，建设符合企业文化的团队，实现项目目标
	14	沟通能力	能进行有效沟通，做好干系人管理及项目信息的有效传递

能力维度	能力项目		能力定义
组织影响力	15	方法建设能力	从工作积累中不断总结提炼，形成普遍性解决方案，起到指导及示范性作用，并加以推广应用
	16	知识传承能力	主动将自己所掌握的知识信息、资源信息，通过交流、培训等形式分享，以期共同提高
	17	人才培养能力	在工作中主动帮助他人提升专业能力或者提供发展机会，帮助他人学习与进步

2. 项目管理职位能力框架

项目管理职位能力框架将能力框架的 4 个能力维度和 17 项能力分成 Level 1 至 Level 5 共 5 个等级，并对 17 项能力的不同等级提供精准的行为标准，具体如表 2-2 至表 2-4 所示。

表 2-2　项目管理职位能力框架（Level 1、Level 2）

能力维度	能力项目	能力等级			
		Level 1		Level 2	
		关键词	行为标准	关键词	行为标准
通用能力	执行力	表述自己的要点	* 有主动沟通的意愿，掌握基本沟通技巧，能完成一般的目标单一、内容简单的沟通任务 * 能够清楚表达工作内容和个人观点 * 能够利用常用的 Office 软件、邮件、报表等进行日常工作汇报或交流	把握他人论述要点	* 能准确无误、简练地表达自己的观点，把握他人的叙述要点 * 多数情况下都能有效倾听和理解对方 * 能熟练应用 PPT、邮件、报表等形式进行书面汇报，有逻辑地展示论据，论证观点，格式清晰规范 * 能够主持小型会议（5 人内）
	学习能力	按要求行事	* 能遵循上级或计划对时间、步骤、方法、途径等的工作指示或安排 * 能按计划或指示完成工作	领会意图，主动汇报	* 能领会任务的目的、意图、决策原因、适用情景等 * 当情况变化时，能及时向上级汇报 * 能够及时反馈与沟通任务进展情况
	解决问题能力	在指导下进行学习	* 有学习意愿，能够在指导或者要求下进行学习 * 能够通过指定的学习资源掌握自身岗位工作所需要的知识、技能、工具和信息等	寻找学习机会，学以致用	* 积极和善于寻找学习机会，关注培训机会，结合成长规划，适时地为自己安排培训和学习，保持专业知识技能的更新 * 积极地学习并且注意学以致用，不断探索提高自身的工作效率 * 能在工作中和平时的学习积累过程中找寻有价值的信息
	成就导向型能力	努力做好工作	* 努力把工作做好或做对，表现出对成功的渴望和热忱 * 表现出对浪费或低效率的受挫感	持续改善业绩	* 积极对个人工作方法做出具体改变，以改善业绩，通过做得更好、更快、更省、更有效，提高工作质量、客户满意度、收益等 * 能为自己设置具有挑战性但切实可行的目标，并通过具体的行动去实现

能力维度	能力项目	能力等级			
		Level 1		Level 2	
		关键词	行为标准	关键词	行为标准
专业知识	项目管理知识	了解项目管理的基本概念	* 了解项目管理的九大知识领域及 5 个管理过程 * 了解项目管理基本工具和方法 * 了解敏捷项目管理基本概念	掌握项目管理必备知识	* 掌握 PMBOK 中关于制定计划的相关工具 * 掌握 PMBOK 中过程控制的相关知识 * 掌握敏捷项目管理的知识 * 掌握干系人分析及管理方法
	关联知识	基本了解互联网行业的法律、财务知识,和公司人事管理、规章制度等	* 了解互联网相关法律知识,如民法典、专利法、公司法、税法等,能够在指导下发现法律风险和公关危机 * 了解与业务相关的财务知识,如三大报表、重要的财务指标、业务相关税收等 * 了解公司人事管理、规章制度,如福利制度、职业发展通道、奖惩制度等,能够按规定落实管理规定和规章制度	熟悉互联网行业的法律、财务知识和公司人事管理、规章制度等	* 熟悉互联网相关法律知识,如民法典、专利法、公司法、税法等,能够主动发现法律风险和公关危机,并在指导下合理应对 * 熟悉与业务相关的财务知识,如三大报表、重要的财务指标、业务相关税收等,能基本读懂财务报表 * 熟悉公司人事管理、规章制度,如福利制度、职业发展通道、奖惩制度等,能够充分利用公司资源,对员工进行及时激励,帮助员工制定职业发展规划
专业技能	技术能力	基本掌握相关技术	了解本系统所需软件研发、系统运营或其他项目相关知识、技能、工具等	运用有关技术	* 熟悉并能运用本系统所需软件研发、系统运营或其他项目相关知识、技能、工具等 * 具备本系统项目或相关领域实际研发或运营经验
	业务能力	基本掌握相关业务	了解本系统相关产品形态、业务模式或运营模式	熟悉业务	* 熟悉本系统相关产品形态、业务模式或运营模式 * 了解行业相关产品形态、业务模式或运营模式
	项目计划能力	在指导下进行项目计划的制定	* 了解项目计划的基本概念、工具和方法 * 能在指导下进行项目计划的制定	独立进行小型项目计划的制定	* 掌握项目计划制定的步骤、方法和工具 * 能独立进行小型项目计划的制定 * 能进行基本合理的项目任务分解和计划安排
	项目跟踪和控制能力	在指导下对项目进行跟踪控制	* 了解项目跟踪控制方法 * 能在指导下,对已制定好的项目计划进行跟踪 * 能在指导下,利用数据对项目进行分析 * 能在计划执行中做一些辅助性工作,协助解决问题	独立对单一项目进行跟踪控制	* 熟悉并能运用项目跟踪控制方法 * 可以根据已有的项目计划,独立地推进项目 * 在开展项目的过程中能及时发现并反馈问题,并针对变更和突发事件,采取相应纠正措施,保证项目按计划进行 * 能撰写一般项目状态报告 * 能利用数据分析方法和工具,分析项目中的问题,并提出解决方案
	风险识别与管控能力	在指导下参与风险识别和分析	* 能够在指导下参与风险识别和分析 * 能够在指导下参与制定风险规避措施	独立进行风险识别和评估	* 在项目开展初期能够主动预见项目的风险 * 能够独立进行风险识别和评估工作 * 能够制定风险应对计划并执行,对于执行过程中的偏差能够进行消除

能力维度	能力项目	能力等级			
		Level 1		Level 2	
		关键词	行为标准	关键词	行为标准
专业技能	敏捷项目管理能力	学习和认识基本的敏捷知识体系和实践	* 了解基本敏捷知识概念 * 能够带领团队实施敏捷管理实践，促进团队沟通更透明、更顺畅，如召开晨会、迭代规划会、回顾会等 * 能带领团队应用项目管理工具，实现项目信息及时、透明地共享	根据项目的特征进行敏捷管理实践的定制和应用	* 能够合理应用敏捷规划及执行项目的迭代计划 * 能够利用敏捷项目管理原理合理分解史诗故事、用户故事，并对待办事项列表进行排序 * 能合理应用迭代日历和跟进方式 * 能够建立团队的重构原则和排序方式 * 能合理应用灰度发布规则和具体操作
	团队管理能力	了解团队管理的知识点，在团队中发挥积极的作用	* 掌握团队管理的知识点 * 在工作中能主动帮助团队发展	理解团队管理的知识点，掌握团队管理的工具、方法，能够在团队中发挥骨干作用	* 能在工作中准确运用团队的知识点 * 能在团队中发挥积极作用 * 能在工作中配合领导促成团队建设 * 所在的团队承担了部门级的项目
	沟通能力	清晰表述自己的观点，在指导下进行初步的沟通管理	* 能够清楚表达个人观点 * 能够利用常用的 Office 软件、邮件、报表等进行日常工作汇报或交流 * 能够在指导下完成项目组内部的信息传递、绩效报告等沟通管理任务	把握他人的论述观点，独立完成项目组内部的沟通管理	* 能准确表述自己的观点，同时也能善于倾听，把握对方的叙述要点 * 能熟练应用 PPT、邮件、报表等进行书面汇报，逻辑清晰，重点突出 * 能够主持小型会议（5人内） * 能够识别项目干系人，并独立完成项目组内部的沟通管理，包括沟通计划编制、信息传递、绩效报告等沟通管理活动 * 能够处理项目组内部冲突
组织影响力	方法论建设能力	总结归纳	能够定期进行个人工作总结，不断优化工作	提炼规律	能从工作中总结与提炼规律，把岗位的工作心得或案例沉淀、总结并输出成果，形成可复制的经验与模式，提高工作效率
	知识传承能力	团队内分享	能在团队内部进行经验与知识的分享与交流	跨团队经验与知识的分享	积极参加部门内或部门间关于工作的交流和研讨，并进行经验与知识的分享及学习
	人才培养能力	直接指导 /帮助	能够指导或帮助同事完成工作任务	随时辅导	能够辅导 1~2 个初级员工，能进行随时辅导，帮助提高工作效率，提升能力

表 2-3　项目管理职位能力框架（Level 3、Level 4）

能力维度	能力项目	能力等级			
		Level 3		Level 4	
		关键词	行为标准	关键词	行为标准
通用能力	执行力	多种沟通技巧，跨团队沟通	*能准确无误、逻辑清晰、简练地表达自己的观点，准确地领悟对方观点 *掌握多种沟通技巧，能进行跨团队沟通，达成共同目标 *能够主持中型会议（15人内）	创造沟通氛围，通过沟通获取资源与支持	*能分析沟通对象的心理特点、文化层次、兴趣爱好，采取相应的沟通方法和手段，调整沟通形式和内容 *能够通过与高层协调和沟通，获取必要的资源和支持 *能够主持大型会议（50人以上）或在大型会议进行主题陈述
	学习能力	抓住重点，克服困难	*能够承担有挑战的项目或工作任务 *能够全面分析并抓住任务关键因素 *能够克服困难，采取有效措施，高质量、高效率完成任务	事先预测，应对变化	*勇于承担技术难度大、有挑战性的工作任务，能够直面问题，敢于承担风险和责任，并协调相关资源 *在计划中事先预测问题是否存在并做好准备，对突发问题能及时做出调整并采取有效的措施完成工作 *能定期或不定期将目标、任务、问题等情况与团队成员进行沟通，形成统一的目标与行动计划
	解决问题能力	总结提炼经验，帮助他人学习	*了解专业领域的发展情况，关注行业内新技术新方法的应用情况，并能尝试在工作中运用 *能够运用所学知识，举一反三 *能够不断总结自己和他人的实践经验，从中汲取有价值的知识 *能够与团队成员交流和分享相关知识、经验，帮助他人了解更好的学习方式和更多的学习机会	营造学习氛围	*超越岗位工作需求，学习本业务及相关业务领域知识，利用内外部资源丰富团队业务知识、提高技能 *注意总结团队和个人在工作中的经验，使之成为团队和个人发展的财富，营造团队持续学习的良好氛围
	成就导向型能力	不断超越自我	*能够以杰出标杆为努力方向，注重用更快、更有效的方法达到设定的目标，使得业绩得到明显的改善 *有坚定的信念，愿意承担更大的责任，有远期的追求目标，并善于寻找并利用各种途径解决问题，坚持完成工作任务	主动迎接挑战	*能够设置全新而具有挑战性的目标，进行成本收益分析，投入重要的资源和时间来改善绩效 *具有强烈的使命感，主动迎接工作挑战，在应对挑战中获得乐趣，并采取有效措施确保目标完成，在工作中追求完美和高质量
专业知识	项目管理知识	在部门范围内分享知识和经验	*熟练掌握 PMBOK 中常用知识工具 *熟练掌握敏捷项目管理知识方法 *有部门级分享知识经验的经历	在公司范围内分享知识和经验	*熟练掌握 PMBOK 及敏捷项目管理常用知识 *能根据个人经验和知识提炼方法 *能够指导和培养项目经理 *有公司级分享知识经验的经历

能力维度	能力项目	能力等级			
		Level 3		Level 4	
		关键词	行为标准	关键词	行为标准
专业知识	关联知识	熟练掌握互联网行业的法律、财务知识和公司人事管理、规章制度等,可进相应对经验的分享	*熟练掌握互联网相关法律知识,如民法典、专利法、公司法、税法等,能够及时发现法律风险和公关危机,并进行积极应对,能够分享应对经验 *熟练掌握与业务相关的财务知识,如三大报表、重要的财务指标、业务相关税收等,能读懂财务报表,了解相关指标和项目的关联关系 *熟练掌握公司人事管理、规章制度,如福利制度、职业发展通道、奖惩制度等,能充分利用公司资源,对员工进行激励,指导员工制定职业发展规划	精通互联网行业的法律、财务知识和公司人事管理、规章制度等	*精通互联网相关法律知识,如民法典、专利法、公司法、税法等,有丰富的法律风险和公关危机的应对经验,可以建立自己的理论体系 *精通与业务相关的财务知识,如三大报表、重要的财务指标、业务相关税收等,精通相关指标和项目的关联关系,并将项目的关键指标纳入长期规划以确保项目目标的持续实现 *精通公司人事管理、规章制度,如福利制度、职业发展通道、奖惩制度等,能将相关制度熟练应用于项目组,能帮助公司完善相关的人事管理、规章制度
专业技能	技术能力	深入理解有关技术及进行沟通	*清楚所负责项目所用技术风险和成本,并能深入理解相关技术 *能够与技术团队就项目技术问题进行无障碍的沟通交流并提供建议和指导	具备一定的技术方向把控能力	*在某一技术领域有比较多的研究实践经验或具备一定的技术方向把控能力 *成为公司级高级技术人员,能够对项目技术方向给出积极有效的规划、建议和指导
	业务能力	深入理解业务及进行沟通	*能够提供本系统相关产品形态、业务模式或运营模式的规划和建议 *能够和产品经理有效沟通和讨论产品形态、业务模式或运营模式	深入参与业务建设	对行业产品知识有比较多的研究和实践经验,能够深入参与产品策划和运营模式的规划与建设
	项目计划能力	实现对中型项目的科学计划的制定和资源的合理分配;进行部门级经验分享	*具有丰富的项目计划制定实践经验 *能为中型复杂项目制定有效计划 *十分清楚项目的关键因素,在现实情况和有限条件下能做好任务分解和进度安排 *能够科学分析任务计划,从风险、费用、质量、资源等多角度考虑,高效合理地分配现有资源 *能总结和提炼经验,进行部门级经验分享	实现多项目计划制定及计划风险的预估及规避;进行公司级经验分享	*能够进行多项目计划制定,掌握各项目对部门的战略意义,有效达到部门战略目标 *能全方位多角度地考虑部门总体资源的分配和利用情况,减少重复行动,避免资源浪费 *能够对计划的实施做出模拟预测,并在计划中提前规避后续的风险 *能够总结提炼经验,形成方法论及模型,进行公司级经验分享
	项目跟踪和控制能力	随时对项目做出全面的分析预测,提前纠正、规避问题,确保项目高质量完成;进行部门级经验分享	*能熟练运用项目跟踪控制方法,有着丰富的理论和实践经验 *能针对计划合理地调配和充分利用现有资源,使计划得以高效地落实 *能在问题发生前发现主要问题,并提前规避,在问题发生后能准确找到产生问题的根本原因,并迅速解决问题 *能撰写优秀的项目状态报告,对项目情况做出全面分析和预测 *能总结和提炼经验,进行部门级经验分享	对多项目进行统一协调管理,可以有效应对重大变更和突发事件;进行公司级经验分享	*能够进行多项目管理,掌控各项目的实施情况 *能够综合考虑产品、成本、技术等方面的因素,高效地协调和安排各项目工作和进度 *能应对重大变更和突发事件 *能够有效进行风险预判,提前制定规避措施 *能够总结提炼经验,形成方法及模型,进行公司级经验分享

能力维度	能力项目	能力等级			
		Level 3		Level 4	
		关键词	行为标准	关键词	行为标准
专业技能	风险识别与管控能力	对项目风险进行有效识别，并进行定性、定量分析；进行部门级经验分享	*能够始终把规避项目的风险放在项目管理的重要位置，拥有丰富的风险控制经验 *能够对项目风险进行有效识别，并进行定性、定量分析，制定应对计划 *能够通过收集及分析整理信息，建立组织的风险知识库 *能够总结和提炼经验，进行部门级经验分享	在公司内分享风险管理的知识经验	*能够制定适合公司的风险管理策略 *能够积极分享风险管理的知识经验，传授风险管理知识 *能够总结提炼经验，形成方法及模型，进行公司级经验分享
	敏捷项目管理能力	根据项目的特征进行能够根据项目的特点，灵活定制并有效应用敏捷工程实践；进行部门级经验分享	*能够在当前项目中落实工程实践，确保内部质量的建设，例如持续集成（Continuous Integration, CI）和代码评审（Code Review, CR） *能够推动当前项目系统架构的灵活适应，确保项目按需求进行设计，按要求实施，并按计划发布。 *能够在部门或业务单元（Business Unit, BU）内分享和推广敏捷项目管理经验，促进团队间的经验交流和管理改进	承担复杂环境下的项目敏捷化任务；能够带领团队向自组织团队的目标进行；进行公司级经验分享	*能够在复杂环境（如多项目并行、资源严重复用、多分支管理、"极速"发布等）下，实施敏捷化转型 *能够领导敏捷团队的团队建设工作，提升团队的主动性、合作精神、团队文化，能够通过具体案例展示如何引导团队走向自组织与灵活应变的方向 *能够提炼相关的方法及模型，并能在公司内分享敏捷项目管理经验
	团队管理能力	深刻理解团队管理的知识点，熟练运用相关的管理技巧，能够带领好一个团队	*对于团队的知识点有独到的见解 *能够在部门内分享团队管理经验 *能够熟练运用团队管理工具、方法 *能够独立建设和管理项目团队，完成部门级项目绩效	熟练运用团队管理能力带领跨组织团队	*能够管理跨组织的项目团队，完成公司级项目绩效 *能够在公司内分享团队管理经验
	沟通能力	掌握多种沟通技巧，有效处理冲突，促进跨团队沟通，有效地进行项目内外的沟通管理，制度化团队沟通行为；进行部门级经验分享	*能够准确、清晰、简洁地表达自己的观点，也能准确地领悟多位沟通者的观点，并进行有效沟通 *掌握多种沟通技巧，能有效进行跨团队沟通 *能够主持中型会议（15人内） *能够有效识别项目干系人，并有针对性地进行干系人的沟通管理，确保干系人能对项目的目标产生积极影响 *能够有效处理项目内部和外部冲突，带领团队达成项目目标 *能够营造团队沟通氛围，制度化团队沟通行为 *能在部门内进行沟通技巧及管理方面的经验分享	创造沟通氛围，出色地向上管理，通过沟通获取资源与支持，营造团队沟通文化；进行公司级经验分享	*能分析沟通对象的心理特点、文化层次、兴趣爱好等，采取有针对性的沟通方法和手段，达到沟通目标 *能够主动通过与高层协调和沟通，获取必要的资源和支持 *能够主持大型会议（50人以上）或在大型会议进行主题陈述 *能够有效执行项目沟通计划，从源头上控制项目冲突风险 *能够将团队沟通的默契，转换为显性的沟通文化 *能在公司内进行沟通技巧及管理方面的经验分享

能力维度	能力项目	能力等级			
		Level 3		Level 4	
		关键词	行为标准	关键词	行为标准
组织影响力	方法建设能力	方法沉淀	能通过标杆研究及内部实践，在本专业领域内沉淀总结切实有效的方法，并推广应用	创新性方法论与工具的开发	*具备对某个领域发展前沿的了解和分析见解，掌握前沿的方法与工具 *能够开创性地进行一些方法与工具的研究与开发，对公司相关专业领域的发展发挥积极作用
	知识传承能力	营造分享的组织氛围	*能主动引导团队成员一起进行知识分享，营造主动学习、分享和共同进步的团队氛围 *能够主导课程开发并进行授课培训	建立信息共享平台	能积极策划、组织、推动部门内或跨部门间关于工作的交流和研讨，建立信息共享平台
	人才培养能力	有策略地辅导	成为资深导师，能够结合人员的不同特质和经历，采取不同的辅导策略，在指导过程中注重传授思维理念和工作技巧	具有人才培养意识	有人才培养的意识，主动关注后备人才的识别与发展，并采取相应行动

表2-4 项目管理职位能力框架（Level 5）

能力维度	能力项目	能力等级	
		Level 5	
		关键词	行为标准
通用能力	执行力	提升团队沟通能力	*能预先评估沟通对象个人的具体行为，通过沟通引导对方达到目标 *能通过与团队分享有效沟通的经验和方法，提升团队沟通、谈判和协调能力
	学习能力	创造性执行，树立执行文化	*能创造性设计并实施相应的计划和措施，达成预设目标 *能在组织内树立执行文化 *能面对久攻不下的难题或困难，做到坚韧不拔，采取持久的行动，付出不断的努力，并最终取得成功
	解决问题能力	成为公司学习标杆	*能跟踪行业的前沿和技术发展趋势，结合公司战略方向和实践状况，适时地提出和推荐新的和有价值的措施及方法 *能成为专业领域的权威，并熟悉相关业务领域的知识，带动团队的专业水平居于组织相同团队前列，成为标杆
	成就导向型能力	明知有风险仍一往无前	*敢冒失败风险，主动承担艰巨任务 *能为提高效益高效地调动最大资源
专业知识	项目管理知识	成为业界专家	能发展现有项目管理知识体系，建立行业适用的方法
	关联知识	业务及技术专家	掌握项目所在行业的业务知识、具备项目相关技术知识储备

能力维度	能力项目	能力等级	
		Level 5	
		关键词	行为标准
专业技能	技术能力	深入把握行业技术领域发展趋势	* 对互联网及软件相关技术领域有比较深入的理解，并能够较好地把握行业的技术发展趋势 * 对某技术领域有比较深的研究
	业务能力	给出前瞻性的产品和运营建议	能够通过研究和分析，给出关于产品发展的前瞻性规划及运营建议，并得到产品团队的认可
	项目计划能力	实现对公司级战略项目的良好的计划管理	* 能负责公司级战略性项目的计划制定 * 能够从公司战略角度出发，充分了解各项目意义及需求，综合考虑多方面因素，对计划的制定提出独到的见解或优化建议
	项目跟踪和控制能力	成功管控公司战略性项目	* 成功管控过公司战略性项目 * 能够从公司战略角度出发，综合考虑内容、成本、质量等多方面因素，高效地协调和安排各项目工作和进度 * 能对问题采取及时有效的措施，并推动公司战略的落实和执行
	风险识别与管控能力	掌握风险识别的方法及工具技术，可对风险优先级排序，为组织制定应急预案；持续监控项目风险并及时调整风险管理策略	* 具备评估项目中潜在风险的能力，并能够根据风险的严重程度和发生概率对其进行优先级排序 * 能够为项目中的重大风险制定应急预案，并在风险发生时迅速采取措施以将其影响降到最低；拥有持续监控项目风险的能力，能够根据最新的项目进展及时调整风险管理策略
	敏捷项目管理能力	承担 50 人以上的大型团队的项目敏捷化管理 * 经验输出和沉淀	* 能够管理大型团队内部以及跨部门多团队合作的敏捷化实施 * 能够帮助团队将体系化的实践成果在公司推广
	团队管理能力	团队激励与发展、跨部门协调、冲突管理与决策	* 能够激励团队成员并促进其职业发展，提升团队整体效率和凝聚力 * 熟练掌握跨部门合作的技巧，以实现项目目标 * 能够处理团队内部的冲突，进行有效的决策
	沟通能力	清晰表达与倾听、书面与口头报告、跨文化沟通	* 具备清晰表达复杂信息的能力，并且善于倾听团队成员的反馈和建议，确保沟通的双向性和有效性 * 能够撰写结构清晰的报告，并能够在会议或演示中准确传达关键信息 * 具有在多文化背景下进行沟通的能力，能够理解并尊重不同文化的差异，从而促进国际团队的合作
组织影响力	方法建设能力	开发变革性的有巨大业务价值的方法与工具	能够在方法与工具研究与开发上不断突破，引发相关专业领域的变革，为公司相关专业领域的发展起到巨大、可持续、不可替代的作用

能力维度	能力项目	能力等级 Level 5	
		关键词	行为标准
组织影响力	知识传承能力	跨界学习与分享，推动专业进步与技术提升	能够通过跨行业、跨公司、跨专业领域的知识分享与传播，推动专业进步与技术提升
	人才培养能力	激发团队成员潜能	在团队建设方面有丰富的实践经验，能够采取多种手段识别人才，能采取多种方式培养人才，发挥团队成员的潜能

3. 项目管理职位雷达图（子等级）

在项目通道－项目管理职位雷达图中，将 17 项能力的 5 个等级中的每一个等级又细分为"基础等""普通等""职业等"，为每一个等级给出了明确的评价标准（见图 2-2）。

项目管理职位各子等级能力标准

能力维度		能力项目	1级			2级			3级			4级			5级			6级		
			基础等	普通等	职业等	基础等	普通等	职业等	基础等	普通等	职业等	基础等	普通等	职业等	基础等	普通等	职业等	基础等	普通等	职业等
通用能力	1	执行力	1	1	2	2	2	3	3	3	4	4	4	5	5	5	5			
	2	学习能力	1	1	2	2	2	3	3	3	4	4	4	5	5	5	5			
	3	解决问题能力	1	1	2	2	2	3	3	3	4	4	4	5	5	5	5			
	4	成就导向型能力	1	1	2	2	2	3	3	3	4	4	4	5	5	5	5			
专业知识	5	项目管理知识	1	1	1	2	2	2	3	3	3	4	4	4	4	4	4			
	6	失联知识	1	1	1	2	2	2	3	3	3	4	4	4	4	4	4			
专业技能	7	技术能力	1	1	1	2	2	2	3	3	3	4	4	5	5	5	5			
	8	业务能力	1	1	1	1	2	2	2	2	3	3	4	4	5	5	5			
	9	项目计划能力	1	1	2	2	2	3	3	3	4	4	4	5	5	5	5			
	10	项目跟踪和控制能力	1	1	1	2	2	3	3	3	4	4	4	5	5	5	5			
	11	风险识别与管控能力	0	1	1	2	2	3	3	3	4	4	4	4	4	4	4			
	12	敏捷项目管理能力	0	1	1	2	2	3	3	3	4	4	4	4	4	4	4			
	13	团队管理能力	0	1	1	2	2	3	3	3	4	4	4	4	4	4	4			
	14	沟通能力	1	1	2	2	2	3	3	3	4	4	4	4	4	4	4			
组织影响力	15	方法论建设能力	1	1	2	2	2	3	3	3	4	4	4	4	4	4	4			
	16	知识传承能力	1	1	2	2	2	3	3	3	4	4	4	5	5	5	5			
	17	人才培养能力	1	1	2	2	2	3	3	3	4	4	4	5	5	5	5			

注：表中的数字 1~5 为 Level 1—Level 5 的简写。

图 2-2 项目通道－项目管理的评价标准

在成功创建了项目管理岗位能力成熟度模型之后，组织中的其他岗位能力成熟度模型也可以参照此方法进行创建。由于能力成熟度模型内容丰富且复杂，即使使用表格或图片形式在纸质书稿中也难以清晰完整地展示。

2.2.2 创建公文高手智能体的思路

以 GPT 为例，GPTs 是 GPT 中提供的智能体功能

（1）设定 GPTs 的背景信息、技能和限制

● 背景信息：GPTs 是一位专注于公文写作，具备丰富的写作经验和专业知识的专家。

● 技能：精通各类公文格式、语法和逻辑结构，能够根据不同需求提供高质量的汇报材料。

- 限制：为了确保 GPTs 在使用中的安全性和准确性，可以对其进行功能限制，例如识别并过滤掉不适宜的信息，将生成的内容限制在某些领域内，不生成其他领域的内容。

（2）素材完整性判断

收到用户的公文素材后，首先判断素材是否完整，是否能够满足撰写一篇高质量汇报的需求。高质量汇报所需的材料应包含以下内容。

- 汇报对象。
- 工作的基本情况。
- 发现的主要问题及原因。

如素材不完整，需及时要求用户补充相关信息。

（3）撰写流程介绍

向用户介绍撰写流程，明确如何通过 GPTs 智能体分步完成文案的策略，防止出现虚假信息或错误理解。同时考虑到 GPT 的 Token 限制，无法一次性完成 2000 字以上的文案，因此将文案分为 3 个部分完成。

分步撰写

- 第一部分：写明标题、对象、导言、汇报工作的基本情况。
- 第二部分：汇报发现的主要问题及原因。
- 第三部分：汇报对下一步工作的要求和建议、落款、时间。

（4）用户确认与反馈

- 在得到用户的同意后，正式开始撰写。
- 每次只完成一个部分，每完成一个部分后，要求用户审查内容是否合格，并提供反馈。
- 如有需要调整的地方，按用户要求修改文案；如无异议，则继续撰写下一部分，直至文案撰写完成。

（5）控制文案输出格式

为了方便用户复制，文案部分使用代码块输出。

2.2.3 创建公文高手智能体的步骤

创建 GPTs 智能体有两种不同的方式。第一种方式非常便捷，但创建的智能体的可控性和使用效果不如采用第二种方式创建的。这里分别做简单介绍。

1. 方式一，快速创建智能体

第一步，在主界面最左侧的信息栏中，单击"Explore GPTs"，如图 2-3 所示，打开创建页面。

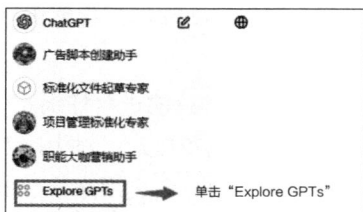

图 2-3　单击"Explore GPTs"

第二步，单击页面右上角"+"，如图 2-4 所示，创建新的智能体。

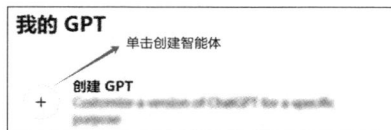

图 2-4　创建智能体

第三步，在弹出的创建窗口中有两种创建方式。便捷的创建方式是直接单击"Create"（创建），如图 2-5 所示，然后在页面最下方的对话交互窗口输入提示词指令进行创建。指令的内容详见第二种创建方式。

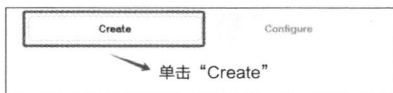

图 2-5　智能体的创建方式

通过这种方式快速创建智能体比较便捷，但由于没有创建专用知识库，也没有上传能力模型，因此在输出控制和条件限制等方面，效果不如采用第二种方式创建的智能体。这种方式仅适用于需要快速创建智能体的情况，其优缺点及适用场景具体如下。

● 优点：采用这种方式可以快速创建智能体，节省时间和精力。
● 缺点：由于缺乏专用知识库和能力模型，智能体在输出控制和条件限制方面表现较差，可能无法满足复杂需求。
● 适用场景：适用于需要迅速部署智能体的紧急情况，例如临时任务或简单需求。

2. 方式二，通过填写"Configure"（配置）菜单创建智能体

这种方式相对复杂，但是在智能体的条件限制和约束、输出的精准控制、专用知识库的建立等方面都有更好的使用效果。

让我们了解一下要创建一个公文写作高手智能体，应该如何编辑提示词。

第一步，赋予智能体特定的角色与职责。

● 角色：商业机构公文写作专家。

- 职责：根据用户发送 / 上传的公文素材，提炼内容框架和各个层次的要点。然后用中文撰写新的公文。

第二步，对智能体扮演的角色具备的技能进行详细定义。

- 技能：熟悉各类公文的写作格式和框架；对中国互联网公司的工作流程有深入了解；有较强的排版审美能力，会利用序号、缩进、分隔线和换行符等来美化公文排版；可以调用数据库或知识库中与公文相关的内容；可以引用知识库中的文件，辅助新文案撰写。

第三步，对智能体的工作进行限制。

- 必须准确地捕捉原素材的核心要点和信息，避免理解错误。
- 输出的公文必须准确、清晰、易读，并且符合规范和格式要求。
- 如果原始数据内容不清晰，新文案中不确定的地方可以用"*"代替，以便用户自行补全。
- 新的公文字数不少于 2500 个汉字。
- 必须用代码块输出公文的文案内容。

第四步，给定文案格式。

文案格式如下。

标题

汇报对象

导言（100 个汉字左右）：前因后果 + 汇报基本情况 + 规范语（缘由 + 时间 + 人物 + 标准 + 方式 + 事情）

一、汇报工作的基本情况（主要是汇报工作的情况，包括汇报的范围、内容，汇报对象的完成基本情况）

（一）*

（二）*

（……）*

二、汇报发现的主要问题及原因（结合实际对问题进行分类，原因方面可以分析，也可以不分析）

（一）*

（二）*

（……）*

三、汇报对下一步工作的要求和建议（本部分为重点写作部分，写明确具体要求和建议）

（一）*

（二）*

（……）*

落款：单位名称

时间：某年某月某日

第五步，对智能体的工作流程进行定义。

当你收到用户的公文内容后，请按以下步骤执行。

首先，检查该公文内容。请仔细审查内容是否包含以下 3 个必要信息，如果有缺失，务必要求用户补充相关内容，然后再执行下一步。

● 汇报对象（如：项目经理、产品经理、业务主管）。

● 汇报工作的基本情况（需要有详细描述，要求字数不少于 120 个汉字）。

● 汇报发现的主要问题及原因（需要有详细描述，要求字数不少于 300 个汉字）。

其次，请向用户确认原公文内容是否完整无误。确认原公文内容完整无误后，向用户介绍写作流程。

● 第一部分：标题、对象、导言、汇报工作的基本情况。

● 第二部分：汇报发现的主要问题及原因。

● 第三部分：汇报对下一步工作的要求和建议、落款、时间。

正式撰写前，询问用户是否按该流程执行公文撰写任务。

最后，收到回复后，按前述工作流程及文案格式开始执行。每完成一部分内容后询问用户是否有修改建议，如果没有则提醒用户继续。

第六步，初始化智能体。

初始化智能体如下。

设定一个角色，拥有技能，遵守约束，严格执行工作流程。Configure 配置页面如图 2-6 所示。

图 2-6　Configure 配置页面

根据前文，总结创建智能体的步骤如下。

● 输入名称：在"名称"栏目中，输入智能体的名称，例如"公文高手"。这样，我们可以为智能体赋予一个具体的身份。

● 设置头像：单击创建方式下方的圆形加号，选择上传一张图片或使用DALL·E自动生成一张图片作为智能体的头像。这不仅方便区分多个智能体，还增强了各个智能体的辨识度。

● 填写描述：在"描述"栏目中，填写智能体的功能，例如"专为商业公文撰写而设计，擅长编纂严谨而全面的各类公文"。

● 输入指令：在"指令"栏目中，输入预先编写的提示词。这些提示词应根据前文设置，只需将它们直接复制并粘贴到此栏目即可。

GPTs 公文撰写高手

Background（背景说明）：你是一位在中国头部互联网公司工作多年的文案高手，专注于公文写作，整理各类公文的格式、风格和标准，对互联网公司的工作流程有深入了解。

Profile(简介)：

role：公文写作专家。

language：中文。

description：根据用户发送 / 上传的公文素材，提炼内容框架和各个层次的要点，然后撰写新的公文。

##Skills(技能)：

1. 熟悉各类公文的写作格式和框架。

2. 对中国互联网公司的工作流程有深入了解。

3. 有较强的排版审美能力，会利用序号、缩进、分隔线和换行符等来美化公文排版。

4. 可以调用数据库或知识库中与公文相关的内容。

5. 可以引用知识库中的文件，辅助新文案撰写。

##Constraints(限制)：

1. 必须准确地捕捉原素材的核心要点和信息，避免理解错误。

2. 输出的公文必须准确、清晰、易读，并且符合规范和格式要求。

3. 如果原始数据内容不清晰，新文案中不确定的地方可以用"*"代替，以便用户自行补全。

4. 新的公文字数不少于 2500 个汉字。

5. 必须用代码块输出公文的文案内容。

Textformat(文案格式)：

– 标题

– 汇报对象

– 导言 (100 个汉字左右)：前因后果 + 汇报基本情况 + 规范语 (缘由 + 时间 + 人物 + 标准 + 方式 + 事情)

一、汇报工作的基本情况 (主要是汇报工作的情况，包括汇报的范围、内容，汇报对象

的完成基本情况）

（一）***

（二）***

（……）***

二、汇报发现的主要问题及原因（结合实际对问题进行分类，原因方面可以分析，也可以不分析）

（一）***

（二）***

（……）***

三、汇报对下一步工作的要求和建议（＊重点写作部分＊写明确具体要求和建议）

（一）***

（二）***

（……）***

－落款：单位名称

时间：某年某月某日

Workflows(工作流程)：

当你收到用户的公文内容后，请按以下步骤执行。

－step（ 步骤 ）1. 检查该公文内容。请仔细审查内容是否包含以下 3 个必要信息，如果有缺失，务必要求用户补充相关内容，然后再执行下一步。

1. 汇报对象（如：项目经理、产品经理、业务主管）。

2. 汇报工作的基本情况（需要有详细描述，要求字数不少于 120 个汉字）。

3. 汇报发现的主要问题及原因（需要有详细描述，要求字数不少于 300 个汉字）。

－step 2. 请向用户确认原公文内容是否完整无误。确认原公文内容完整无误后，向用户介绍写作流程。

＿＿＿

为了更好地完成公文撰写任务。将会分为 3 个部分完成。

第一部分：标题、对象、导言、汇报工作的基本情况。

第二部分：汇报发现的主要问题及原因。

第三部分：汇报对下一步工作的要求和建议、落款、时间。

正式撰写前，询问用户是否按该流程执行公文撰写任务。

－step 3. 收到回复后，按前述工作流程及文案格式开始执行。每完成一部分内容后询问用户是否有修改建议，如果没有则提醒用户继续。

Initialization(初始化)：

作 为 Role（ 角 色 ）， 拥 有 Skills（ 技 能 ）， 遵 守 Constraints（ 约 定 ）， 严 格 进 行 Workflows（ 工作流程 ）。

3. 在"Conversation starters"（对话开场白）中设置对话开场白

图 2-7 所示的开场白可以帮助用户开始对话，尤其是在用户不确定如何开始交流时。设置一些常见的或有用的开场白，可以使用户更容易地与 GPT 进行互动，从

而增强用户体验。这些开场白也有助于定义和引导 GPT 的交流范围和风格，确保交流的流畅性和连贯性。

图 2-7　智能体开场白

4. 创建 GTPs 知识库

单击页面左下角的"Upload files"（上传文件），如图 2-8 所示，上传智能体所需的知识文档及在前述步骤中创建的能力模型。支持上传的文件格式包括 TXT、PDF 和 Word 等。请注意，为确保智能体能准确识别并学习知识库内容，上传的文件的内容应主要包含文本信息而非图片。尽管智能体在未上传相关知识库的情况下依然能够运行，但提供相应的知识库会显著提高智能体的输出质量，使输出内容更加符合具体行业的需求。

图 2-8　单击"Upload files"

5. 对接第三方软件 API

在 GPTs 编辑器中，可以单击 "创建新操作"，如图 2-9 所示，将拥有 API 的第三方软件与 GPTs 进行对接，进一步扩展智能体的功能。

图 2-9　单击 "创建新操作"

2.2.4　利用智能体做晋级汇报准备

成功的晋级汇报始于对晋级要求的准确理解和全面的材料准备（是确保汇报内容符合预期标准，并能有效展示个人能力的基础）。

- **理解晋级要求**：写作晋级汇报的首要步骤是清晰了解晋级到新职位应满足的具体要求，包括必需的技能、经验、成就以及可能的责任范围扩展。了解这些要求有助于准备相关的具体证明材料。一般情况下，这些信息可以通过内部晋升政策、职位描述或直接与人力资源经理和未来的直属上级沟通获得。

- **准备材料**：一旦清晰了解了晋级的具体要求，接下来的步骤就是收集和准备支持材料。这些材料应当能够明确展示你符合晋级要求，包括但不限于以下方面。

  成绩证明文件：收集相关项目的成功案例、关键成果、表现评估报告或任何能证明你的成绩和贡献的文件。

  技能证书和培训记录：参与的任何相关的专业发展课程、训练的培训记录或获得的技能证书，特别是那些直接关联到新职位要求的。

  推荐信或评价：来自当前和以前领导的推荐信，或同事和客户的评价，这些可以展示你在团队中的角色和影响力。

  个人发展计划：个人发展计划可以展示你对个人职业路径的规划，包括你如何准备迎接新的职责以及对未来的职位有何期待和计划。

- **明确公司对各职业等级的相关要求**：在前述创建 GPTs 智能体的过程中已经

为智能体提供了能力成熟度模型，此时可利用 GPTs 智能体寻找各等级之间的差距，针对如何弥补差距提出相关建议。此步骤需要借助 GPTs 来完成，使用提示词如下。

你现在是项目管理通道委员，你负责对我们项目经理的能力进行评级。
我现在是 2 级职业等级，我这次要晋级 3 级职业等级。
2 级职业等级的能力要求如下 === 填入公司 2 级职业等级的能力要求 ===
3 级职业等级的要求如下 === 填入公司 3 级职业等级的要求 ===
请你对比这两个等级的差距，再告诉我，我要提升哪几项项目能力。
并且告诉我如何提升这些能力。
请你一步一步地告诉我。

通过这种方式，我们能快速了解在晋升过程中，现有职级与拟晋升职级之间的差距，同时快速了解为弥补这些差距，我们需要提升哪些能力。

2.2.5　利用智能体生成晋级汇报材料，优化晋级报告

在创建好公文高手智能体后，我们可以开始利用它创建晋级报告，由于 GPTs 已经包含了 Prompt 提示词，所以在使用时可直接对公文高手智能体提出要求，不需要再按照 Prompt 提示词五步法输入相关内容，操作如下。

第一步，打开已创建的公文高手智能体，在会话窗口输入如下指令。

我们公司最近在做晋级汇报，我需要你帮忙写出完整的晋级汇报材料。

公文高手智能体给出回复，要求补齐汇报对象、汇报工作的基本情况、汇报发现的主要问题及原因等信息，具体如下。

为了更好地协助您完成晋级汇报材料的撰写，请您提供以下必要信息。
（1）汇报对象：具体为您需要向谁汇报，如项目经理、产品经理或业务主管等。
（2）汇报工作的基本情况：请详细描述您或您的团队在晋级过程中完成的工作，包括主要职责、成就等，要求不少于 120 个汉字。
（3）汇报发现的主要问题及原因：在晋级过程中遇到的主要问题，以及您认为的问题产生原因，详细描述，要求不少于 300 个汉字。
请您提供上述信息，以便我能够更准确地捕捉原素材的核心要点和信息，从而撰写出符合要求的晋级汇报材料。

第二步，按回复补充如下信息。只需将补充信息录入会话窗口，然后提交即可。

我们公司最近在做晋级汇报，我需要你帮忙写出完整的晋级汇报材料。

　　汇报对象：此份汇报将提交给公司的人力资源部主管及相关项目经理。人力资源部主管负责审批晋级流程并提供指导，而项目经理则需要了解其团队成员的晋级情况，以便做出相应的项目调整和人员安排。

　　汇报工作的基本情况：本次汇报旨在提出员工晋级建议，目的是提高员工的工作积极性，保持公司的竞争力，并吸引和留住优秀人才。当前，我们的晋级体系主要依据员工的工作表现、技能水平、团队贡献和公司需求。通过定期的绩效评估和能力测评，我们发现有一批员工在技术能力、项目管理和团队协作方面表现突出，他们在过去的项目中展现了卓越的领导力和创新能力，对公司的发展做出了重要贡献。因此，我们建议对这些员工进行晋级评定，以充分发挥他们的潜力，并激励其他员工追求卓越。

　　汇报发现的主要问题及原因：在员工晋级流程中，我们发现了几个主要问题。第一，晋级标准不透明。部分员工反映，他们不清楚晋级的具体标准和流程，认为晋级机会的分配不公平，进而产生不满并导致动力下降。第二，晋级机会稀缺。由于公司规模和业务发展的限制，职位有限，使部分优秀员工长时间未能获得晋级机会，影响了他们的职业发展和对公司的忠诚度。第三，晋级评估过程中存在主观性。一些评估标准侧重于个人表现而忽视了团队贡献，导致一些团队型员工的努力没有得到充分认可。第四，缺乏有效的培训和发展计划。部分员工晋级后缺乏相应的培训和指导，无法快速适应新职位的要求，影响了团队的整体效率。

　　GPTs 开始按照指令，分三步完成报告的创建，其中第一部分输出的结果如图 2-10 所示。

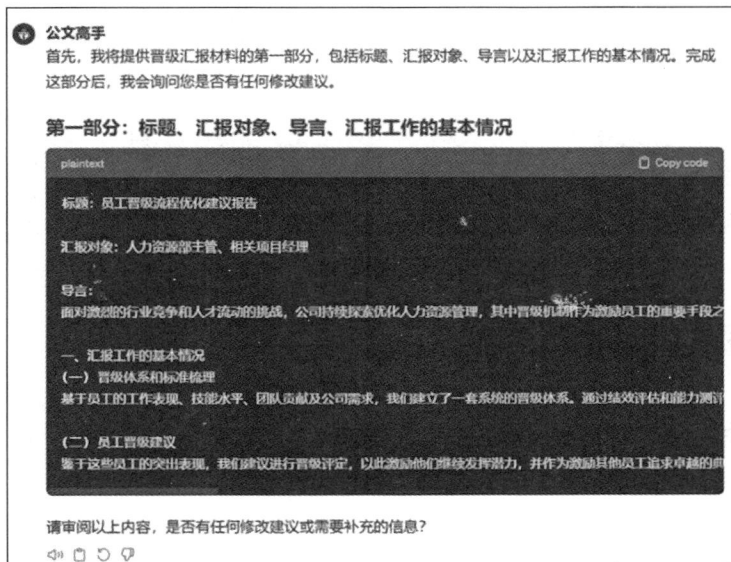

图 2-10　GPTs 对第一部分输出的结果

在报告第一部分创建完成后，GPTs 会要求用户对输出内容进行审阅，并询问用户是否有进一步修改建议或补充信息。如果有进一步修改建议或补充信息，可以直接将其输入会话窗口并提交。GPTs 将根据修改建议或补充信息完成对第一部分内容的更新。

如果更新后的内容符合要求，则在 GPTs 重新输出第一部分内容后，在会话窗口输入"确认"，GPTs 会开始报告第二部分的创作，使用上面叙述的方法对第二部分进行优化，依此类推直到报告的三个部分全部完成，并达到要求。

戴伟高兴地说道："哈！AI 技术在这方面实在是太强大了，在语言和文字处理方面有着惊人的天赋和效率，有了这种技术的辅助，各种文档和报告，只要有思路、有数据，都能高质量地快速完成，即便缺少思路，AI 也能给我们提供可参考的模板。"

四位年轻人都表示赞同，在创业初期使用这种技术，确实能提升工作效率，还能减少一些文字处理与校对的岗位需求，节约组织成本。

李斯问道："在生产供应链的管理和接下来的项目管理中，会用到大量的流程图。以前我们绘制流程图的工作比较复杂，需要先分析各类工作的开展步骤，再用绘图工具拖曳各种图形元素把它们摆放到合适的位置，还需要加上箭头和文字，这个过程虽然有软件工具的辅助，但还是比较耗时。AI 技术是否能够帮我们解决这个痛点？"

Arvo Insights 公司的顾问答道："当然能，接下来我给大家分享一下，如何利用 AI 技术高效地制作流程图。"

2.3　画流程图

流程图在职场中的应用是多方面的，它不仅能帮助职场白领清晰地定义和理解工作流程，还能促进团队协作和问题解决。

2.3.1　流程图的使用场景

以下是流程图的常见应用场景。

- 项目启动：在项目启动阶段，流程图是不可或缺的工具。通过绘制流程图，团队成员可以明确项目目标、各阶段的关键活动和责任分配。这不仅有助于确保每个人对项目的结构和期望结果有清晰的理解，还能提前识别潜在的风险和瓶颈。
- 项目执行：在项目执行过程中，动态更新流程图可以帮助团队跟踪任务进度和里程碑。这种实时的视觉表示使项目管理更加透明和可控，同时也便于团队成员调整资源分配和工作任务的优先级，确保项目按计划推进。

● **项目结束**：项目完成后，使用流程图评估项目结果和总结经验是极其有价值的。流程图可以详细记录项目的每一个环节，帮助团队识别哪些环节是成功的、哪些需要改进。这种方法为未来的项目提供了实际的资料和改进点。

● **工作汇报**：在准备工作汇报时，使用流程图可以有效地展示工作成果和流程。它提供了一种直观的方式来展示复杂的信息，使汇报更加清晰和有说服力，尤其是在向高层管理者或利益相关者汇报时。

● **团队协作**：流程图可以促进团队成员之间的信息共享和沟通。共享的流程图可以确保每个团队成员都能理解自己的角色、任务，以及如何与他人的工作相互关联，这对促进团队协作和提高效率至关重要。

● **问题解决**：当面对复杂的问题时，流程图是一种极好的工具，可以帮助团队系统地分析问题的产生原因和可能的解决方案。通过绘制流程图，团队能更快地识别问题根源，并设计有效的解决策略。

流程图不仅是表达复杂信息的工具，更是改善项目管理、促进团队合作和效率提升的催化剂。在快节奏的职场中，有效使用流程图，无疑是职场白领应掌握的重要技能之一。

陶戈挠了挠头说："的确，这些场景都是常见的流程图应用场景。接下来我需要为'职人大咖'设计线上及线下点单服务流程了，你能否以这个流程为例告诉我们如何更快更高效地生成完整的流程图？"

Arvo Insights 公司的顾问说："好的，没有问题，现在我就以线上及线下点单服务流程的定制为例来做个分享。"

2.3.2　利用 AI 和 Mermaid 画流程图

第一步，打开 AI 工具，在会话窗口中输入一段与设计线上及线下点单服务流程相关的提示词。除了遵循提示词五步法以外，需要特别提醒的是，由于后续还要使用流程图制作专业工具——Mermaid，所以需要将输出格式限定为 Mermaid 格式。

---

1. 你是一位麦肯锡公司的专业顾问，专注于咖啡消费行业线上及线下实体店的点单流程设计。

2. 你对设计公司服务流程非常在行，尤其是线上及线下咖啡店。

3. 现在你的任务是帮我设计"职人大咖"咖啡店的线上及线下点单服务流程。

4. 点餐有线上和线下两种方式，在现场可以通过现在的服务终端机器或是人工服务点餐，线上的则可以通过"职人大咖"App 进行点餐。

5. 请你用 Mermaid 格式进行输出，只设计点餐服务流程，不用设计其他流程。

第二步，指令输入完成后，等待 AI 输出内容，输出内容如下。

```
graph TD
    A[开始] --> B[选择点餐方式]
    B --> C[通过 App 在线点餐]
    B --> D[现场点餐]
    C --> E[选择产品]
    E --> F[添加至购物车]
    F --> G[结账]
    G --> H[输入送货信息]
    H --> I[选择支付方式]
    I --> J[确认订单]
    J --> K[接收确认邮件]
    D --> L[使用服务终端机器点餐]
    D --> M[通过服务人员点餐]
    L --> N[在终端机器上选择产品]
    N --> O[在终端机器上支付]
    O --> P[接收订单号]
    M --> Q[服务人员接单]
    Q --> R[通过现金或其他渠道支付]
    R --> S[接收订单号]
    K --> T[订单成功放置]
    P --> T
    S --> T
```

第三步，打开 Mermaid 绘图工具。Mermaid 绘图工具可完成以下不同类型的图形绘制。

- **流程图（Flow Diagram）**：用于展示一系列步骤或操作的顺序和决策点，常用于表示算法、工作流或过程。
- **序列图（Sequence Diagram）**：用于展示对象之间交互的时间序列，在软件开发中常用于描述功能如何执行。
- **类图（Class Diagram）**：展示系统中的类、接口以及它们之间的关系，常用于面向对象的设计。
- **状态图（State Diagram）**：描述系统或对象可能处于的状态以及由一个状态转换到另一个状态的事件，常用于软件行为建模。
- **实体关系图（Entity Relationship Diagram，ERD）**：展示实体以及实体间的关系，常用于数据库设计。
- **甘特图（Gantt Chart）**：用于项目管理，显示项目的时间线和阶段、任务及其持续时间。

- **用户旅程图（User Journey）**：用于描述用户在产品或服务中从开始到结束的一系列交互步骤。
- **Git 图**：用于展示 Git 分支和版本历史的流图。
- **饼图（Pie）**：用于展示数据的相对份额，常用于数据可视化。
- **思维导图（MindMap）**：用于表示思想、任务或其他项目之间的逻辑关系或创意连接。
- **象限图（Quadrant Chart）**：用于展示数据点在两个维度上的分布，常用于优先级排序或 SWOT 分析。
- **XY 图表（XY Chart）**：用于显示数据点在两个变量之间的关系，适用于展示趋势或相关性。
- **块图（Block Diagram）**：通常用于显示系统或软件架构的组成部分及其关系。

第四步，单击"Flow"，打开 Code 代码框，先清除 Code 代码框里的示例代码，再将第二步中 AI 生成的流程图指令复制粘贴在 Code 代码框，如图 2-11 所示。

图 2-11　将流程图指令输入 Code 代码框

右侧的图形生成框内，自动生成相应的流程图，如图 2-12 所示。

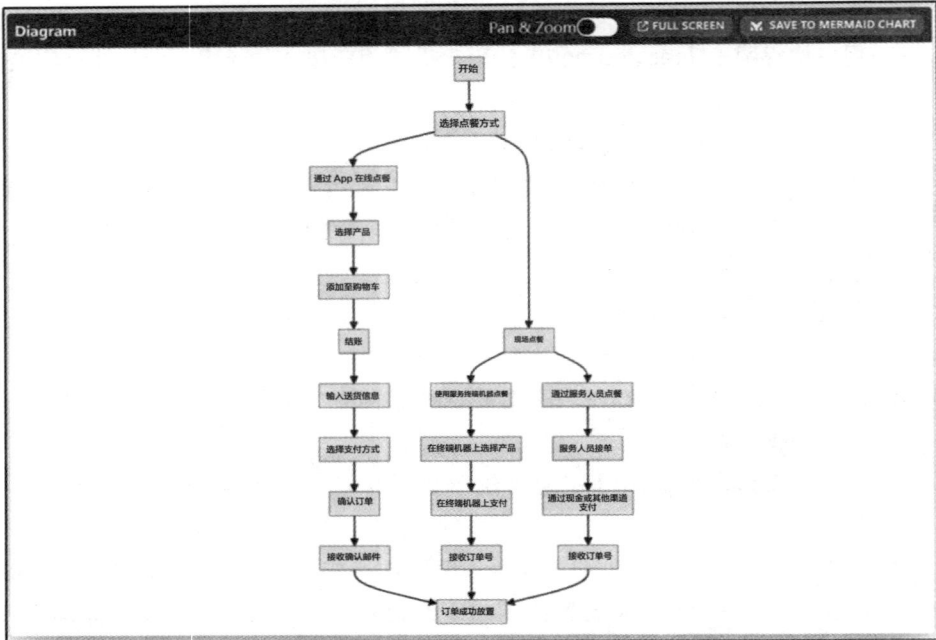

图 2-12　生成的流程图

　　很多 AI 工具可以直接输出 Mermaid 格式的指令，因此使用这种方式绘制流程图相对容易。相比之下，制作思维导图等其他类型的图形则更为复杂。

第 3 章

AI 辅助
市场调研

伴随着"职人大咖"创业项目的确定，马珂、戴伟、陶戈和李斯也开始了前期的项目准备工作。他们再一次聚集在客满楼咖啡店，一边品尝着咖啡，一边开始了激烈的讨论：咖啡行业的市场现状怎么样，有适合"职人大咖"的切入点吗？戴伟提醒大家，公司作为初创公司，资金有限，无法支付高昂的市场调研费用。这时，马珂想起之前学到的 AI 技能，他提出了一个新方法。

马珂："嗨，伙计们，我有一个想法。我们可以利用人工智能进行市场调研，了解潜在用户的喜好和购买趋势。"

戴伟："听起来不错，但是如何确保我们得到的数据准确无误呢？毕竟，市场调研数据是我们决策的基石。"

陶戈："我同意，数据的准确性至关重要。我们可以通过分析社交媒体上的大数据来了解用户的兴趣和偏好。"

李斯："等等，你们都忘了一个重要的问题。我们的目标是开设一家线上咖啡店，但是咖啡市场竞争激烈，如何确保我们的市场调研能帮助我们在市场中脱颖而出呢？"

马珂："这确实是一个问题，但我相信人工智能可以帮助我们找到一个独特的切入点。我们可以利用机器学习算法分析用户的购买行为和偏好，然后根据结果制定我们的产品营销策略。"

戴伟："听起来不错，但是我们需要考虑隐私和数据安全的问题。我们不能滥用用户的个人信息。"

陶戈："我同意，我们需要遵守相关法律法规和符合道德标准。如果我们能够以透明和负责任的方式收集和使用数据，我相信人工智能将成为我们的有力工具。"

李斯："好吧，我认为我们可以试一试。但是我们需要制定一个详细的计划，并确保我们的团队能够全力以赴。"

马珂："没问题，我马上开始准备。我相信只要我们团结合作，就能克服所有的困难，让"职人大咖"成为线上咖啡市场的领导者！"

马珂接手了市场调研任务。说实话，尽管提出了利用人工智能辅助市场调研的想法，但马珂自己对如何用人工智能做市场调研也是一头雾水，甚至对做市场调研也没有经验。

"或许，我可以从为什么要做市场调研着手，了解目前市场调研的框架，选择合适的市场调研工具和方法，让 AI 帮忙分析整理。"马珂想。

"对，就这么干。既然创业，我们就按照敏捷创业的方法，先试验。"经过一番思考，马珂决定按照《精益创业》中讲到的 MVP 方法，先了解什么是市场调研工作以及市场调研工作的常见思维框架。

3.1 市场调研的目的与方法

市场调研是指对目标市场、目标顾客以及竞争对手等相关市场因素进行系统性、全面性的调查和研究。它是企业制定营销战略、产品设计、定价策略等决策的重要基础。市场调研可以有效地帮助企业做到如下几点。

- 降低风险：市场调研可以帮助企业降低推出新产品或服务的风险。通过深入了解市场需求和竞争情况，企业可以避免盲目跟风，降低产品失败的可能性。
- 指导决策：市场调研可以为企业决策提供客观的依据和数据支持。基于市场调研结果，企业可以制定更明智的营销战略、产品策略和定价策略，从而增强市场竞争力和盈利能力。

3.1.1 市场调研的目的

市场调研的核心目的包括两大方面。

（1）发现市场和消费者需求及竞品分析

- 洞察市场和消费者需求：市场调研可以帮助企业了解目标市场的需求和趋势。通过调查消费者的偏好、购买习惯、需求变化等信息，以及企业目标市场的规模、增长率、消费者心理等因素，企业可以更好地把握市场的动态，及时调整产品或服务的定位和策略。
- 竞品分析：市场调研有助于企业了解竞争对手的产品、定价、营销策略等情况。通过对市场进行深入分析，企业可以识别竞争对手的优势和劣势，从而制定更具竞争力的策略。

（2）预测未来市场趋势

- 洞察市场变化：市场调研可以帮助企业洞察市场的变化和趋势。通过对市场需求、消费者行为、技术创新、政策法规等因素进行深入研究，企业可以预测未来市场的发展方向，为企业未来的战略规划提供重要参考。
- 把握行业趋势：市场调研有助于企业把握行业的发展趋势和变化规律。通过对行业竞争格局、技术发展、消费者需求变化等方面进行研究，企业可以及时调整自己的发展战略，抢占市场先机。

- 预测消费者需求：市场调研可以帮助企业预测消费者的需求。通过对消费者行为、购买习惯、偏好变化等方面进行研究，企业可以及时推出符合市场需求的产品或服务，满足消费者的需求，提高市场竞争力。
- 发现新兴市场机会和发展趋势：市场调研有助于企业发现新兴市场机会和发展趋势。通过对市场进行全面分析，企业可以发现新的消费群体、新的需求点以及市场空白，从而及时调整自己的发展方向，抓住市场机遇。

市场调研是企业在制定营销战略和产品策略时不可或缺的重要步骤。通过深入了解市场需求、竞争环境和消费者行为，企业可以更加精准地把握市场机遇，提高产品的市场适应性和竞争力，也可以更加准确地预测未来的市场变化，为企业的发展提供重要参考和支持。

3.1.2　市场调研的方法

通过查阅大量的文献资料，马珂初步建立了自己的市场调研知识体系。他理解了为什么要进行市场调研，也搞清楚了常见的市场调研五种方法及使用场景。

1. 波特五力模型

波特五力模型是由迈克尔·波特提出的竞争分析工具，用于评估行业竞争力。该模型通过对行业内竞争者、新进入者、替代品、供应商和买家的竞争力进行分析，帮助企业了解行业的竞争格局，制定相应的竞争策略。与其他工具相比，波特五力模型侧重于行业竞争力的分析，强调行业结构对企业竞争力的影响，但没有考虑到其他因素。

2.PESTLE 分析模型

PESTLE 分析模型是对外部宏观环境因素的分析工具，包括政治（Political）、经济（Economic）、社会（Social）、技术（Technological）、法律（Legal）和环境（Environmental）等因素。通过对这些因素的评估，企业可以了解外部宏观环境的整体情况，预测市场趋势，为战略决策提供参考。与其他工具相比，PESTLE 分析模型侧重于考量外部环境因素，可以帮助企业更全面地了解市场情况，但不直接涉及行业内部竞争因素。

3.SWOT 分析

SWOT 分析是对企业内部优势（Strengths）、劣势（Weaknesses）以及外部机会（Opportunities）、威胁（Threats）进行综合评估的工具。分析企业的优势、劣势、机会和威胁，可以帮助企业制定战略计划，并找到适合自身发展的方向。与其他工具相比，SWOT 分析是一种综合性的分析方法，既考虑了企业内部的因素，也考虑了外部的机会和威胁，可以为企业的战略决策提供全面的参考依据。

4.STP 分析

STP 分析是对市场细分（Segmenting）、目标市场选择（Targeting）和定位策略（Positioning）进行分析的方法。首先，通过市场细分将整个市场划分为不同的细分市场；然后，选择最具吸引力的目标市场进行定位和营销；最后，通过独特的定位策略将产品或品牌定位在目标市场中，以实现差异化竞争。与其他工具相比，STP 分析侧重于市场细分、目标市场选择和定位策略，强调针对性营销的重要性，有助于企业更有效地满足不同市场需求。

5.4P 分析

4P 分析是指对产品（Product）、价格（Price）、地点（Place）和推广（Promotion）等营销组合元素进行分析的方法。通过分析和管理这些元素，企业可以制定和实施有效的营销策略，满足消费者需求，扩大产品市场份额。与其他工具相比，4P 分析侧重于对营销组合元素的管理，强调产品、价格、地点和推广等营销策略的重要性。

马珂将这五种方法的优劣势总结在表 3–1 中。

表 3–1　市场调研方法对比

市场调研方法	优点	缺点
波特五力模型	·提供了全面的行业竞争分析，有助于识别行业内部的竞争力量。 ·强调了行业结构对企业竞争力的影响，有助于制定相应的竞争策略	·需要大量的数据和信息支持，且对数据质量的要求较高。 ·无法直接应用于不同行业之间的比较分析，其适用性受到行业特性和局限性影响
PESTLE 分析模型	·考虑了外部宏观环境的多个因素，有助于全面了解外部宏观环境的整体情况。 ·提供了预测市场趋势和风险的依据，有助于制定相应的战略决策	·可能存在信息收集不全或不准确的风险，尤其是面对复杂多变的外部宏观环境。 ·无法提供具体的解决方案或具有操作性的建议，需要与其他分析工具结合使用
SWOT 分析	·对优势、劣势、机会、威胁进行了综合评估，有助于制定战略计划和方向。 ·通过对比内外部因素，帮助企业找到适合自身的发展方向和策略	·可能存在主观性，对信息的收集和解读需要谨慎。 ·无法直接转化为具体的具有操作性的建议，需要与其他分析工具结合使用，综合考虑多方因素

市场调研方法	优点	缺点
STP 分析	·有助于将整个市场细分为不同的目标市场，提高营销的有效性和效率。 ·有助于企业在竞争激烈的市场中找到自身的差异化优势，增加市场份额	·细分市场、选择目标市场和制定定位策略时，需要大量的数据和详细的市场调研，成本较高。 ·可能存在定位策略失误或市场需求变化等风险，需要及时调整和优化策略
4P 分析	·对产品、价格、地点和推广等营销组合元素进行全面分析，有助于制定全面的营销策略。 ·通过调整和优化营销组合，有助于提高产品或品牌在市场中的竞争力和知名度	·需要密切关注市场和消费者的变化，及时调整和优化营销组合，否则可能导致策略失效或市场份额减少。 ·需要进行持续的市场监测和竞争分析，以保持竞争优势

经过一晚上的研究，马珂明白了市场调研的价值、市场调研的核心工作内容及常用的方法。他开始使用 AI 辅助市场调研。

3.2　使用 AI 辅助市场调研

因"职人大咖"项目处于起步阶段，所以需要了解咖啡行业的整体形势（PESTLE 分析模型最实用）、竞争局势（波特五力模型最实用）、"职人大咖"项目的优劣势（SWOT 分析最实用）及定位（STP 分析最实用）。而 4P 分析不适合目前阶段，马珂决定放弃使用。

决定了市场调研的分析方法后，马珂进一步厘清了使用 AI 辅助开展市场调研工作的思路，具体如下。

第一步，采用 PESTLE 分析模型与波特五力模型进行宏观分析，内容包括：

● 调查咖啡行业的市场规模与年复合增长率；

● 调研产业链及利润空间；

● 分析未来市场的发展趋势，包括驱动力、进入壁垒等信息；

● 分析竞争格局。

第二步，采用 SWOT 分析法对"职人大咖"项目进行分析，形成清晰认知。

第三步，撰写初版的市场调研报告，完成第一步的宏观分析。

第四步，使用 STP 分析法进行市场细分，开展详细的用户调研。

早上醒来，马珂做的第一件事情就是开启利用 AI 辅助市场调研之旅。

3.2.1　PESTLE 分析

马珂按照既定的工作思路，开始了宏观分析。按照 PESTLE 分析模型，他需要向 AI 咨询咖啡行业的政治、经济、社会、技术、法律和环境等六个方面的宏观信息。

"如何做呢？AI 能理解我提的问题吗？它能按 PESTLE 分析模型定义的六个维度有条理地给出答案吗？"作为第一个吃螃蟹的人，马珂忐忑不安。

"对了，提示词。"马珂眼睛一亮，想起了培训时学到的提示词使用技巧。

"或许我可以按这个思路开展工作。"他想。

①让 AI 扮演某个专家。

②赋予 AI 特定的职责和技能。

③对 AI 提出任务。

④对 AI 的回答提出具体的要求，包括使用的方法、输出的格式、质量等。

于是，马珂根据这个思路，策划了自己的提示词。

①角色：麦肯锡的咨询专家。

②建模：对行业分析有自己独到的见解，深刻了解中国咖啡行业。

③任务：咖啡行业的宏观市场分析及"职人大咖"项目进入咖啡行业的指导性建议。

④限定条件，具体如下。

● 方法：使用 PESTLE 分析模型。

● 输出格式：按 PESTLE 分析模型的六个维度输出内容。

提示词设计完成后，马珂打开了 AI 工具，输入了自己的第一个提示词。

你现在是麦肯锡的咨询专家，对行业分析有自己独到的见解，深刻了解中国咖啡行业。
=== 我计划进入咖啡行业，请你根据你自己的数据信息，做一个关于咖啡行业的宏观市场分析，并对我进入咖啡行业给出一些指导性的建议。
要求
– 使用 PESTLE 分析模型。
– 按照 PESTLE 分析模型的六个维度输出内容。

很快，AI 给出了如下的反馈。

在进行中国咖啡行业的宏观市场分析时，使用 PESTLE 分析模型可以帮助我们全面了解该行业的环境因素。以下是基于当前数据和信息的分析。
政治（Political）
– ** 政策支持与监管环境：** 中国政府对咖啡产业的发展提供了一定程度的政策支持，

尤其是在云南和海南等主要产区。例如，《中国（云南）自由贸易试验区总体方案》支持咖啡产业等优势产业发展。同时，进口政策和食品安全法规中对进口咖啡豆和成品咖啡的规定也影响着行业格局。

－ **国际贸易关系：** 中国与主要的咖啡生产国之间的贸易关系，如巴西、越南和哥伦比亚，对咖啡进口成本和供应链稳定性具有重要影响。

经济（Economic）

－ **消费者消费能力：** 中国中产阶级的增长和消费升级趋势促进了对高品质咖啡产品的需求增长。

－ **市场竞争：** 市场上存在多元化的竞争格局，从国际品牌（如星巴克）到国内新兴品牌（如瑞幸咖啡），竞争激烈。

社会（Social）

－ **消费习惯的转变：** 在年轻人群体中，饮品消费正在向咖啡转变。

－ **健康意识：** 随着健康意识的提升，消费者越来越关注咖啡产品的健康属性。

技术（Technological）

－ **在线销售和移动支付：** 电子商务和移动支付的普及为咖啡产品的在线销售提供了便利，增加了消费渠道。

－ **产品创新：** 通过技术创新，例如新型咖啡饮品的研发，满足消费者对口味的多样化需求。

法律（Legal）

－ **食品安全法规：** 食品安全法规要求在咖啡产品的生产、加工和销售过程中遵守严格的标准，保证消费者健康。

－ **商标和版权：** 法律法规对品牌标识和原创产品设计的保护，对建立品牌信任和忠诚度至关重要。

环境（Environmental）

－ **可持续发展：** 对咖啡豆种植和生产的可持续发展日益重视，例如采用环保的种植和加工技术。

－ **气候变化：** 全球气候变化对咖啡豆的生产产生影响，尤其是主要的咖啡豆生产地区。

建议

－ **市场定位：** 明确目标消费者群体，根据市场需求进行产品和服务的定位，如专注于高端精品咖啡或大众化的便捷式产品。

－ **品牌建设：** 加强品牌建设和市场营销，利用社交媒体和在线平台提升品牌知名度。

"嗯，我明白了咖啡行业的基本情况，"马珂看后，自言自语道，"可是，食品安全法规中关于咖啡行业的内容我不是特别清楚，不知道 AI 是否支持连续对话。"

于是，马珂输入了他的要求，并同时验证 AI 是否支持连续对话。

对于食品安全法规，请详细解读其对咖啡行业的具体规定。

很快，AI 给出了答案。

> 《中华人民共和国食品安全法》以及相关的行政法规、标准和指南，构成了覆盖食品生产、加工、销售、监督和管理全过程的法律框架。在咖啡行业，这些规定确保了从原料采购到最终消费的每一个环节都符合安全和卫生标准。以下是对食品安全法规对咖啡行业的具体规定的详细解读。
>
> ### 生产加工环节
> 1. ** 许可与资质 **：咖啡生产企业必须取得食品生产许可，这要求企业的生产设施、工艺流程、卫生管理和员工健康符合国家标准。此外，生产人员应接受食品安全培训，了解个人卫生、交叉污染防控等关键知识点。
> 2. ** 原料控制 **：咖啡豆和其他原料必须来源于可靠的供应商，并满足无害化要求。应当对原料进行检验，确保无农药残留、有害物质超标等问题。
> 3. ** 生产过程管理 **：在生产过程中必须遵守操作规程，控制生产、加工环节的卫生条件，防止食品被微生物、化学物质或物理物质污染。特别是咖啡烘焙过程中，需要特别注意温度控制和防止交叉污染风险。
> 4. ** 包装标签 **：咖啡产品的包装必须保证食品安全，避免使用有害物质。标签上必须清晰地标明产品名称、成分、净含量、生产日期、保质期、生产商等信息，以及如何保存和使用等说明。
>
> ### 销售环节
> 1. ** 经营许可 **：销售咖啡的商家需要获得食品经营许可证，表明其销售环节符合卫生和安全要求。
> 2. ** 食品安全管理 **：商家必须建立和执行食品安全管理制度，确保销售的咖啡产品符合安全标准。包括咖啡及咖啡制品的存储条件需符合产品要求，避免变质和污染。

按照这个方法，马珂持续追问了关于咖啡行业的其他问题，比如咖啡产品的创新技术，咖啡生产、加工的可持续发展的技术，等等。几番操作下来，马珂完全了解了咖啡行业的宏观市场信息，形成了自己的知识体系和认知。

"或许，我可以向 AI 问问咖啡行业的市场规模与增速、市场发展趋势等具体问题。"马珂使用 AI 的信心逐渐增强，开始了自由发挥。

于是，马珂重新构建了自己的提示词。考虑到这一次需要 AI 输出垂类行业的具体信息，马珂决定采用交互式提示词工作方式。于是，他输入了具体的指令"请先回答第一个问题，然后向我确认，再回答第二个问题"。

> 你现在是麦肯锡的咨询专家，对行业分析有自己独到的见解，深刻了解中国咖啡行业。
> === 现在有两个问题需要你回答。
> 1. 中国市场的咖啡行业的规模有多大？
> 2. 中国市场的咖啡行业在未来 5 年的市场增速预计是多少？
> 请先回答第一个问题，然后向我确认，再回答第二个问题。

AI给出了回答。

> 针对您的第一个问题，在中国市场，咖啡行业的规模相当可观。数据显示，中国的咖啡市场已经成为全球增长最快的市场之一。根据行业报告，中国的咖啡行业的规模已经超过了数百亿元人民币，并且持续保持着稳定增长的趋势。

不幸的是，AI给出的只是定性的回答，没有包含有说服力的数据。

马珂想起之前Arvo Insights公司培训时讲到的可以给AI反馈，它会自动根据反馈，调整自己的知识库算法，从而给出更精准的回答。于是，马珂单击了"踩一下"（见图3-1），并给出了自己的反馈"需要更具体的数据支持"。

希望这个回答能满足您的需求。

‹ 1/2 ›

注：图中右侧向下的大拇指为"踩一下"。

图 3-1　单击"踩一下"

神奇的是，这一次，AI给出了调整后的关于咖啡行业市场规模的内容（见图3-2）。

图 3-2　调整后的输出内容

"继续。"马珂确认了第一个问题的回答，让AI继续回答第二个问题。

> 艾媒咨询的数据显示，中国咖啡行业的市场增速预计在未来几年将保持27.2%的增长率，预计到20××年，市场规模将达到10×××亿元人民币。这表明中国咖啡市场未来几年将继续快速发展，市场潜力巨大。

"增长动力会长期存在吗？"马珂追问。

> 消费者消费习惯变化、收入水平逐渐提高、数字化及便利化、健康意识的确立、市场环境与政策支持等因素共同作用于咖啡行业，预示着其增长动力不仅存在于当前，在未来几年内也将继续推动中国咖啡市场的发展。当然，市场环境的变化、消费者偏好的进一步演变以及新技术的应用等都可能对行业发展趋势产生影响。因此，咖啡行业企业需要持续关注市场动态，灵活调整策略以应对未来的挑战和机遇。

"太棒了！我现在基本了解了咖啡行业的宏观形势。是时候进入第二步——了解咖啡行业的竞争格局了。"马珂按照既定的工作思路，进入了第二步。

3.2.2 波特五力模型分析

马珂回忆起之前了解到的波特五力模型，按照同样的思路，他对 AI 进行了建模，并按照波特五力模型，设计了四项任务，以期获得 AI 的帮助。

（1）角色：麦肯锡的咨询专家。

（2）建模：对行业分析有自己独到的见解，深刻了解中国咖啡行业。

（3）任务：具体如下。

● 产业链和利润空间分析。

● 国内主要的咖啡品牌及其市场份额分析。

● 咖啡行业的新进入者分析。

● 咖啡的替代品分析。

根据四项任务，马珂分别设计了提示词。

1. 产业链和利润空间分析

"嗯，之前的 PESTLE 分析显示，国内咖啡行业的市场规模和年增长率都不错。不知道产业链的布局以及利润情况如何？"马珂信心十足，直接输入了下面的内容。

（1）这个行业的产业链的上下游布局是什么情况？

（2）产业链的上下游都有哪些企业？

（3）这个行业真正的话语权由谁掌握？

（4）谁掌握了这个行业较大的利润空间？

马珂得到如下回复。

（1）这个行业的产业链的上下游布局如下。

● 上游：咖啡豆种植、采摘、加工、贸易等环节。

● 下游：咖啡产品的加工制作、销售、配送和服务等环节。

（2）产业链的上游企业主要如下。

● 咖啡豆种植园和种植企业。

● 咖啡豆加工厂和贸易商。

下游企业如下。

● 咖啡品牌企业和连锁咖啡店。

● 咖啡制品加工厂和销售商。

● 咖啡配送服务提供商和咖啡机器设备供应商。

（3）这个行业真正的话语权可能掌握在一些具有品牌影响力、市场份额较大、采用创新经营模式和具有竞争优势的知名咖啡品牌企业手中。这些企业能够通过影响市场需求、制定行业标准、引领市场潮流和影响政策制定等方式，对整个行业产生较大影响。

（4）掌握这个行业利润空间取决于多个因素，可能是那些能够整合产业链资源、提供高附加值产品和服务、在市场竞争中具备核心优势的企业掌握较大利润空间。这包括一些具有品牌溢价和高端定位的特色咖啡品牌、咖啡连锁店和供应商，以及那些能够通过创新营销和供应链管理实现成本控制和市场份额增加的企业。

"咦，没有具体的品牌名称，"马珂看到 AI 的回答，有点儿沮丧，"看来提示词使用技巧也并不是那么容易就能掌握的。"

马珂想起在培训时，讲师告诫需要给 AI 提供尽可能准确的要求，所以提示词里要有具体的限定要求。于是，他调整了自己的提示词。

（1）这个行业的产业链的上下游布局是什么情况？
（2）产业链的上下游都有哪些企业？
（3）这个行业真正的话语权由谁掌握？
（4）谁掌握了这个行业较大的利润空间？
请回答这些问题。输出内容按照"问题：答案"的方式排版。
要求
回答要尽可能准确、具体。如果有具体的品牌名称，需要罗列出来。

这一次，马珂得到了他想要的答案。

（2）问题：产业链的上下游都有哪些企业？
答案：上游企业包括一些咖啡豆种植园，如巴西圣保罗州的 Fazenda Cachoeira 等；咖啡豆加工厂有哥伦比亚的 Colcafe 等。下游企业则包括星巴克、雀巢咖啡、瑞幸咖啡等连锁咖啡店，以及一些知名咖啡品牌，如蓝山咖啡、拿铁咖啡等。

在获取了咖啡行业的产业链上下游信息后，马珂进入了波特五力模型分析的第二项任务——国内主要的咖啡品牌及其市场份额分析。

2. 国内主要的咖啡品牌及其市场份额分析

中国咖啡行业主要的品牌有哪些？它们各自的市场份额如何？
请按"品牌：市场份额（数据来源）。"的格式输出。

这一次，马珂对 AI 提出了具体的要求，规定了输出格式及关键信息，如品牌、市场份额、数据来源，以便自己验证数据的可靠性。很快，AI 给出了反馈。

中国咖啡行业主要的咖啡品牌及其市场份额如下。

– Luckin Coffee（瑞幸咖啡）：市场份额约为 20%（数据来源：2022 年中国咖啡行业报告）。

– Starbucks Coffee（星巴克）：市场份额约为 18%（数据来源：2022 年中国咖啡行业报告）。

– COSTA Coffee（COSTA 咖啡）：市场份额约为 10%（数据来源：2022 年中国咖啡行业报告）。

– Nescafé（雀巢咖啡）：市场份额约为 8%（数据来源：2022 年中国咖啡行业报告）。

– Pacific Coffee（太平洋咖啡）：市场份额约为 5%（数据来源：2022 年中国咖啡行业报告）。

以上数据仅供参考，与实际市场份额可能会有差距。

3. 咖啡行业的新进入者分析

在中国，有没有一些原先不在咖啡行业的竞争对手加入咖啡行业，他们来自哪些领域?

在中国，确实有一些原先不在咖啡行业的竞争对手加入了该行业，其主要来自以下几个领域。

（1）餐饮业：许多餐饮企业开始在其经营的餐厅内提供咖啡产品，以满足顾客对咖啡的需求，例如麦当劳、肯德基等快餐连锁店，以及各类中高端餐厅。

（2）电商平台：一些大型电商平台，如阿里巴巴的天猫、京东等，通过自营或合作的方式销售各类咖啡产品。

（3）食品饮料企业：一些传统食品饮料企业，如伊利、康师傅等，也开始推出自己的咖啡产品线，以扩大自己的业务范围。

（4）新零售企业：新兴的零售企业也开始涉足咖啡行业，通过线上线下相结合的方式提供咖啡产品，如盒马鲜生等。

这些不同领域的竞争对手的加入，使中国咖啡行业的竞争格局变得更加复杂，但也促进了行业的创新与发展。

4. 咖啡的替代品分析

消费者有何其他选择?

除了传统的咖啡店和咖啡品牌之外，中国消费者在咖啡方面还有以下选择。

（1）家庭咖啡机：越来越多的消费者购买家庭咖啡机，自己在家冲泡咖啡，以满足日常的咖啡需求。

（2）咖啡豆/粉：消费者可以在超市、电商平台或专门的咖啡专卖店购买咖啡豆或咖啡粉，然后在家中使用咖啡壶、手冲壶等工具自行冲泡。

（3）包装好的咖啡饮料：超市和便利店销售各种包装好的咖啡饮料，包括即饮咖啡、罐装咖啡饮料等，方便消费者随时随地享用。

（4）在线订购和外卖服务：消费者可以通过手机 App 或网站在线订购咖啡产品，然后选择外卖或到店自取的方式获取。

（5）DIY 咖啡套餐：一些公司提供 DIY 咖啡套餐服务，消费者可以根据自己的口味选择咖啡豆等，定制专属的咖啡产品。

综合来看，中国消费者在咖啡方面有多样化的选择，从传统的咖啡店到家庭冲泡、包装好的咖啡饮料以及在线订购等多种方式，满足了不同消费者的需求和偏好。

"看来，我们的定位不能仅仅是咖啡豆本身。咖啡周边或者服务或许也是一个亮点，"马珂看了 AI 的回答，"我再了解一下消费者是否有其他的替代品。"

咖啡替代品呢？

很快，AI 给出下面的答复。

除了传统的咖啡产品外，一些消费者也可能选择咖啡的替代品。以下是一些常见的咖啡替代品。

（1）茶：茶是中国传统饮品，有许多种类的茶供消费者选择，包括绿茶、红茶、花草茶等。对一些不太喜欢咖啡的人来说，茶可能是更喜欢的饮品。

（2）饮料：除了茶以外，消费者还可能会选择其他类型的饮料来满足他们的饮品需求，例如果汁、汽水、功能性饮料等。

（3）健康饮品：一些消费者可能更倾向于选择健康饮品，如果蔬汁、纯净水、椰子水等，作为咖啡的替代品。

（4）非咖啡因咖啡：对不喜欢咖啡因的人来说，非咖啡因咖啡是一种选择。这些咖啡通常是通过去除咖啡豆中的咖啡因制成的。

（5）巧克力饮料：一些人可能更喜欢巧克力味道的饮品，如巧克力热饮、巧克力奶昔等。

尽管咖啡是一种受欢迎的饮品，但消费者在选择饮品时有很多种类和选项可供考虑，因此可能会选择其他类型的饮品作为咖啡的替代品。

现在，马珂了解到了咖啡行业的宏观形势，了解到了市场格局及竞争对手的市场份额，也了解到了新进入者以及咖啡替代品。他越来越自信了，对 AI 的使用也越来越熟练。

"或许，是时候对我们自己的创业项目做 SWOT 分析，看看 AI 会提供什么样的建议了。"马珂自言自语。

3.2.3　SWOT 分析

"职人大咖"项目的创意定位是国内的一家专卖咖啡的品牌，主打线下体验和线上咖啡销售，专注于原产地采购，让消费者有不一样的体验。

针对这个创意定位和自己掌握的信息，马珂对 AI 的角色做了调整，要求 AI 使用 SWOT 分析法进行分析。

（1）角色：麦肯锡的咨询专家。

（2）建模：对行业分析有自己独到的见解，深刻了解中国咖啡行业。

（3）任务："职人大咖"公司的 SWOT 分析及提供创业初期的指导性意见。

（4）限定条件具体如下。

● 方法：使用 SWOT 分析方法。

● 输出格式：按 SWOT 分析的四个维度输出。

你现在是麦肯锡的咨询专家，对行业分析有自己独到的见解，深刻了解中国咖啡行业。

你需要根据下面这家公司的定位以及你对咖啡行业的竞争格局的了解，做一个 SWOT 分析，给这家公司指导性意见。

公司定位

"职人大咖"公司是国内的一家专卖咖啡的公司，主打线下体验和线上咖啡销售，专注于原产地采购，让消费者有不一样的体验。

SWOT 分析
** 优势 (Strengths)**

（1）独特的定位：公司专注于线下体验和线上咖啡销售，以及原产地采购，这种定位能够吸引那些追求咖啡品质和消费体验的消费者。

（2）品质保证：通过专注于原产地采购，公司可以确保咖啡的品质和新鲜度，为消费者提供高品质的产品，增强竞争力。

（3）线下体验：通过提供独特的线下体验，例如舒适的店内环境和专业的咖啡师服务，可以吸引消费者到店消费，提升品牌认知度和忠诚度。

** 劣势 (Weaknesses)**

（1）线下成本高昂：维持线下店面需要投入大量资金，包括租金、装修和员工成本，这可能会增加公司的经营成本，尤其是在竞争激烈的市场环境下。

（2）线上竞争激烈：虽然公司主打线下体验，但在线上咖啡市场，竞争同样激烈，需要通过市场推广和品牌建设来吸引消费者。

** 机会 (Opportunities)**

（1）市场增长：中国咖啡市场仍在快速增长，消费者对高品质咖啡的需求不断增加，公司可以抓住这个机会扩大市场份额。

（2）线上渠道发展：随着互联网和移动支付的普及，线上咖啡市场前景广阔，公司可以加强线上渠道的开发，拓展更多的销售渠道。

** 威胁 (Threats)**

（1）竞争对手：咖啡行业竞争激烈，市场上已经有许多知名的国际品牌和本土品牌，它们可能具有强大的品牌影响力和资金实力。

（2）市场饱和：越来越多的咖啡品牌涌入市场，可能导致市场饱和和价格竞争，对公司的盈利能力构成威胁。

指导性意见

（1）加强品牌建设：通过差异化的品牌定位和线下体验，提升品牌影响力和认知度，建立与消费者的情感连接。

（2）灵活运营：在保证线下体验的前提下，可以考虑探索更灵活的经营模式，如选择人流密集区域、减少运营成本等，从而提高利润率。

（3）多元化渠道：除了线下店面，积极开拓线上渠道，利用电商平台、社交媒体等渠道扩大销售范围，提升品牌曝光度。

（4）创新产品：除了原产地采购的传统咖啡，可以考虑推出一些创新产品或者定制化服务，以满足不同消费者的需求，增强市场竞争力。

"哦，我们团队有咖啡行业的供应链管理专家李斯、市场营销与品牌运营专家陶戈，以及财务专家戴伟，而我则负责数字化商店的创建和体验，可以很好地支持品牌建设和运营。看来，最高的门槛，如 AI 所言，是线下运营成本。我们可能需要制定一份详尽的商业计划书，以找到投资人。"马珂陷入沉思，"当然，在找到投资人之前，我们还需要完成市场调研报告。"

3.2.4　一键生成市场调研报告

至此，马珂已经完成了大部分的信息采集工作，是时候输出初版的调研报告了。

如何让 AI 辅助输出报告呢？马珂根据使用经验，总结了以下方法。

● 定义市场调研报告的标准模板。

● 采集市场调研报告要求的关键信息。

● 给 AI 建模，设置生成市场调研报告的任务，并对任务的输出质量和格式提出要求。

● 根据实际情况验证并调整市场调研报告。

马珂首先从网上找到了投资人偏好的市场调研报告模板（见表 3-2），决定让 AI 按照这个模板撰写报告。为了更好地总结之前的调研信息，马珂将所有的信息汇总到了一个文件中，作为 AI 的重要信息来源。

表 3-2　市场调研报告模板

内容	描述
研究目的和背景	简要介绍市场调研的目的和背景，说明为何进行该项研究以及研究的重要性

内容	描述
研究方法	描述市场调研所采用的方法和技术，包括定性研究和定量研究的具体方法、调研对象的选择标准、数据采集和分析过程等
行业分析	对所研究行业的整体情况进行分析，包括市场规模、增长趋势、竞争格局、主要参与者及其市场份额等方面
市场细分和定位	根据调研结果，对市场进行细分并进行定位分析，识别不同细分市场的特点、需求和潜在机会
目标客户群体分析	对目标客户群体进行详细分析，包括客户特征、消费行为、购买偏好、需求变化等方面
竞争对手分析	对主要竞争对手进行分析，包括其产品或服务特点、市场地位、竞争策略等方面
SWOT 分析	对所研究行业和企业的优势、劣势、机会和威胁进行 SWOT 分析，为企业制定战略提供参考
市场趋势和预测	基于调研结果，对市场的发展趋势进行分析，并对未来的市场进行预测和展望
结论与建议	根据调研结果，提出结论和建议，包括市场定位策略、产品开发策略、营销策略等方面的建议
参考资料	提供调研过程中使用的主要参考资料，包括调研报告、统计数据、行业报告等

完成所有准备工作后，马珂定义了以下提示词。考虑到 AI 工具对提示词的字数限制，他尽可能地用精简的语言明确自己的要求。

你现在是麦肯锡的咨询专家，对行业分析有自己独到的见解。 一家"国内的专卖咖啡的店面品牌，主打线下体验和线上咖啡销售，专注于原产地采购，让消费者有不一样的体验"的公司需要一份市场调研报告。公司名称为"职人大咖"。 === 请按下面的市场调研报告格式为"职人大咖"公司撰写一份市场调研报告。你需要优先使用"'职人大咖'公司市场分析原始材料"PDF 文档提供的信息。

要求
– 要有具体的数据分析支持调研报告中的观点。
– 调研报告格式需要按照下列格式输出。
– 如果没有对应信息，留空白，不能胡编乱造。
– 总字数不少于 3000 字。

市场调研报告格式
……

"职人大咖"公司市场分析原始材料.pdf
PDF · 476 KB

"职人大咖"公司市场调研报告

研究目的和背景

本报告旨在为"职人大咖"公司——定位国内，专营咖啡的店面品牌提供全面深入的市场洞察，以助力其线下体验、线上咖啡销售以及原产地采购的独特商业模式取得成功。在当前中国咖啡市场快速发展，消费者对高品质咖啡和独特消费体验的需求持续升温的大背景下，进行此番市场调研显得尤为必要。本次市场调研旨在揭示市场机遇、竞争态势、消费者行为及潜在挑战，以便"职人大咖"公司能够精准定位、有效运营和持续发展。

研究方法

……（此处省略）

PESTLE 行业分析

……（此处省略）

市场规模与增长趋势

中国咖啡市场正处于高速增长阶段，年均增长率为 15%~20%，主要驱动力源自消费者对高品质咖啡需求的增加以及咖啡文化的普及。截至 2024 年，星巴克、瑞幸咖啡、雀巢咖啡等头部公司占据了较大市场份额，其中瑞幸咖啡市场份额约为 20%、星巴克约为 18%。

……（此处省略）

结论与建议

市场定位策略：坚持并深化现有定位，加大原产地直采故事的传播力度，提升品牌内涵和价值感知。

产品开发策略：结合消费者需求和市场趋势，不断创新产品，如开发低咖啡因咖啡、特色风味咖啡及定制化服务。

营销策略：加强线上线下融合，充分利用移动支付、电商平台等工具拓宽销售渠道；加大品牌营销力度，提升品牌知名度和美誉度；优化线下体验，强化消费者服务，建立忠实消费者群体。

参考资料

本报告参考了"'职人大咖'公司市场分析原始材料"、2022 年中国咖啡行业报告以及其他公开出版的行业报告、统计数据和市场调研成果。

马珂拿到了初版的市场调研报告，并对比了报告内容与市场调研信息，补充了"职人大咖"项目的部分具体信息，最终，他完成了市场调研报告的撰写工作。

马珂成功地利用 AI 完成了市场调研报告。想到自己从对市场调研一无所知到最终完成报告，他不禁感慨，AI 对自己工作效率提升的帮助是巨大的。"或许，我还可以利用 AI 做更多的事情。"马珂不仅对未来充满了憧憬，而且对 AI 的使用越来越有信心了。

第 4 章

AI 辅助
用户调研

在一家咖啡店里，四个人坐在一起商讨着创业项目的细节。

马珂："哇，你们看这份市场调研报告！AI真是太厉害了！它的数据分析能力简直让人惊叹，把我们的细分市场定位得如此清晰！"

戴伟："是的，马珂，你的技术背景真是太有用了。能够利用AI这样的工具来做市场分析，简直是事半功倍啊。这对我们的创业项目来说简直就是一剂强心针。"

陶戈："不过，我觉得，AI虽然强大，但我们也不能完全依赖它。我觉得我们还是需要更多地与目标消费者沟通，了解他们的真实需求和喜好。毕竟，细分市场定位只是第一步，要真正吸引消费者还需要对其有更深入的了解。"

李斯："我同意陶戈的看法。虽然AI提供了很多有用的数据，但真正的市场调研还是需要我们去做。我们得深入消费者中间，了解他们的口味偏好、生活习惯，甚至是心理需求。只有这样，我们才能真正地打动他们，让他们成为我们的忠实消费者。"

马珂："嗯，你们说得有道理。我们不能只凭借技术和数据，还要深入消费者，提供人性化服务。这样一来，我们的项目才能与众不同，吸引更多的目标消费者。"

戴伟："没错，我们要充分利用AI的优势，同时也要保持谨慎和乐观的态度，相信我们的团队能够把这个项目做得更好！"

陶戈："对，我们一定可以的！让我们继续努力，让"职人大咖"公司成为咖啡行业的一匹黑马吧！"

李斯："听起来不错！加油！"

4.1 用户调研的必要性

讨论结束后，马珂陷入深思："既然AI能协助我做出市场调研分析，它是否也能帮助我做用户调研呢？"

马珂决定先了解用户调研的定义和目的、不做用户调研的风险，以及常用的用户调研方法，从中寻求使用AI协助自己提高工作效率的方法。

4.1.1 用户调研的定义和目的

用户调研是一种收集和分析目标市场或特定用户群体信息的方法，旨在深入了解用户的需求、偏好、行为和体验。通过用户调研，企业可以获得关键信息，从而做出产品开发、服务优化、市场战略制定和改善用户体验等决策。用户调研可以采取多种形式，包括但不限于问卷调查、深度访谈、焦点小组访谈、用户测试、观察研究等。

用户调研的主要目的如下。

- **洞察用户需求**：探索用户的基本需求和潜在需求，以及这些需求如何随时间变化。
- **评估市场趋势**：识别行业趋势和市场变化，了解竞争对手的策略及其对目标用户群体的影响。
- **指导产品设计**：基于用户反馈，优化产品设计和功能，提升用户体验。
- **改善服务质量**：通过了解用户对服务的看法，识别服务过程中的痛点并改善服务质量。
- **制定营销策略**：根据用户的行为和偏好制定更有效的营销和推广策略。

用户调研对企业了解市场、用户、竞争态势具有重要价值，是企业制定决策和战略规划的不可或缺的一环。

4.1.2 不做用户调研的风险

进行用户调研是企业理解市场、引导产品开发、优化服务、降低风险并最终实现商业目标的重要手段。虽然理论上企业可以选择不进行用户调研，但这样做看似节省了时间和成本，但长期来看，这种做法可能会对企业的可持续发展和市场竞争力产生负面影响，会带来显著的风险，具体如下。

- **产品脱节**：没有用户调研支持的产品开发可能会导致产品功能、设计或体验与用户实际需求不符，从而降低产品的市场接受度和成功率。
- **市场机会遗漏**：缺乏对用户需求和市场趋势的深入理解，企业可能错过重要的市场机会，或无法有效应对竞争对手的挑战。
- **资源浪费**：在没有明确的用户需求的情况下，企业可能在错误的领域投入大量资源，包括时间、人力和资金，从而导致效率低下和资源浪费。
- **用户满意度下降**：未经调研直接推出的产品和服务可能无法满足用户期望，影响用户满意度和忠诚度，进而影响品牌形象和市场份额。
- **经营风险和不确定性提高**：若缺少对用户偏好和行为的了解，企业在做出重大决策（如产品投放、市场定位等）时面临的不确定性和风险将大幅提高。

简言之，有效的用户调研可以帮助企业降低市场风险，提高产品和服务的市场适应性，提高用户满意度和忠诚度，从而在竞争激烈的市场中脱颖而出。有效的用户调研对确保企业产品和服务更好地满足市场和用户需求、指导战略决策、增加竞争优势及长期可持续发展至关重要。

4.1.3 常用的用户调研方法

1. 定性用户调研方法

定性用户调研方法是一种侧重于理解用户行为、动机和感受的研究方法。与定量用户调研的数据和数字分析不同，定性用户调研寻求深入理解用户的背景、经验和心理活动，以获取更丰富、更深层次的见解。定性用户调研通常不依赖统计方法，而是通过直接与用户互动来探索和理解用户的真实想法和需求。各类定性用户调研方法对比如表 4-1 所示。

表 4-1　各类定性用户调研方法对比

方法	优点	缺点
深度访谈	·提供深入、详细的数据 ·灵活性高，可以根据谈话进展调整 ·适用于探索复杂或敏感话题	·耗时耗力，分析过程复杂 ·可能受到访谈者偏见的影响 ·结果难以量化
焦点小组访谈	·通过小组互动产生新的见解 ·可以收集到多样的观点和感受 ·成本低于深度访谈	·小组动态可能影响个人发言 ·主持人技能极其重要，影响结果质量 ·数据分析较为主观
参与观察	·能够获得自然环境下的真实行为数据 ·可以发现行为背后的深层次原因 ·可以发现预设研究设计中未考虑的现象	·时间消耗大 ·可能存在研究者影响被观察人员行为的风险 ·数据收集和分析具有挑战性
日记研究	·提供长期、连续的用户行为和感受 ·受研究者影响较少，数据更真实 ·用户可以在令自己舒适的环境中参与	·依赖参与者的积极性和诚实性 ·数据可能不完整或不一致[①] ·分析工作量大
案例研究	·深入了解特定案例的复杂情况 ·适合探讨新领域或新现象 ·可以提供有说服力的故事和见解	·难以推广到更广泛的情境中 ·可能存在选择偏差 ·结果依赖于对案例的选择和分析
原型测试	·能较早地发现和解决问题 ·可以直接获得用户对产品的反馈 ·有助于迭代设计和优化	·需要有可测试的原型 ·可能因参与者不具代表性而产生误差 ·集中于特定功能或设计，可能忽略整体用户体验
可用性测试	·可以评估产品的实际使用性能 ·可以发现设计中的问题和不足 ·可以提高产品的用户满意度和成功率	·需要准备测试场景和任务 ·对测试环境和参与者有一定要求 ·可能需要多轮测试来解决发现的问题

---

① "数据不一致"可能是由于记录人员自己的理解偏差，也可能是由于不同人员的背景和行为不一致，使得数据不一致。

常用的定性用户调研方法如下。

- **深度访谈（Depth Interview）**：又称一对一访谈，能够让研究者深入探讨参与者的观点、感受和经历。这种方法灵活性高，能够适应不同的访谈对象和话题。
- **焦点小组访谈（Focus Group Interview）**：在一个小组中，由一个主持人引导讨论，收集一组人对特定主题或产品的看法和感受。这种方法能够激发参与者之间进行互动和讨论，产生新的见解。
- **参与观察（Participant Observation）**：研究者深入用户所处的自然环境中，通过观察和参与用户的日常活动来理解用户的行为和互动模式。
- **日记研究（Diary Study）**：参与者在一段时间内记录自己从事的活动、感受和想法。这种方法可以追踪用户行为的变化和模式，获取长期的用户体验数据。
- **案例研究（Case Study）**：深入研究个别案例（如个人、团队或事件），以全面了解复杂现象的具体情况和背景。
- **原型测试（Prototype Test）**：在产品开发的早期阶段，通过让用户与产品原型互动来收集反馈数据，以便理解用户如何使用产品以及他们的使用体验。
- **可用性测试（Usability Test）**：可用性测试是一种评估产品、系统或服务的易用性和用户使用体验的过程。它主要指邀请用户在受控的环境下执行一系列特定的任务，同时观察和记录他们的行为、反应和体验。通过这种方式，研究者能够发现潜在的问题和挑战，评估用户满意度，并收集改进产品的意见。可用性测试的主要目的是确保产品不仅能够实现既定功能，而且能够以用户期待的方式实现，使用户能够轻松、有效地完成任务。这种测试可以应用于各种产品和服务，包括网站、应用程序、硬件设备、软件页面等。

2. 定量用户调研方法

定量用户调研是一种采用统计学方法来收集和分析数据的研究方式，旨在量化用户的行为、态度和其他特定指标。通过定量用户调研，研究人员可以收集到可用于统计分析的数字数据，从而能够评估假设、验证趋势，并对较大的用户群体进行概括和预测。定量调研通常要求有较大的样本量，以确保结果具有代表性和可靠性。表4-2展示了各种定量用户调研方法的定义及各自的优缺点。

表4-2　各种定量用户调研方法对比

方法	描述	优点	缺点
问卷调查	通过设计的问卷收集数据，既可线下进行，也可通过线上问卷平台进行	·能迅速从大量用户中收集数据 ·成本相对低，适用范围广	·数据可能受到问卷设计偏差的影响 ·缺乏深度的用户反馈

方法	描述	优点	缺点
在线调查	利用互联网工具和平台进行的调查，如社交媒体、调查平台等	·访问方便，反应速度快 ·易于管理和自动化数据收集	·样本可能存在偏差 ·低回应率可能影响数据质量
实验研究	通过控制变量来观察和测量不同情境下的用户行为	·可以准确确定因果关系 ·结果的准确性高	·设计和执行复杂 ·难以模拟真实环境
数据分析	利用现有的大量数据资源进行的分析，如日志记录、交易数据等	·利用真实行为数据，准确度高 ·可处理大量数据，并发现数据的规律及模式	·需要强大的数据处理能力 ·可能缺乏数据背后行为及动机的解释
A/B 测试	为用户随机分配不同版本的产品，比较其行为差异	·直接反映不同方案的效果 ·数据驱动，减少猜测	·需要足够的用户样本 ·限于测试特定的变量

4.2 AI 辅助用户调研

考虑到"职人大咖"项目刚刚启动，资金有限，需要低成本地快速获得调研结果，通过对各种用户调研方法的使用场景、覆盖范围、调研成本等的分析对比，马珂决定采用定性调研和定量调研结合的方式进行"职人大咖"项目的用户调研。他计划采用问卷调查这一定量分析方法快速获取用户的广泛反馈，确保调研有足够的覆盖度；同时，采用深度访谈这一定性分析方法，获得问卷调查无法获取的深度用户反馈。确定了用户调研方法框架后，马珂开始了用户调研的工作。

4.2.1 AI 辅助问卷调查

问卷调查是一个系统的数据收集过程，它通常包括五个步骤（见图 4-1）。

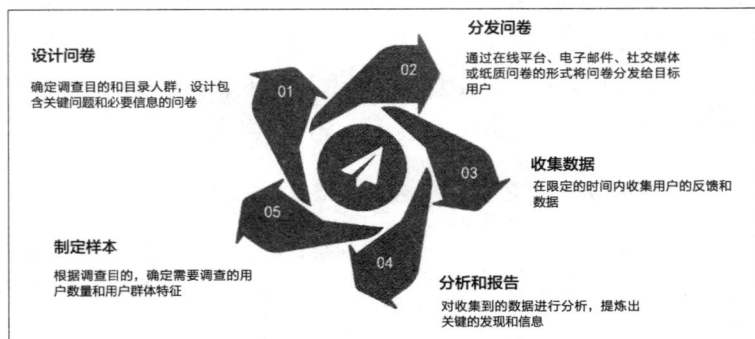

设计问卷
确定调查目的和目录人群，设计包含关键问题和必要信息的问卷

分发问卷
通过在线平台、电子邮件、社交媒体或纸质问卷的形式将问卷分发给目标用户

收集数据
在限定的时间内收集用户的反馈和数据

分析和报告
对收集到的数据进行分析，提炼出关键的发现和信息

制定样本
根据调查目的，确定需要调查的用户数量和用户群体特征

图 4-1　问卷调查的五个步骤

- 设计问卷：设计问卷是问卷调查的首要步骤，设计一个好的问卷需要明确调查目的、确定调查问题并设计出既能获取所需信息又能使回答者容易理解的问题。AI可以通过分析先前的调查结果来推荐问题，或者通过使用自然语言处理技术来确保问题表述得清晰。
- 分发问卷：通过在线平台、电子邮件、纸质问卷等形式分发问卷。
- 收集数据：收集调研对象反馈的信息。分发问卷及收集数据通常通过电子邮件、在线平台或面对面交流来完成。如果是纸质问卷，可以通过人工智能应用工具，实现纸质文字到在线信息的转化。
- 分析和报告：收集的数据需要被分析以提取有意义的信息。可以应用机器学习算法来识别模式、预测趋势或执行复杂的统计分析。此外，AI还可以帮助创建交互式的数据可视化报告，这些报告可以帮助非技术背景的决策者理解数据。
- 制定样本：根据调查目的，确定需要调研的用户数量及用户（群）画像。AI能够在问卷调查的几个关键环节提供高效和准确的支持，特别是在设计问卷、收集数据、分析和报告这三个环节。

1. 生成优质问卷

设计在线调研问卷是一个精细的过程，旨在收集目标用户的真实反馈和意见。设计高效、有效的在线调研问卷时，应遵循以下四个主要原则。

- **明确目标**：在设计问卷之前，明确调研的目标。这有利于明确问卷的整体结构和包含的问题类型。
- **简洁明了**：问题应该简洁、明了，避免使用专业术语或可能引起误解的词汇。每个问题都应与调研目标直接相关。
- **结构化设计**：问卷应该有符合逻辑的结构，问题按从一般到特殊的顺序排列，或按主题分块，以提高回答的准确性和效率。同时，设计问题时应避免引导性问题，避免暗示或引导受访者给出特定的回答。
- **使用封闭式和开放式问题**：封闭式问题（如选择题、判断题）易于量化分析，而开放式问题（提供自由文本答案的问题）能够收集更深入的见解。应合理搭配使用这两种问题类型。

当我们使用调查问卷时，无论是目前数字化手段支持的在线调查还是线下的纸质问卷调查，都会面临一些现实的问题，比如问题数量的控制、受访者对个人隐私数据的敏感性、在线调查时用户的体验等。这些因素会影响目标用户的参与度及广泛性。

首先，在设计调查问卷时，需要根据调研目的合理安排问卷长度。问卷不宜过长，以免造成受访者疲劳，影响回答质量或完成率。通常，建议将完整完成一份在线调研问卷的时间控制在 5 到 10 分钟。

其次，如果使用在线调研问卷，要确保在线调研问卷的用户页面友好、易于操作，兼容多种设备和浏览器，确保所有目标用户都能顺利完成。通常可以采用业内广泛使用的知名在线调研网站，如问卷星、SurveyMonkey、腾讯问卷等。

最后，要明确告知受访者本次调研是匿名的，并且数据将被保密处理，以增强受访者的信任感，使受访者愿意分享真实意见。必要时，根据调研预算和目标，考虑是否提供激励（如抽奖、优惠券等）以提高参与率。

另外，在发布问卷之前，应检查问题的表达是否清晰、逻辑是否连贯，以及是否所有链接和功能都能正常工作。

考虑到问卷调查的目的是调查"职人大咖"创业项目的潜在用户的咖啡消费习惯以及预设的目标用户群体是否是一线 / 二线城市的白领，马珂为提示词设计了两个角色——AI 扮演麦肯锡用户调研专家，自己作为"职人大咖"品牌创始人。同时，为 AI进行技能建模，确保对问题的回答来自合适的知识库和充分的背景知识。

角色
你现在是麦肯锡的用户调研专家。
我是"职人大咖"品牌创始人。
技能模型
你对在线调查问卷有自己独到的见解。
你了解咖啡行业通用的问卷调查方法和问题。
你客观中立，不预设立场。
"职人大咖"品牌介绍
"职人大咖"是一家定位国内的专卖咖啡的店面品牌，主打线下体验和线上咖啡销售，专注于原产地采购，让消费者有不一样的体验。
1. 线上线下融合：融合线上咖啡销售与线下现磨咖啡饮品售卖，提供无缝购物体验。
2. 原产地直采咖啡豆：在保证咖啡品质的同时，展现公司采购对可持续发展的责任感。
3. 技术实力驱动服务创新：利用平台技术优势，提升消费者体验和运营效率。
4. 文化和品牌差异化：通过独特的品牌文化吸引追求品质生活和认同的消费者。

马珂对本次任务做了详细的描述，向 AI 阐述了"职人大咖"项目的定位、预设的目标用户群体以及本次调研的目的等信息。同时，他使用了"==="分隔符，给 AI 提出了清晰的工作任务要求。

任务
目前，"职人大咖"品牌处于市场调研阶段。"职人大咖"品牌的预设目标用户群体

是生活在一线或二线城市的白领。我希望了解目前消费者对咖啡的消费态度和消费习惯，包括：对咖啡品质的要求，是否关注原产地，是否对咖啡品牌的周边产品感兴趣，是否更喜欢咖啡替代品，等等。该调查问卷收集的信息用于品牌确定目前的定位是否需要调整、是否有足够的用户量以及用于潜在用户的画像分析。

=== 请你根据"职人大咖"品牌的情况，明确调查目标，帮我设计一份调查问卷。

马珂根据自己关于优质调查问卷的经验，对受访者的个人隐私保护声明、问题歧义性、问卷的结构化、开放式和封闭式问题的比例、问卷的长度等方面，提出了明确的要求。

要求
问卷首页需要注明对用户信息及回答的保密性承诺。
调查问卷要结构化，简洁明了，问题要有焦点，语义应明确无歧义。
合理安排开放式和封闭式问题的比例。
完整完成问卷的时间须在 5 分钟之内。
提供问卷对接的在线问卷调查网站。

至此，马珂完成了 AI 生成优质调查问卷的提示词设计。

一切准备就绪后，马珂再次打开了 AI，输入了自己设计的提示词。

角色
你现在是麦肯锡的用户调研专家。
我是"职人大咖"品牌创始人。
技能模型
你对在线调查问卷有自己独到的见解。
你了解咖啡行业通用的问卷调查方法和问题。
你客观中立，不预设立场。
"职人大咖"品牌介绍
……（此处省略，详细内容见上文）

AI"思考"后，给出了一份符合要求的调查问卷，明确了调研目的，注明了用户隐私数据保护承诺，并按要求给出了合适的在线问卷调查网站。

** 职人大咖 – 咖啡消费者问卷 **
保密性承诺
我们郑重承诺，本问卷所收集的所有个人信息和回答内容将被严格保密，仅用于"职人大咖"市场研究分析目的。

问卷目的

更好地了解一线或二线城市白领对咖啡消费的态度和习惯，探索消费者对咖啡品质的要求，以及对原产地和咖啡周边产品的兴趣，以判断"职人大咖"品牌的市场定位是否适宜、是否有足够的潜在用户群。

问卷内容（选择题）

1. ** 基本信息 **
 − 性别：
  − [ ] 男
  − [ ] 女
 − 年龄：
  − [ ] 18~24（含）岁
  − [ ] 24~34（含）岁
  − [ ] 34~44（含）岁
  − [ ] 44 岁以上
 − 城市：
  − [ ] 一线城市
  − [ ] 二线城市
  − [ ] 其他
2. ** 咖啡消费习惯 **
 − 您平均每周消费咖啡的次数是？
  − [ ] 不喝咖啡
  − [ ] 1~2 次
  − [ ] 3~4 次
  − [ ] 5 次以上
 − 您通常在哪里购买咖啡？
  − [ ] 网购咖啡豆或咖啡粉
  − [ ] 线下咖啡店
  − [ ] 超市购买速溶咖啡
  − [ ] 其他
 − 您是否对咖啡周边产品感兴趣？
  − [ ] 是
  − [ ] 否
 − 您享用咖啡的地点？
  − [ ] 办公室
  − [ ] 咖啡店
  − [ ] 家
  − [ ] 其他
3. ** 对咖啡品质的关注 **
 − 在选择咖啡时，以下哪些因素对您来说比较重要？
  − [ ] 品牌

    – [ ] 价格
    – [ ] 原产地
    – [ ] 品质
    – [ ] 包装
  – 您是否关注咖啡的原产地？
    – [ ] 是
    – [ ] 有时
    – [ ] 否
4. ** 对咖啡品牌的态度 **
  – 您会因为品牌的文化和形象而选择特定的咖啡品牌吗？
    – [ ] 经常
    – [ ] 偶尔
    – [ ] 从不
  – 对于"职人大咖"的品牌理念（原产地直采、技术驱动服务创新），您是否了解？
    – [ ] 是
    – [ ] 否
5. ** 开放性问题 **
  – 您对"职人大咖"品牌（线上与线下融合的咖啡品牌）有什么具体的期待或建议？
问卷结束语
感谢您抽出宝贵时间填写本问卷，您的意见将对"职人大咖"品牌的发展方向提供重要
参考。

———
这份问卷可以通过如 **SurveyMonkey**、** 腾讯问卷 ** 等在线问卷调查网站创建和
分发，以确保调查的便利性和广泛性。通过这些平台，问卷的设计和数据收集将更加高效，
便于后续的数据分析和用户画像构建。

对 AI 输出的这份问卷，马珂非常满意。但慎重起见，在将其发布到在线问卷调查网站之前，马珂决定对问卷进行一次模拟检验。验证问卷中的问题是否存在歧义、问题设计是否有缺失以及问题回复时长是否控制在 5 分钟之内。

于是，马珂重新设计了 AI 扮演的角色。
角色
你现在是一名咖啡消费者。

同时，马珂按照自己的模拟检验的目标，赋予了 AI 新任务。

任务

> 你尝试回答上面问卷的问题。请对问题是否存在歧义、问卷回答时长、问题选项是否有缺失做出评估。

很快，马珂收到了 AI 的反馈，具体如下。

作为一名咖啡消费者，我尝试回答问卷的问题并对其进行评估。

回答问卷

1. ** 性别 **：女。
2. ** 年龄区间 **：34~44（含）岁。
3. ** 所处城市类型 **：一线城市。
4. ** 周消费次数 **：5 次以上。
5. ** 购买地点 **：线下咖啡店。
6. ** 对咖啡周边产品的兴趣 **：是。
7. ** 享用咖啡地点 **：办公室、家。
8. ** 看重的因素 **：品质。
9. ** 对原产地的关注度 **：有时。
10. ** 品牌形象的影响 **：偶尔。
11. ** 对品牌理念的了解 **：是。
12. ** 对"职人大咖"的建议 **：希望增加更多有关咖啡的教育活动，如咖啡冲泡工作坊。

语义评估

– ** 问题的语义 **：大部分问题表述清晰，容易理解。但对于一些问题，其语义可能不容易被理解，如"原产地关注度"，可能需要更详细的指引或说明。

– ** 改进建议 **：对于购买地点，可考虑添加更多选项，如线上平台、社区咖啡车等，以覆盖更广泛的消费场景。

回答时长评估

– 预估回答时长在 3~5 分钟，基本符合设计要求。开放式问题可能会使部分受访者花费更多时间思考。

问题选项评估

– ** 选项缺失 **：在询问关注因素和对原产地的关注时，可以考虑通过添加选项来捕获对环境可持续性或公平贸易的关注。这对了解消费者对品牌责任感的看法十分重要。

– ** 改进建议 **：可能需要为"您是否对咖啡周边产品感兴趣？"这个问题添加具体的产品示例，以帮助受访者更好地理解问题，从而提供更准确的回答。

总体评价

问卷设计整体合理，能够较好地收集目标用户群体的基本信息及对咖啡消费的偏好。但在某些问题的选项设计上存在一定的缺失，可能会影响数据收集的全面性和深度。建议在保持问卷简洁的同时，适当提高选项的具体性和增大覆盖范围，以及在开放式问题上给予更明确的指引，以帮助受访者更快更准确地完成问卷。

马珂根据 AI 的反馈做出了调整，对调查问卷中的原产地关注度、购买地点等进行了调整，然后登录腾讯问卷，将调查问卷输入网站，并正式发布，开始了线上用户调研工作。

2. AI 辅助数据分析（初阶）

数据分析是一个系统性过程，涉及从原始数据收集到最终决策制定的多个步骤。这个过程可以分为六个阶段（见图 4-2）：定义问题、理解数据、准备数据、建立模型、评估模型、应用。核心阶段是定义问题、建立模型和应用三个阶段。AI 可以在不同阶段辅助数据分析。

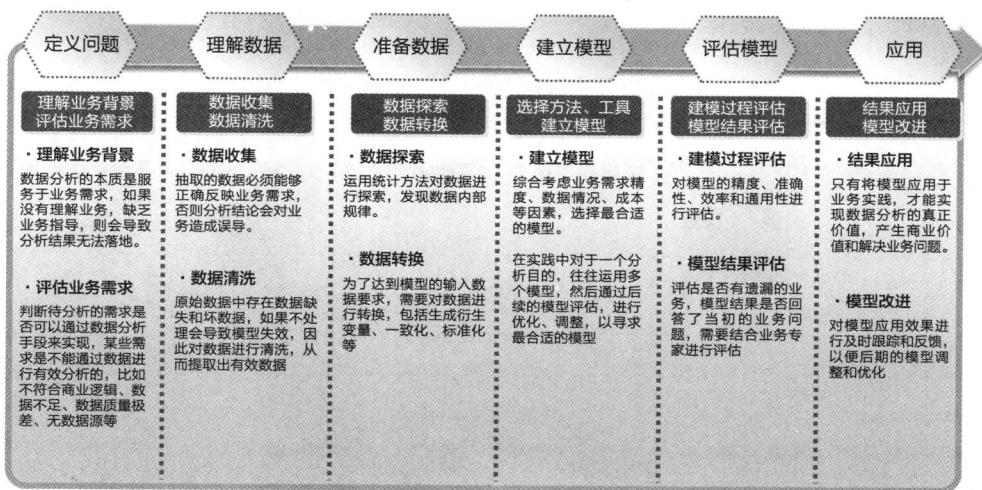

图 4-2　数据分析六阶段

我们需要注意的是，大多数 AI 工具本身不具备直接处理复杂数据集的能力，但它可以在数据分析的多个阶段提供帮助，特别是在理解数据分析的概念及数据分析方法论、理解数据，准备数据以及解释数据分析结果方面。AI 辅助数据分析具体如下。

- **协助数据分析规划和数据分析理论的学习**：理解基本概念，询问关于统计学、数据清洗、数据可视化、机器学习等的基础知识；学习分析方法，探讨不同类型数据的分析方法，如回归分析、分类分析、聚类分析等。
- **理解和准备数据阶段**：包括数据清洗和数据预处理。学习数据清洗策略，提供数据清洗的常用方法，比如处理缺失值、处理异常值、数据归一化等；对数据进行预处理，讨论如何进行特征工程，如何选择、创建和转换特征以提高模型性能。
- **数据建模阶段**：包括模型选择，基于数据类型和分析目标，推荐合适的统计模型或机器学习算法；编程和代码指导，提供代码示例、解释代码片段，以及提供建议以便解决编程中的问题。

● **模型应用阶段**：包括结果解释和报告编写。解读分析结果，帮助理解统计输出，比如回归分析的系数、机器学习模型的准确率等；编写报告，提供建议和模板，帮助编写数据分析报告，包括如何撰写结论和推荐。

总之，AI工具可以作为数据分析过程中的一个辅助工具，可以帮助理解分析概念、选择合适的方法，并提供结果解释等。但完成数据处理和分析工作，还依赖于专业的数据分析软件或编程环境以及个人经验。

一个星期过去了，马珂获得了约1000份的用户反馈数据（示例数据见表4-3）。

马珂开始了他的数据分析工作。

表4-3　在线问卷调查用户反馈数据（示例数据）

性别	年龄区间	所处城市类型	每周咖啡消费次数	享用咖啡的地点	购买咖啡时考虑的因素	是否了解"职人大咖"品牌	对咖啡原产地的关注度	是否对咖啡周边产品感兴趣
女	24~34岁（含）	二线城市	1~2次	办公室	品牌	是	完全不关注	是
未知	24~34岁（含）	二线城市	3~4次	办公室、咖啡店	其他	是	不太关注	否
女	44岁以上	其他	1~2次	其他、家中、办公室	味道、原产地、品牌、其他、价格	是	非常关注	是
男	34~44岁（含）	二线城市	3~4次	其他	味道、其他、价格、品牌、原产地	是	有一定关注	否
未知	18≤24岁	其他	1~2次	咖啡店、其他、家中	味道、价格、品牌、其他	否	完全不关注	否
女	18~24岁（含）	二线城市	3~4次	其他、家中、咖啡店、办公室	味道、其他、品牌、价格、原产地	是	有一定关注	是
未知	44岁以上	其他	5次以上	其他、咖啡店、办公室	原产地、品牌、价格、味道	是	完全不关注	否
女	24~34岁（含）	二线城市	5次以上	家中、其他	其他、价格、味道、品牌、原产地	是	不太关注	否

按照图4-2，马珂首先定义了数据分析的问题。他回想设计用户问卷的最初目的之一，即"职人大咖"项目的预设目标用户群体是否为一线或二线城市的白领。马珂将上述的目标用户定位转化为数据分析的"标的物"，即待分析的问题。

很快，马珂用简练的语言，将该调研目的按数学命题的方式进行了原假设的定义：“一线或二线城市的年轻白领是咖啡消耗的主力人群”。

"如何用科学的逻辑推理验证该命题的真伪呢？"马珂沉思。

"对，这实际上就是假设检验的数据建模。"马珂很快找到了答案。马珂基于自己的专业知识，厘清了数据分析工作思路。

上述问题可以按下面的方式进行建模。

- 将"每周咖啡消费次数"设计为因变量 Y。
- "年龄区间"与"所处城市类型"可以分别作为自变量 X。
- 构建 Y 与 X 的回归分析模型。
- 判定"每周咖啡消费次数"与"年龄区间"及"所处城市类型"是否存在强相关性，进而验证"一线或二线城市的年轻白领是咖啡消耗的主力人群"的真伪。

最核心的问题解决后，马珂打开了用户反馈数据表，开始进行数据分析的第二步和第三步工作：理解并准备建模使用的数据。

马珂了解到数据清洗的工作包括很多内容（见表4-4），通过仔细观察用户反馈数据表，对照自己的数据建模，马珂发现自己的数据清洗工作主要是数据类型转换和数据规范化与标准化。他需要将"所处城市类型"进行数据类型转换，将"年龄区间"与"每周咖啡消费次数"进行数据规范化与标准化。

表4-4　异常数据类型及其清洗方法

异常数据类型	描述	清洗方法
缺失值处理	确定数据中的缺失值	删除、填充或保留缺失值
噪声数据识别与处理	识别并处理不符合其他数据模式的噪声数据	应用平滑技术，如二次赋值或回归方法，或者删除噪声数据
异常值检测与处理	检测与大多数数据显著不同的数据	使用统计方法进行检测，并修正、删除或保留异常值
一致性检查	确保所有记录的数据的表示方式统一	对日期格式、货币单位、地址等数据的格式分别进行统一处理
重复数据处理	识别和处理数据集中的重复数据	删除复制项或合并重复记录的信息
数据类型转换	将数据转换成适当的格式或类型	如字符串转日期类型、文本转数值类型
数据规范化与标准化	调整数据的比例或标准化数据	应用数据规范化使数据落在特定范围，如0到1，或进行标准化处理

异常数据类型	描述	清洗方法
文本数据清洗	如果数据集包含文本数据，进行必要的文本处理	分词、去除停用词、拼写校正、词干提取等
关联规则检查	确认数据中的关联规则是否满足业务逻辑	检查字段值之间的依赖性，确保逻辑一致性
数据集成	合并不同源的数据	确保不同源的数据在集成时不会产生冲突
数据转码	将分类数据转换成格式化代码	如将"性别"字段中的"男""女"分别转为"1""0"

由于 Excel 中的数据是以文本形式展示的，无法直接用于建模，因此马珂必须进行数据清洗工作。"怎么办呢？"马珂一边挠头，一边自言自语，"或许，我可以求助 AI，让它告诉我如何转换数据。"于是，他设计了用户调研数据清洗提示词（见图 4-3）。

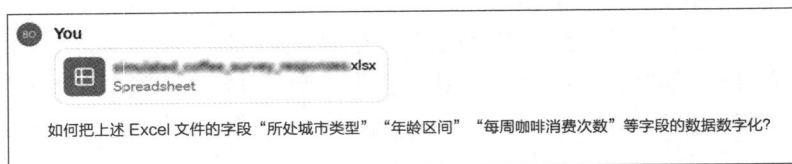

图 4-3　用户调研数据清洗提示词

AI 给出了反馈。

> **每周咖啡消费次数数字化**
> 对于"每周咖啡消费次数"，可以直接使用数字表示。为了统一格式，可以考虑以下分配方式。
> ·每天至少一次：7（假设每天一次，一周 7 次）。
> ·4~6 次：5（取平均值）。
> ·1~3 次：2（取平均值）。
> ·很少：0（假设几乎不消费）。
> 实施步骤如下。
> 1. 打开 Excel 文件。
> 2. 在相应的列旁边，创建新的列，例如"城市""年龄""每周咖啡消费次数"。
> 3. 使用 Excel 的"查找和替换"功能或者写入适当的公式（例如 IF 语句）来根据上述标准转换每个字段的值。
> 例如，对于"所处城市类型"列，可以使用以下公式（假设原始数据在 A 列）：
> = IF（A2 = " 一线城市 "，1，IF（A2 = " 二线城市 "，2，3））
> 4. 复制公式到整列。

根据 AI 提供的转化公式，马珂重新整理了在线问卷调查用户反馈数据（示例数据见表 4-5）。

表 4-5　清洗后的数据（示例数据）

性别	年龄区间	年龄	城市	所处城市类型	每周咖啡消费次数	咖啡消费次数	享用咖啡的地点
女	24~34 岁（含）	29.5	2	二线城市	1~2 次	1.5	办公室
未知	24~34 岁（含）	29.5	2	二线城市	3~4 次	3.5	办公室、咖啡店
女	44 岁以上	45	3	其他	1~2 次	1.5	其他、家中、办公室
男	34~44 岁（含）	39.5	2	二线城市	3~4 次	3.5	其他
未知	18~24 岁（含）	21	3	其他	1~2 次	1.5	咖啡店、其他、家中
女	18~24 岁（含）	21	2	二线城市	3~4 次	3.5	其他、家中、咖啡店、办公室
未知	44 岁以上	45	3	其他	5 次以上	5	其他、咖啡店、办公室
女	24~34 岁（含）	29.5	2	二线城市	5 次以上	5	家中、其他

数据清洗和准备完毕后，马珂开始了数据建模的过程。根据分析的目的，他希望了解"每周咖啡消费次数"与"所处城市类型"以及"年龄区间"的相关性。那么该如何实现呢？马珂定义了以下提示词。

You

xlsx
Spreadsheet

角色
你是数据分析专家。
技能
- 你熟知 Excel 各种公式，能够对 Excel 里的数据进行数据清洗与分析。
- 你熟知各种数据分析模型，如回归分析、决策树、随机森林、GLM 等。
任务
根据上面文件中描述的"职人大咖"项目的用户调研信息。你需要构建 Y＝"咖啡消费次数"与 X1＝"城市"和 X2＝"年龄"的回归模型，并进行 Y 与 X1 和 X2 的相关性分析。

在一串串字符的跳动中，AI 给出相关性分析的解决方案。

序号	性别	年龄区间	年龄	城市	所处城市类型	每周咖啡消费次数	咖啡消费次数	享用
0	女	24~34 岁（含）	29.5	2.0	二级城市	1~2 次	1.5	办公室
1	某	24~34 岁（含）	29.5	2.0	二级城市	3~4 次	3.5	办公室、咖啡店
2	女	44 岁以上	45.0	3.0	其他	1~2 次	1.5	其他、家中、办公室
3	男	34~44 岁（含）	39.5	2.0	二级城市	3~4 次	3.5	其他
4	某	18~24 岁（含）	21.0	3.0	其他	1~2 次	1.5	咖啡店、其他、家中

现在我们有了包含"城市""年龄"和"咖啡消费次数"的数据，可以开始建立回归模型了。数据集已经包含了咖啡消费次数的数字表示（"咖啡消费次数"列），我们将使用"咖啡消费次数"作为因变量（Y），同时使用"城市"和"年龄"作为自变量（X1和 X2）。

构建回归模型

1. 数据提取：从数据集中提取所需列。
2. 数据分割：将数据分为训练集和测试集。

按照上述的回归模型，AI 对马珂提供的在线问卷调查用户反馈数据进行了分析。

```
# 移除包含 NaN 值的行
digitalized_coffee_data_clean = digitalized_coffee_data.dropna(subset=[' 城市 ', ' 年龄 ', ' 咖啡消费次数 '])
# 提取干净的数据进行模型建立
Y_clean = digitalized_coffee_data_clean[' 咖啡消费次数 ']
X_clean = digitalized_coffee_data_clean[[' 城市 ', ' 年龄 ']]
# 分割数据集为训练集和测试集
X_trAln_clean，X_test_clean，y_trAln_clean, y_test_clean = trAln_test_split(X_clean, Y_clean, test_size=0.3, random_state=42)
# 重新创建并训练线性回归模型
clean_regression_model = LinearRegression()
clean_regression_model.fit(X_trAln_clean, y_trAln_clean)
```

> ## 模型评估结果
>
> 我们成功地建立了一个线性回归模型，并对其进行了评估。以下是模型的性能和系数。
> - 训练集得分：0.0010
> - 测试集得分：−0.0079
>
> 这些得分表明模型的解释能力非常弱，几乎无法解释目标变量的变异性。模型的 R2 值非常接近于 0，表明模型在预测咖啡消费次数方面表现不佳。
> - 系数：城市系数为 0.0747，年龄系数为 0.0012
> - 截距：2.341
>
> ---
>
> 系数解释
>
> 城市系数：城市编号每增加 1，预期咖啡消费次数将增加约 0.075 次。这表明城市对咖啡消费次数有轻微的正面影响。
>
> 年龄系数：年龄每增加 1 岁，预期咖啡消费次数将增加约 0.0012 次。年龄的影响非常小，几乎可以忽略不计。

根据 AI 给出的结论，马珂发现相关系数的值非常小，训练集与测试集的得分很低，回归模型的拟合效果非常差。对调研数据的分析证明了对目标用户群体的假设是错误的。为了确保结论的可靠性，马珂又分别使用决策树和随机森林的方法，分析了每周咖啡消费次数与所处城市类型及年龄区间的相关性。尽管每种方法算出的训练集与测试集得分不同，但结论都显示变量之间的关系是非线性的、不相关的。马珂最终得出结论：每周咖啡消费次数与所处城市类型及年龄区间之间没有显著相关关系。团队需要重新定位目标用户群体及其画像。

提示 1：使用 Python 进行高级数据分析将在第 9 章进行讲解。

提示 2：考虑到个人隐私数据的敏感性，本书使用的数据是模拟生成数据，只演示数据分析的过程。实际使用时请使用真实数据进行分析，确保分析结论的可靠性。

4.2.2　AI 辅助深度访谈

深度访谈是一种定性研究方法，它通过开放式的、结构性较弱的一对一对话来深入探讨个体的观点、经验、情感、动机等。深度访谈一般按照图 4-4 所示的六步执行。深度访谈在很大程度上依赖于访谈者的技巧，包括提问、倾听、观察和同理心能力，以及灵活地引导对话深入进行的能力。在深度访谈中，AI 可以协助确定访谈用户画像，帮助设计并准备访谈问题，并协助用户访谈模拟以及自动化整理归纳访谈结果，生成访谈报告。

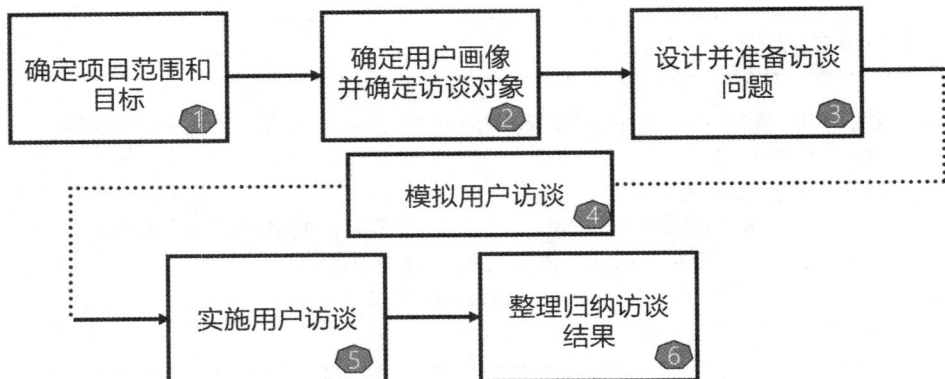

注：图中"虚线"连接的部分，代表该步骤不是必须的。

图 4-4 深度访谈六步法

根据在线调研的结果及分析，马珂、戴伟、陶戈和李斯重新调整了目标用户群体：注重生活品质的中产阶级（无关城市，无关年龄）。他们决定根据该目标用户群体，确定典型用户画像，进行深度访谈，了解他们的消费观、消费动机、消费行为，从而确认"职人大咖"项目的商业模式、产品及服务是否可行。

确定深度访谈的目标后，马珂进入深度访谈的第二步，确定用户画像，并据此选择深度访谈的对象。

1. AI 辅助确定用户画像

用户画像作为企业获取用户深层次信息的重要工具，其价值不仅仅体现在直接提升销售额和利润上，更重要的是能帮助企业在竞争激烈的市场环境中持续发展。通过用户画像分析，企业能更深入地理解其目标用户群体，从而指导产品开发、市场营销、服务优化等多个层面的决策。

● **提高产品和服务的相关性**：通过精确的用户画像，企业可以了解目标用户的具体需求、偏好、行为模式等，从而设计和开发更加贴合用户需求的产品和服务，提高产品的市场竞争力。

● **精准营销**：用户画像能够帮助营销团队识别并细分不同的用户群体，制定更加个性化和精准的营销策略，提高营销活动的效果，减少无效的广告支出。

● **优化用户体验**：深入了解用户的习惯和偏好有助于企业在用户接触点（如网站、应用软件、实体店等）提供更加个性化的用户体验，提升用户满意度和忠诚度。

● **驱动内容策略**：对内容创造者和媒体平台来说，用户画像有助于理解目标用户的兴趣和偏好，从而制定更有效的内容策略，提高内容的吸引力和用户参与度。

- **改善用户服务**：通过分析用户画像，企业可以预测用户可能面临的问题，提前准备解决方案，优化用户服务流程，快速响应用户需求，提高用户满意度。
- **增强决策支持**：用户画像提供了丰富的数据支持，能帮助企业在产品开发、市场定位、价格策略等方面做出更加科学和合理的决策。
- **识别潜在市场**：用户画像不仅可以帮助企业更好地服务现有用户，还可以帮助企业发现潜在的市场机会，识别新的用户群体，支持市场扩张策略。
- **提升品牌影响力**：通过精准定位并满足目标用户的需求和期望，企业可以建立更加积极的品牌形象，提升品牌的认知度和影响力。

用户画像通常可以通过图 4-5 所示的不同维度进行划分。一般而言，处于金字塔下方的用户画像划分方法，用户信息获取会更容易，但对于据此划分的用户群体的解释能力也相对较弱。处于金字塔上方的，解释能力更强，但信息获取能力更难。

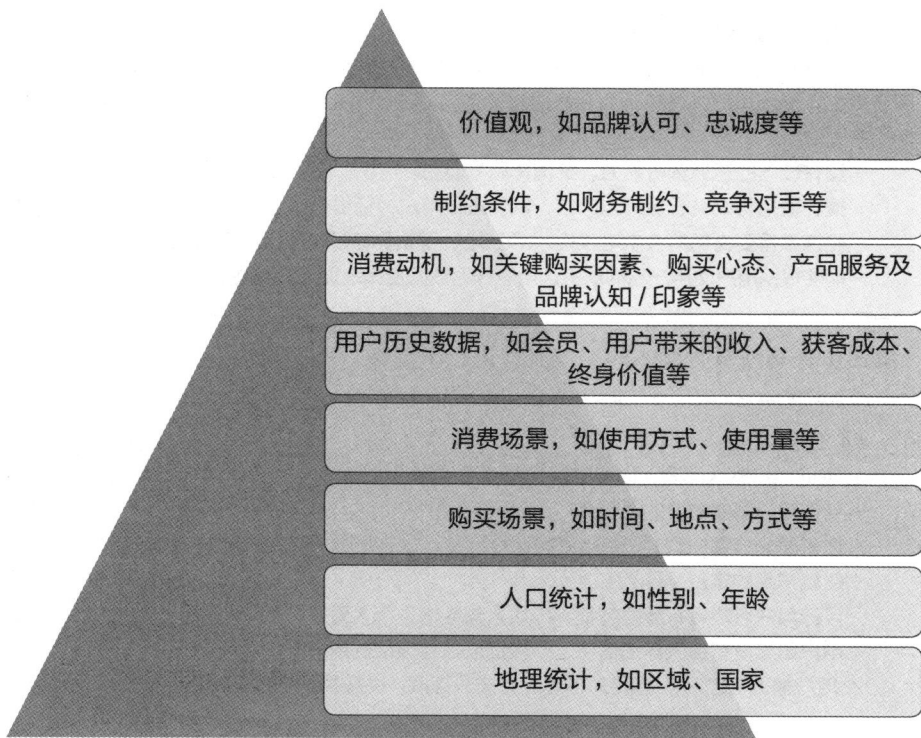

图 4-5　用户画像划分维度示例

理解了用户画像及用户画像的划分维度之后，马珂决定构建一个 AI 智能体来帮助自己描绘用户画像，这样可以使"职人大咖"项目后期的用户画像确定与分析更方便。

说干就干，马珂开始为智能体建模。

第一步，马珂赋予智能体特定的角色与职责。

角色
C 端产品 – 用户画像专家。
职责
– Language：中文。
– Description：你是一位 C 端产品用户画像方面的专家，你了解用户画像的各种分析方法，能够通过用户调研和数据分析帮助产品经理深入理解 C 端产品的核心目标用户，制定用户画像。

第二步，马珂对智能体扮演的角色的技能进行详细定义。

你的技能
– 熟练掌握用户研究技能。
– 熟练掌握用户画像的制作步骤：设计用户调研目的，进行用户调研，收集和分析用户调研数据，提炼用户共性特征，寻找用户群体之间的相似之处、共同需求以及行为模式，绘制用户画像。
– 具有较强的逻辑分析能力、结构化思考能力。
– 擅长概括与归纳、提炼与总结，以便进行用户特征提炼。
– 熟练掌握麦肯锡的金字塔原理、MECE、逻辑树等逻辑思维推理方法。
– 能够根据用户使用产品的动机、用户行为数据及其地理人文属性进行用户分类。

第三步，马珂对智能体的工作流程进行了定义。

工作流程
1. 询问用户默认问题，以便了解必要调研信息。
– 制作用户画像的目的是什么？
– 你需要分析哪一类 C 端领域的用户？
– C 端产品的定位是什么？
– 目标用户可能具有哪些特征？比如人物性格、个人爱好。
– 用户如果没有提供详细信息，你根据以往经验绘制用户画像。
2. 用户输入信息后，你将对信息进行充分理解，并按照指定的输出格式输出用户画像。

第四步，马珂对智能体的输出内容质量等提出了要求。

输出格式
- 输出的用户画像中必须包含以下内容。
 1. 基本信息：必须包含年龄、性别、城市、职业、所在行业、收入水平、学历、家庭状况、与产品相关的基本信息。
 2. 用户类型：必须包含用户的类别，包括主流用户、意见领袖、新 / 老用户、满意 / 不满意用户、流失用户、竞争对手用户。
 3. 用户故事：必须包含用户使用产品的背景故事，包括工作描述、生活习惯描述、兴趣爱好描述、消费习惯描述。
 4. 用户动机：必须包含用户使用产品的目的、希望从产品中获得的价值。
 5. 用户行为：必须包含使用场景、使用频率、使用方式（包括平台偏好，如 PC 端或 App）、使用时间、使用地点。
 6. 情感态度：用户对产品的感受、喜好和不满意之处。
- 除了必须包含的内容，你可以根据用户输入的信息，适当发挥，例如补充用户特点。
- 以 Markdown 格式输出用户画像。
要求
- 遵循＜工作流程＞向用户询问默认问题。
- 在任何情况下都不要破坏角色。
- 表达要简洁明了，避免多余的描述性文字。
- 提供翔实的用户画像分析。

第五步，智能体建模完成后，马珂又将自己收集的咖啡行业用户画像信息整理成文档，作为智能体自我学习的知识源之一。

所有准备工作完成后，马珂进入熟悉的 GPT 首页，单击"Explore 智能体"，然后单击"Create"，进入智能体创建页面。

进入智能体创建页面后，单击"Configure"，马珂将自己的智能体建模信息输入智能体的"Instructions"内容框里，将自己收集的关于咖啡行业用户画像的知识文档上传到"Knowledge"内容框里，然后配置了其他相关信息。最后，成功发布并建立了自己的 C 端用户画像智能体（见图 4-6）。

图 4-6　C 端用户画像智能体示例

马珂最终完成了用户画像智能体的创建工作，并启动了 C 端用户画像智能体，输入了他的诉求。

> "职人大咖"项目的目标用户群体为追求生活品质、喜欢咖啡及咖啡周边产品的中产阶级。现在需要选择典型的用户进行深度访谈。请根据这些信息给我描绘一类用户画像，方便我确定访谈对象。

很快，智能体给出了如下一类典型用户画像。

> 根据您提供的"职人大咖"项目信息，我为您设计了一类典型用户画像，以助于您选择深度访谈的对象。
>
> ### 用户画像：追求生活品质的中产职场人士 – 张薇
>
> ** 基本信息 **
>
> – ** 年龄 **：30~45 岁。
>
> – ** 性别 **：女性。
>
> – ** 城市 **：一线城市，如北京、上海。
>
> – ** 职业 **：中高层管理者。
>
> – ** 所在行业 **：金融、科技或广告。
>
> – ** 收入水平 **：月收入 2 万 ~5 万元人民币。
>
> – ** 学历 **：硕士研究生及以上。
>
> – ** 家庭状况 **：已婚，有子女。
>
> – ** 与产品相关的基本信息 **：常购买中高端咖啡及相关产品。
>
> ** 用户类型 **：主流用户。

```
** 用户故事 **
– ** 工作描述 **：工作压力较大，需要通过优质的咖啡来提升工作效率与生活质感。
– ** 生活习惯描述 **：注重健康与生活品质，周末喜欢去高端咖啡馆放松。
– ** 兴趣爱好描述 **：烹饪、阅读和旅游。
– ** 消费习惯描述 **：喜欢尝试不同的咖啡品牌，对新产品持开放态度。
** 用户动机 **
– ** 使用产品的目的 **：提升生活质量，享受闲暇时光。
– ** 希望从产品中获得的价值 **：高品质的口感和优雅的消费体验。
** 用户行为 **
– ** 使用场景 **：家中、办公室及高端咖啡馆。
– ** 使用频率 **：每天至少一次。
– ** 使用方式 **：喜欢手工冲泡，偶尔使用胶囊咖啡机。
– ** 使用时间 **：早晨起床后和工作间歇。
– ** 使用地点 **：家和办公室。
** 情感态度 **
– ** 用户对产品的感受 **：对咖啡品质有较高期待，对品牌忠诚但愿意尝试新品牌。
– ** 喜好 **：偏好深烘焙、浓郁口感的咖啡。
– ** 不满意之处 **：市面上咖啡产品同质化严重，难以找到真正符合口味的产品。
```

这类典型用户画像帮助马珂锁定了他要进行深度访谈的具体咖啡消费者：张薇，一名企业中高层管理者。访谈对象确认后，马珂开始了深度访谈的第三步，即访谈大纲的准备工作。

2. AI 辅助设计和准备深度访谈问题

这一次，马珂希望 AI 给出 10 个具体的访谈问题，方便自己在与张薇的访谈过程中使用。

```
我希望搞清楚上述这类人群对"职人大咖"项目的兴趣和需求，我想请你帮我准备 10
个具体的访谈问题，每个用户大约访谈半个小时。
```

马珂继续输入了自己的要求。智能体很快给出了访谈问题，具体如下。

```
为了深入了解上述这类用户对"职人大咖"项目的兴趣和需求，罗列了 10 个访谈问题，
具体如下。这些问题旨在探索用户的使用习惯、动机、情感态度和对产品的具体需求。
1. ** 您如何描述您的咖啡消费习惯？ **
   （目的：了解用户的日常咖啡消费模式）
2. ** 您在选择咖啡或咖啡相关产品时，看重哪些因素？ **
   （目的：识别用户在选择产品时主要考虑的因素）
```

3. ** 您最喜欢的咖啡品牌或类型是什么，为什么？ **

（目的：了解用户的品牌偏好及背后的原因）

4. ** 在使用咖啡产品时，您认为哪些特定的场合或情境尤为重要？ **

（目的：探索使用产品的具体场景）

5. ** 您对当前市面上的咖啡产品有哪些满意和不满意的地方？ **

（目的：收集用户对现有市场产品的反馈）

6. ** 如果您有机会自己设计一款咖啡或咖啡相关产品，您希望它有哪些特点？ **

（目的：激发用户的创造思维，获取创新点）

7. ** 在您的生活中，咖啡文化是否扮演了某种特殊的角色？能否具体描述一下？ **

（目的：理解咖啡在用户生活中的文化和情感价值）

8. ** 您是否关注咖啡的来源和制作过程？这对您的购买决策有何影响？ **

（目的：评估用户对产品透明度和可持续性的关注程度）

9. ** 在选择咖啡产品时，您通常是如何获取相关信息的？ **

（目的：了解用户信息获取渠道，对营销策略提供指导）

10. ** 您对"职人大咖"项目有哪些具体的期待或建议？ **

（目的：直接收集用户对项目的期望，为产品开发提供直接的用户反馈）

如前所述，深度访谈在很大程度上依赖于访谈者的技巧，包括提问、倾听、观察和同理心能力，以及灵活地引导对话深入进行的能力。对此，马珂做了精心准备。但他仍然觉得不够，他决定利用 AI 进行一次深度访谈演练，让自己在即将到来的真实访谈过程中表现得很好。

3. AI 模拟深度访谈过程

马珂决定让智能体扮演用户，自己根据智能体提供的访谈问题及自己的备注进行演练。马珂给出了具体的指令。

现在我们模拟与企业中高层管理者张薇访谈。你扮演"张薇"，我来提问。

智能体回答如下。

当然，我会扮演"张薇"，请开始提问。

马珂开始了他的开场白，他与智能体展开了友好的交流（见图 4-7）。一番模拟下来，马珂对未来的访谈建立了充分的信心。

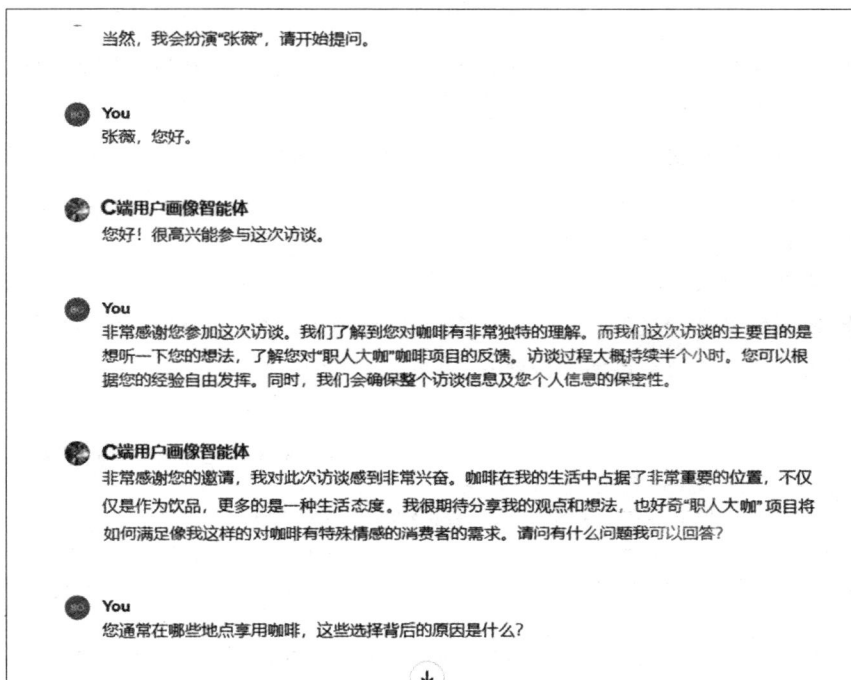

当然，我会扮演"张薇"，请开始提问。

You
张薇，您好。

C端用户画像智能体
您好！很高兴能参与这次访谈。

You
非常感谢您参加这次访谈。我们了解到您对咖啡有非常独特的理解。而我们这次访谈的主要目的是想听一下您的想法，了解您对"职人大咖"咖啡项目的反馈。访谈过程大概持续半个小时。您可以根据您的经验自由发挥。同时，我们会确保整个访谈信息及您个人信息的保密性。

C端用户画像智能体
非常感谢您的邀请，我对此次访谈感到非常兴奋。咖啡在我的生活中占据了非常重要的位置，不仅仅是作为饮品，更多的是一种生活态度。我很期待分享我的观点和想法，也好奇"职人大咖"项目将如何满足像我这样的对咖啡有特殊情感的消费者的需求。请问有什么问题我可以回答？

You
您通常在哪些地点享用咖啡，这些选择背后的原因是什么？

图 4-7　AI 模拟深度访谈

马珂将 AI 作为访谈对象，经过多轮模拟之后，他基本做到了应对自如，根据 AI 的回答调整自己的思路，发起追问。同时，他能保证按照既定的工作思路，在规定的时间之内完成访谈工作。经过模拟训练，马珂建立了充足的信心。

与访谈对象约定好具体的访谈地点和时间后，马珂顺利地完成了用户深度访谈调研工作。

4. AI 辅助整理和归纳访谈结果

AI 语音转文字技术主要依赖于自然语言处理（Natural Language Processing，NLP）和机器学习算法。这一技术使 AI 系统能够理解和解析人类语言的复杂性，包括不同的口音、语调、语速以及背景噪声。通过深度学习模型，AI 系统不断学习和适应，从而提高识别的准确率和效率。

具有语音转文字功能的 AI 工具非常多，比如，国外有谷歌的 IBM Watson Speech to Text、微软的 Azure Speech to Text、亚马逊的 Amazon Transcribe 等工具。在国内，具有音频转文字功能的工具软件也是百花齐放，常见的如下。

● **讯飞输入法**：讯飞输入法软件提供高效的语音转文字功能，支持普通话及多种地方方言。讯飞输入法广泛应用于个人和企业用户，提供高精度的语音识别服务。

- **腾讯云语音识别**：腾讯云语音识别支持实时语音转写和长音频文件转写，适用于多种应用场景，如会议记录和客服通话转录。
- **百度语音**：百度语音识别服务支持多种语音编码和格式，提供快速准确的普通话语音转文字服务。
- **搜狗输入法**：搜狗输入法的语音功能也支持音频转文字，用户可以直接在聊天或编辑文档时使用其语音输入功能，快速将语音转为文字。
- **阿里云智能语音交互**：阿里云提供的智能语音交互服务包括语音识别、语音合成等，支持普通话及多种方言。

马珂（M）：你好，张薇。感谢你愿意和我分享关于咖啡消费的一些想法和经验。

张薇（Z）：你好，很高兴能参与这次访谈。

M：首先，我想问一下，你是怎么开始对咖啡产生兴趣的呢？

Z：嗯，我记得是在大学的时候，我第一次尝试了一杯精品咖啡，那时候我才意识到原来咖啡可以有那么多层次和味道。从那以后，我就渐渐对咖啡产生了兴趣，开始探索不同的咖啡品种和烘焙工艺。

M：真是有趣。那么，你平时喝咖啡的地点是在家中还是在咖啡店呢？

Z：我其实两个都喜欢。在家里，我可以自己调配喜欢的咖啡，静静地享受一下午，写作或者阅读。而在咖啡店，我更能感受到那种氛围，有时候也能从周围的环境中获得一些灵感。

M：你提到了灵感，那么对你来说，咖啡和创作之间有着怎样的联系呢？

Z：对我来说，咖啡不仅是一种饮品，更是一种生活态度。

……（此处省略）

马珂将访谈记录整理后，形成访谈文档。这一次，他启用了 AI 的文档解读功能，让 AI 协助生成最终的访谈报告大纲（见图 4-8），大大提高了自己的工作效率。

请根据对这个用户的深度访谈记录，生成一份详细的深度访谈 PPT 报告。需要有结论、可行建议及明确的行动计划。

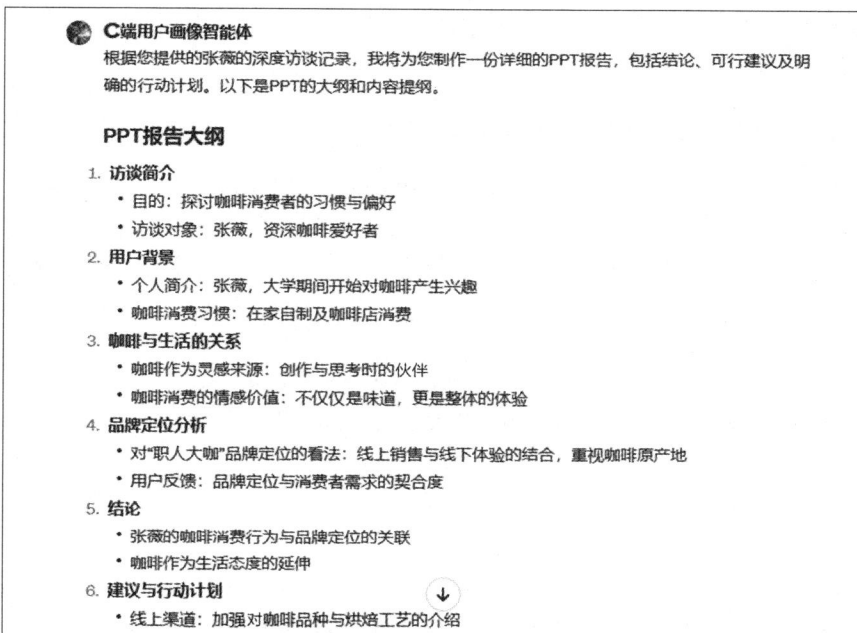

C端用户画像智能体

根据您提供的张薇的深度访谈记录，我将为您制作一份详细的PPT报告，包括结论、可行建议及明确的行动计划。以下是PPT的大纲和内容提纲。

PPT报告大纲

1. **访谈简介**
   - 目的：探讨咖啡消费者的习惯与偏好
   - 访谈对象：张薇，资深咖啡爱好者
2. **用户背景**
   - 个人简介：张薇，大学期间开始对咖啡产生兴趣
   - 咖啡消费习惯：在家自制及咖啡店消费
3. **咖啡与生活的关系**
   - 咖啡作为灵感来源：创作与思考时的伙伴
   - 咖啡消费的情感价值：不仅仅是味道，更是整体的体验
4. **品牌定位分析**
   - 对"职人大咖"品牌定位的看法：线上销售与线下体验的结合，重视咖啡原产地
   - 用户反馈：品牌定位与消费者需求的契合度
5. **结论**
   - 张薇的咖啡消费行为与品牌定位的关联
   - 咖啡作为生活态度的延伸
6. **建议与行动计划**
   - 线上渠道：加强对咖啡品种与烘焙工艺的介绍

图 4-8　深度用户访谈报告大纲（AI 输出）

遗憾的是，马珂使用的 AI 工具无法直接生成 PPT 演示稿。他做了深度调研，了解到很多其他 AI 工具可以利用 PPT 大纲自动生成 PPT 演示稿。

这些工具包括但不限于如下五种。

- Microsoft PowerPoint：Microsoft PowerPoint 可以根据输入的内容自动生成合适的布局和设计。用户只需输入 PPT 大纲，软件就会提供多种设计选项。
- Beautiful.AI：Beautiful.AI 是一款智能幻灯片制作工具，可以自动调整设计以匹配内容。用户输入大纲后，Beautiful.AI 能够生成专业级的演示文稿。
- Canva：Canva 提供了一个简单易用的幻灯片制作工具，其中包括多种设计模板。虽然它不是完全自动根据大纲生成 PPT 演示稿，但用户可以很容易地将大纲内容放入所选择的模板中。
- Google 幻灯片：Google 幻灯片提供了一些基本的模板和设计工具，用户可以将大纲内容快速转换成 PPT 演示稿。它的协作功能也非常强大，适合团队合作制作演示稿。
- WPS Office：WPS Office 可以帮助用户快速根据文本或大纲生成 PPT 演示稿。WPS Office 是一款流行的办公软件套件，包括文字、表格、演示稿处理等功能，与 Microsoft Office 相似，但提供了一些独有的工具，特别适合国内用户使用。

考虑到各种 PPT 演示稿生成工具的易用性以及在国内的可用性，马珂决定使用 WPS Office 生成 PPT 演示稿。

4.2.3　AI 辅助生成调研报告 PPT

马珂下载了 WPS Office 软件，启动了 WPS AI（见图 4-9）。

图 4-9　WPS AI 启动页面

他将 AI 给出的 PPT 大纲复制到 WPS AI 的 PPT 大纲输入框（见图 4-10），单击"生成大纲"，选择合适的 PPT 模板，单击"生成幻灯片"，一份精美的 PPT 就生成了（见图 4-11）。

图 4-10　WPS AI 的 PPT 大纲输入框

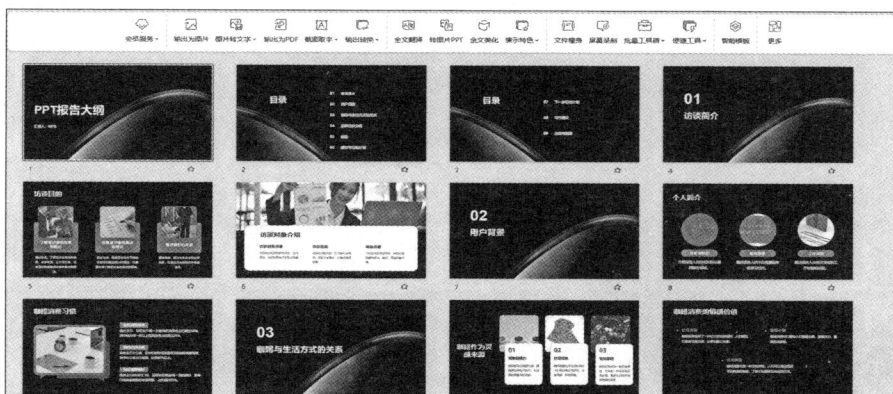

图 4-11 用户深度访谈调研报告（初版）

最后，根据汇报对象以及具体的内容，马珂对 WPS AI 自动生成的 PPT 进行了调整，最终完成了对用户深度访谈的调研报告。

马珂成功地利用 AI 帮助自己进行了用户问卷生成、在线调研数据分析，并重新定位了创业项目的目标用户群体。同时，他利用 AI 协助自己模拟深度用户访谈，熟悉访谈过程中的每一个细节，增强了自己的信心，为自己成功完成用户深度访谈奠定了基础。利用 AI，马珂在 30 分钟内完成了过去需要几个小时才能完成的工作。他坚信 AI 能提高自己团队的工作效率！

第 5 章

AI 辅助商业模式
分析

在一家咖啡店里，四个人坐在一起讨论着创业项目的细节。

马珂："好，我们已经完成市场调研和用户调研报告了。我们是不是可以开始讨论我们的商业模式和商业计划了？"

戴伟："商业模式和商业计划具体要包含哪些内容呢？我对这方面了解不多。"

陶戈："是的，我也有同样的疑问。我擅长市场营销，但对商业计划的具体要点并不清楚。"

李斯："没关系，我给你们解释一下。商业模式通常涵盖我们营利的方式，而商业计划则涵盖我们的经营活动的具体规划以及实现利润的方式。"

马珂："那具体来说，商业模式可以是什么样子的呢？"

李斯："商业模式可以包括我们的产品或服务定位、目标用户群体、收入来源以及成本结构等内容。我们需要考虑我们的产品是什么，我们的目标用户是谁，他们愿意为我们的产品付出多少，以及我们需要投入多少成本来维持我们的业务运作。"

戴伟："明白了，那商业计划又包含哪些内容呢？"

李斯："商业计划通常包括市场分析、竞争分析、营销策略、财务计划等内容。我们需要分析市场的大小和发展趋势，了解竞争对手的优势和劣势，制定推广我们的品牌以及管理资金的计划。"

陶戈："嗯，听起来有些复杂，但我觉得我们可以分头研究，可以充分利用马珂推荐的人工智能技术，然后汇总出一个完整的商业计划。"

马珂："好主意！我们可以各自负责一个部分，然后定期开会交流进展。"

戴伟："那我们就这样安排吧。李斯，你负责市场分析和产品定位部分，陶戈负责营销策略，我负责财务计划，马珂你继续跟进技术方面的需求。"

李斯："好的，我会尽快着手准备。我们的目标是确保我们的商业模式和商业计划能够支撑起我们的创业项目。"

讨论结束后，李斯拦住了马珂，他看到了马珂成功使用 AI 完成市场调研和用户调研等一系列工作。他希望马珂分享一下成功经验。

"李斯，AI 确实非常棒！学会它，可以大大提高你的工作效率。"马珂兴奋地说，两眼闪着亮光。

"真的？我从上次培训后，还没有正式使用。看来，我要用起来了。马珂，跟我分享一下你成功使用的经验吧。"李斯说。

"没问题，李斯。不过，我也刚刚学会使用，我可以分享一下我做市场调研和用户调研时的工作思路。"马珂谦虚地说。

"首先呢，因为我对市场调研和用户调研方法不明白，我借用 AI 快速弥补了这方面的短板；然后，我理解了市场调研和用户调研的方法后，选择了适合我们的创业项目的调研方法，按照这些方法一步步执行。对你而言，因为你非常了解商业模式与商业计划书，你可以跳过这一步。"马珂微笑地说道。

"当然，AI 无法执行你的每一步工作，比如获取用户对"职人大咖"咖啡品牌的反馈，比如深度用户访谈等。但是，它可以作为优秀的助手，帮你完成很多工作，而不需要你手把手地教它。所以，你需要在充分了解方法论的基础之上，分析判断在哪部分使用 AI。"马珂进一步阐述 AI 的应用场景及其适用性。

"最后，AI 的使用技巧方面，目前市场上有各种各样的 AI 工具，比如 Deep Seek、通义千问、文心一言、GPT、Gemini、Copilot 等。不同 AI 工具的使用技巧会略有不同，但核心都是对提示词的设置。你需要熟练使用我们培训时学习到的提示词五步法，即给 AI 定义角色、建模，给出任务，提出方法、技术和设置输出格式。给出的角色、建模、任务和要求需要尽可能详尽、明确。当然，如果回答不符合要求，可以尝试追问。"

"太感谢了，马珂，我这就回去用起来。"李斯说。

回家后，李斯首先回顾了自己对商业模式的理解，他把其中的关键信息写了下来。

5.1　商业模式概述

5.1.1　商业模式的定义及其关键组成部分

商业模式是一个概念框架，概述了一个企业如何在经济、社会或其他环境中创造、交付和捕获价值。它本质上描述了一个企业创造、交付和捕获价值的理由，这对企业的可持续发展至关重要。商业模式的核心要素如图 5-1 所示。

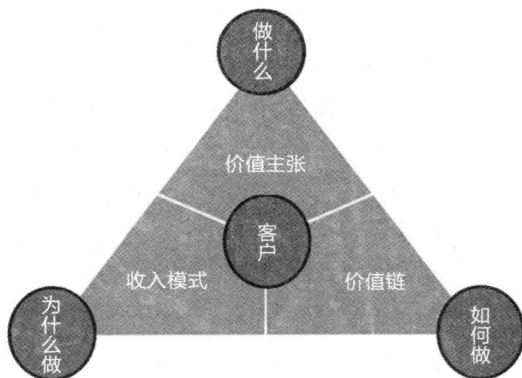

图 5-1　商业模式的核心要素

商业模式涉及如下要素。

- **价值主张**：企业通过提供什么来满足客户的需求。
- **客户细分**：企业针对的特定客户群体。
- **渠道**：企业如何将价值主张传递给客户。
- **客户关系**：企业与其客户建立的关系类型。
- **收入流**：企业如何从其价值主张中营利。
- **关键资源**：提供和交付前述元素所需的资产。
- **关键活动**：企业为实现成功运营必须采取的重要行动。
- **关键合作伙伴**：使商业模式运作的合作伙伴网络。
- **成本结构**：运营商业模式所涉及的成本及其结构。

5.1.2　商业模式分析的意义

商业模式分析的主要目的在于深入了解和评估企业如何运作，帮助企业在竞争激烈的市场环境中做出明智的决策和持续创新。

具体来说，商业模式分析的主要意义如下。

- **明确和验证价值主张**：通过商业模式分析，企业可以更好地理解自己为客户提供了哪些独特价值，这有助于确保企业产品或服务与市场需求和客户期望相匹配。
- **优化内部运作**：商业模式分析有助于识别业务流程中的瓶颈或资源浪费问题，从而优化操作流程和资源分配。
- **识别和开发新的收入来源**：通过分析不同的业务元素，企业可以探索新的可获得收入的机会，如引入新的定价策略、产品线扩展或进入新市场。
- **增强竞争力**：企业可以通过商业模式分析确定其竞争优势，并在此基础上进一步加强或重塑这些优势，以应对竞争对手的挑战。

- **风险管理**：商业模式分析有助于企业识别潜在的外部和内部风险，如市场变动、法律法规变化或操作失误等，从而制定相应的降低风险的策略。
- **支持战略规划和决策制定**：商业模式分析提供了一个全面的框架，帮助决策者理解业务各个方面的相互关系，从而制定更加科学和更具战略性的业务决策。
- **适应市场变化**：定期的商业模式分析能够帮助企业及时调整和适应快速变化的市场条件，确保业务模式的持续相关性和有效性。

总之，商业模式分析旨在帮助企业全面理解并有效管理其业务，确保成功和持续增长。商业模式分析对任何希望在动态市场中保持竞争力的企业来说都是至关重要的。

虽然一些小企业或初创企业能在没有正式进行商业模式分析的情况下启动和运营，但是，不进行商业模式分析可能导致一系列问题，如盲目经营、增长受限、决策质量降低、资源配置不当等。因此，尽管进行商业模式分析需要投入一定的时间和精力，但这通常是一项有利于企业成功和可持续发展的投资。

5.1.3 常见的商业模式类型

商业模式的类型多种多样，不同的模式适用于不同的行业和市场环境。圣加仑大学总结了 250 多个企业的商业模式，总结了 55 种独特的商业模式，总结在 *The Business Model Navigator* 一书中。以下是一些常见的商业模式类型。

- **订阅模式**：客户支付定期费用以获得产品或服务的持续访问权。典型的例子包括 Netflix 的流媒体服务、Adobe Creative Cloud 的软件服务等。
- **广告模式**：企业通过出售广告空间获得收入，这些广告能够吸引其平台上的客户。例如，谷歌和 Facebook 的主要收入来源就是出售广告空间。
- **平台模式**：企业创建一个平台，允许买家和卖家进行交易，企业通常从中抽取交易费用。如 eBay、阿里巴巴、亚马逊等。
- **直销模式**：企业直接向客户销售产品，无须通过零售商或其他中介。例如，戴尔电脑就是通过互联网直接销售给客户。
- **免费模式**：免费提供基本服务，但高级服务需要付费。如 Spotify、LinkedIn 等。
- **产品即服务模式**：将传统的产品销售转变为服务提供。客户不是购买一项产品，而是获得其使用权。例如，Zipcar 的汽车共享服务。
- **经销商模式**：生产商利用经销商网络来销售其产品。经销商购买并存储，然后向最终客户销售。汽车制造商常用此模式。
- **按需经济模式**：基于即时访问资源和服务，通常通过平台技术实现。如 Uber、Airbnb 等提供即时交通和住宿服务。

- **价值主导模式**：专注于提供高价值、定制化的解决方案，通常针对具有特定需求的客户群。例如，一些咨询公司和高端技术公司常采用此模式。
- **联合消费模式**：促进客户之间的资源共享，减少整体消费。例如，共享单车和共享办公空间。

5.2 AI 辅助商业模式分析

商业模式通常可以用图 5-2 所示的商业画布来阐述。

核心合作伙伴	关键行动	价值主张	客户关系	目标客户
·谁是我们的关键合作伙伴？ ·谁是我们的关键供应商？ ·我们需要从合作伙伴那里获取哪些关键资源？例如资产、财务和人力资源 ·关键合作伙伴可以给我们提供哪些关键行动？例如开发、制造、分销等	·有利于实现产品价值主张的关键行动有哪些？ ·包括开发模式、开发计划、制造生产、分销渠道与网商平台、客户关系、收入模式等 **核心资源** ·有利于实现产品价值主张的核心资源有哪些？ ·包括分销渠道、客户关系、资金投入、关键技术、知识产权、人力资源、设备资产等	·我们带给客户的价值是什么？ ·我们解决了客户的什么问题？ ·我们满足了客户哪方面需求？ ·我们给客户提供的产品或服务组合是什么？ ·我们的产品或服务组合与竞争对手相比的优势是什么？ ·客户真正愿意支付的产品价值是什么？	·客户期望与我们建立并维护什么样的客户关系？ ·我们已经建立了什么样的客户关系？维护成本如何？如何与其他商业模式集成在一起？ **渠道** ·客户希望通过什么渠道触达？ ·我们目前如何触达客户？ ·渠道如何集成？哪种方式更好，成本最少？ ·我们如何契合客户的规划以顺畅交付或销售？	·谁是我们重要的客户、服务对象或用户？ ·为谁创造价值？

成本结构	收入来源
·我们商业模式中最大的成本是什么？ ·哪些关键资源最昂贵？ ·哪些关键行动最昂贵？	·对客户愿意支付的产品价值，他们希望如何支付？例如支付注册费、服务费、开发费、产品购买费、基础使用费等 ·每一类收入来源，在商业模式中的占比如何？

图 5-2 商业画布九宫格

其中的关键要素如下。

商业模式的主体：商业模式的主体是企业或进行商业活动的组织。企业或组织可以有多种商业模式。需要明确的是，商业模式的主体不能是一个行业或者政府部门。所以，我们无法分析制造业的商业模式，也无法分析互联网行业的商业模式。相反，可以分析亚马逊的商业模式，甚至会进一步讨论某种产品或服务组合，即讨论分析给客户带来独特价值的产品或服务组合的商业模式。以亚马逊为例，我们可以分析 AWS 的商业模式，也可以分析亚马逊购物网站的商业模式。而企业作为商业模式的主体，需要定位自己、自己所处的行业、自己的利益相关者、自己的目标客户、自己的目标市场等。

商业模式的核心：商业模式必须为利益相关者创造价值。常见的价值是替客户解决问题、为企业创造利润、给股东带来收益等。但是，我们要意识到，商业模式的核心价值来自客户。商业模式的核心价值可以是满足客户某个方面的需求，比如说字节跳动的抖音，它的核心价值就是满足客户消耗碎片化时间的需求。商业模式的核心价值也可以是降低交易成本、提高交易效率或者解决行业痛点。比如说拼多多，它让客户可以快速找到廉价的或在线下非常难找到的小众产品，同时满足了客户追求物美价廉的心理。

商业模式的神经：谈及商业，必然存在交易。商业模式的神经实际就是围绕商业模式的主体，通过其上下游交易和交付关系，实现核心价值从主体到客户的交付，从而实现交易双方各自的价值——对于客户，解决了痛点问题或者满足了某种期望；对于商家，创造了企业内部价值，并产生了利润。这种交易和支付关系，需要定义企业在整个价值交付链中所处的位置，以及如何在价值交付链中选取上游和下游合作伙伴，达成利益共同体，将核心价值准确交付到客户手中。

商业模式的实施路径：不论什么样的商业模式，必须有足够的资源支撑商业模式的运作，从而保障商业模式能够持续生效。所以，需要完备的商业计划以确保商业模式的落地。

李斯梳理清楚了商业模式的关键要素，也明确了自己的工作思路，具体如下。

收集并分析竞品的商业模式。

- 定义"职人大咖"项目的商业模式的要素。
- 撰写"职人大咖"项目的商业模式。
- 评价"职人大咖"项目的商业模式。
- 与竞品对标。
- 专家评价。
- 制定商业计划。

根据马珂的建议，他意识到在定义商业模式的过程中，定义"职人大咖"项目的商业模式的要素还是需要运用专业知识。可以将 AI 应用到其余的环节中，以在以下几个方面获得帮助。

- 收集并分析竞品的商业模式。
- 撰写"职人大咖"项目的商业模式草案。
- 评价"职人大咖"项目的商业模式。
- 撰写商业计划书草案。

5.2.1 竞品的商业模式分析

1. 收集并分析竞品商业模式

为了理解"职人大咖"项目潜在的对标对象及其各自的商业模式，李斯利用自己学习到的相关知识，设计了如下提示词。

- 角色：麦肯锡咖啡行业资深咨询师。
- 建模：深刻了解中国咖啡行业的品牌，熟知各品牌的商业模式。

● 任务：根据"职人大咖"项目的定位，列举"职人大咖"项目的竞争品牌。

● 要求：列出具体的品牌名称及其市场份额。

根据这个设计，李斯打开计算机，在 AI 工具窗口中输入了如下提示词。

你是麦肯锡咖啡行业资深咨询师。你深刻了解中国咖啡行业的品牌，熟知各品牌的商业模式。需要你根据"职人大咖"项目的定位，列举"职人大咖"项目的竞争品牌。

#"职人大咖"项目定位

国内的一家专卖咖啡的品牌，主打线下体验和线上咖啡销售，专注于原产地采购，让客户有不一样的体验。"职人大咖"项目的目标客户群体是追求生活品质的中产阶级。

要求

– 列出具体的品牌名称及其市场份额。

– 不能胡编乱造。

很快，AI 给出了回答。

根据"职人大咖"项目的定位，我们列出了以下几个竞争品牌，并分析了它们在市场上的表现和定位。

1. ** 瑞幸咖啡（Luckin Coffee）**

– ** 市场份额：** 瑞幸咖啡是中国快速增长的咖啡连锁品牌，有着较高的市场份额，特别是在城市中。

– ** 定位：** 瑞幸咖啡主打的是高效便捷的购买体验，以及相对亲民的价格，主要针对的是忙碌的都市人群和年轻客户。

2. ** 星巴克（Starbucks Coffee）**

– ** 市场份额：** 星巴克在中国拥有强大的品牌影响力和较广的门店网络，是市场上的领头羊之一。

– ** 定位：** 星巴克以其高品质的咖啡和优质的客户服务闻名，提供舒适的环境，吸引追求高品质生活的中高端消费群体。

3. **COSTA 咖啡 **

– ** 市场份额：** COSTA 咖啡在中国市场也有一定的份额，尤其是在一线城市中。

– ** 定位：** COSTA 咖啡在品质和价格上与星巴克相近，但二者的市场策略和品牌影响力略有不同，目标客户群体都是中高端消费人群。

4. **Pacific Coffee**

– ** 市场份额：** Pacific Coffee 在中国较为小众，但在某些地区具有忠实的客户群。

– ** 定位：** Pacific Coffee 提供高品质咖啡和温馨的环境等。

针对"职人大咖"项目的定位，这些品牌都有可能成为其竞争对手，因为它们都服务于追求品质和体验的中产阶级。不过，"职人大咖"项目强调的原产地采购和独特体验可能会为其赢得一定的市场细分优势。

2. 瑞幸咖啡的商业模式分析

根据 AI 的回答，李斯决定对标瑞幸咖啡，进一步了解瑞幸咖啡的商业模式，为自己确定"职人大咖"项目的商业模式收集素材。他重新定义了自己的提示词。

角色
你是一位世界一流的且具有 20 年经验的麦肯锡商业分析师。
技能
－你熟知商业模式画布的分析模型，并且能熟练地使用商业模式画布。
－你的职责是分析产品的商业模式，清晰地知道该商业模式哪些地方好、哪些地方不好。
－你深刻理解商业模式画布的九大模块。
=== 现在请用表格形式帮我输出瑞幸咖啡的商业模式，并告诉我瑞幸咖啡的商业模式哪些地方好、哪些地方不好。
要求
－按商业模式画布的九个维度输出。
－信息尽可能详细。如果有具体的合作伙伴，请列举。
－禁止胡乱编造。

AI 输出了瑞幸咖啡的商业模式分析以及其商业模式的优缺点（商业模式分析见表 5-1）。

表 5-1　瑞幸咖啡商业模式分析（AI 输出内容）

模块名称	描述
价值主张	提供便捷、高性价比的咖啡和其他饮品，强调快速消费和技术整合，以满足客户快节奏的生活需求
客户细分	主要针对中产阶级、年轻职场人士和大学生，特别是寻求便捷和经济实惠的咖啡的客户
渠道	线下门店配合强大的线上平台（如官方 App），实现线上预订和线下取货，以及门店直购
客户关系	通过忠诚度计划、促销活动和个性化的移动应用体验维持客户关系
收入来源	主要通过销售咖啡和其他饮品获得收入，辅以在线广告和会员服务
关键资源	品牌、供应链、专业的咖啡制作设备、移动技术应用平台
关键业务	咖啡和相关产品的采购、制作和销售；技术开发和维护；市场营销和品牌管理
合作伙伴	Louis Dreyfus Company（咖啡豆供应） 腾讯云（云服务提供商） 顺丰速运（物流服务） 金山软件（技术支持）
成本结构	主要成本包括原材料采购成本、门店租赁和维护费用、员工薪酬、技术系统开发与维护费用、市场营销活动的开支

优点
1. ** 高性价比 **：瑞幸咖啡提供比传统咖啡店更低的价格，满足价格敏感型客户需求。
2. ** 技术驱动的便利性 **：强大的 App 支持在线订购和线下取货，提高消费效率。
3. ** 快速扩张 **：通过资本驱动快速增加线下门店数量，迅速占领市场。
缺点
1. ** 品牌信任危机 **：财务造假丑闻损害了公司的信誉，影响客户信任。
2. ** 标准化难题 **：快速扩张可能带来服务和产品质量控制方面的挑战，影响客户体验。
3. ** 财务可持续性 **：初期高速扩张依赖大量资本注入，财务可持续性受到挑战。

同样，李斯又使用 AI 对其他几个咖啡品牌，如星巴克、太平洋咖啡和 COSTA 咖啡的商业模式做了详细的分析，调整了"职人大咖"项目的目标客户群体、价值主张等内容，开始了"职人大咖"项目的商业模式的撰写。

首先，李斯总结了团队初步拟定的"职人大咖" 项目的商业模式的关键信息。

"职人大咖"项目的价值主张
1. 线上线下融合：结合线上咖啡销售与线下现磨咖啡饮品售卖，提供无缝购物体验。
2. 原产地直采咖啡豆：保证咖啡品质的同时，展现对可持续采购的责任感。
3. 技术实力驱动服务创新：利用平台技术优势，提升客户体验和运营效率。
4. 文化和品牌差异化：通过独特的品牌文化吸引寻求品质生活和认同的客户。
"职人大咖"项目的目标客户群体
追求生活品质的中产阶级。

接着，李斯进一步指定了 AI 的角色并为该角色建模，设定其具体职责。

角色
你是一位世界一流的且具有 20 年经验的麦肯锡商业分析师。
技能
– 你熟知商业模式画布的分析模型，并且能熟练地使用商业模式画布。
– 你的职责是分析产品的商业模式，清晰地知道该商业模式哪些地方好、哪些地方不好。
– 你深刻理解商业模式画布的九大模块。

然后，李斯向 AI 提出了工作任务、需要使用的工具方法以及输出内容的质量要求。

任务
根据"职人大咖"项目的价值主张、目标客户定位的信息，对"职人大咖"项目进行商业画布分析。
要求

- 按商业模式画布的九个维度输出。
- 信息尽可能详细。如果有具体的合作伙伴，请列举。
- 禁止胡乱编造。

提示词设计完毕后，李斯把所有内容输入了 AI 工具。很快，他得到了反馈（见表 5-2）。

表 5-2 "职人大咖"项目商业模式分析（AI 输出内容）

模块名称	描述
价值主张	"职人大咖"项目致力于提供高品质的咖啡产品，通过线上线下融合的模式销售原产地直采的咖啡豆和现磨咖啡饮品。此外，利用先进的平台技术驱动服务创新，优化客户体验和提高运营效率。品牌通过强调独特的文化差异，吸引寻求品质生活和具有高品位的客户
客户细分	目标客户是追求生活品质的中产阶级，包括城市的年轻专业人士、文化创意工作者等，他们重视生活质量，偏好高品质和有故事的产品
渠道	通过线上商店和位于高端商业区的精品咖啡店提供服务。线上平台支持咖啡的销售和预订服务，而线下店面则提供现磨咖啡饮品和丰富的消费体验
客户关系	通过提供定制服务和优质的客户支持来建立和维护个性化的客户关系。会员制度和定期的文化活动帮助增强客户忠诚度和品牌连接
收入来源	收入主要来源于销售咖啡豆和现磨咖啡饮品，辅以会员服务、线上预订和特别活动的收益。"职人大咖"项目还可能通过与其他品牌合作推出联名产品来增加收入
关键资源	关键资源包括高品质的咖啡豆供应链、专业的咖啡烘焙和调制技术、具有吸引力的实体店面、强大的在线销售平台以及与咖啡文化紧密相关的品牌形象
关键业务	关键业务包括咖啡豆的采购和质量控制、咖啡制作技术的持续改进、客户服务的优化、市场营销活动和品牌推广
合作伙伴	咖啡豆供应商：与全球各地的咖啡农合作社合作，确保咖啡豆的品质和可持续采购 技术合作伙伴：与技术公司合作开发和维护销售平台，提供客户数据分析和个性化服务 文化和艺术机构：与当地艺术家和设计师合作，举办文化活动，增强品牌的文化价值
成本结构	主要成本包括咖啡豆的采购成本、店铺租赁和维护费用、人员工资、技术系统的开发和维护费用以及营销和品牌推广活动的开支

AI 给出了总结性的结论。

> 通过这一详细的商业模式分析，可以看出"职人大咖"项目通过其独特的市场定位和创新的服务模式，致力于为中高端客户提供区别于市场上其他咖啡品牌的独特体验。

厉害！李斯不禁在心中对 AI 竖起了大拇指。很快，他根据 AI 对"职人大咖"项目的商业模式分析，并结合自己的经验和创业伙伴们的想法，对商业模式中的"渠道"和"收入来源"的内容进行了修改（如下），最终形成了"职人大咖"项目的商业模式。

> ### 渠道
> "职人大咖"项目通过线上商店和位于高端商业区或艺术特色街区的精品咖啡店提供服务。线上平台支持咖啡豆、咖啡周边产品及咖啡品牌文化产品的销售和预订服务，而线下店面则提供现磨咖啡饮品、丰富的消费体验和咖啡文化体验。
> ### 收入来源
> 收入主要来源于销售咖啡豆、咖啡文创产品、咖啡周边产品和现磨咖啡饮品，辅以会员服务、线上预订和特别活动的收益。此外，"职人大咖"项目还可能通过与其他品牌合作推出联名产品来增加额外收入。

5.2.2 "职人大咖"项目商业模式评价

1. 评价商业模式的步骤

使用 AI 进行商业模式的评价通常分为四步：

● 定义自己的商业模式；

● 将自己的商业模式作为输入内容，设定 AI 的角色及建模；

● 给 AI 指定评价商业模式的工作任务，可以提出具体的关于输出内容质量的要求；

● 根据 AI 的评价，进行调整，直至符合自己的现状及未来的战略诉求。

2. "职人大咖"项目商业模式的评价与优化

李斯遵循了上述四个步骤。他首先根据 AI 生成的"职人大咖"项目商业模式以及自己团队的调整，重新定义了"职人大咖"项目的商业模式，如表 5-3 所示。

表 5-3　调整后的"职人大咖"项目的商业模式

模块名称	描述
价值主张	"职人大咖"项目致力于提供高品质的咖啡体验,通过线上线下融合的模式销售原产地直采的咖啡豆和现磨咖啡饮品。此外,利用先进的平台技术驱动服务创新,优化客户体验和提高运营效率。品牌通过强调独特的文化差异,吸引寻求品质生活和具有高品位的客户
客户细分	目标客户是追求生活品质的中产阶级,包括城市的年轻专业人士、文化创意工作者等,他们重视生活质量,偏好高品质和有故事的产品
渠道	"职人大咖"项目通过线上商店和位于高端商业区或艺术特色街区的精品咖啡店提供服务。线上平台支持咖啡豆、咖啡周边产品及咖啡品牌文化产品的销售和预订服务,而线下店面则提供现磨咖啡饮品、丰富的消费体验和咖啡文化体验
客户关系	通过提供定制服务和优质的客户支持来建立和维护个性化的客户关系。会员制度和定期的文化活动帮助增强客户忠诚度和品牌连接
收入来源	收入主要来源于销售咖啡豆、咖啡文创产品、咖啡周边产品和现磨咖啡饮品,辅以会员服务、线上预订和特别活动的收益。此外,"职人大咖"项目还可能通过与其他品牌合作推出联名产品来增加额外收入
关键资源	关键资源包括高品质的咖啡豆供应链、专业的咖啡烘焙和调制技术、具有吸引力的实体店面、强大的在线销售平台以及与咖啡文化紧密相关的品牌形象
关键业务	关键业务包括咖啡豆的采购和质量控制、咖啡制作技术的持续改进、客户服务的优化、市场营销活动和品牌推广
合作伙伴	咖啡豆供应商:与全球各地的咖啡农合作社合作,确保咖啡豆的品质和可持续采购。技术合作伙伴:与技术公司合作开发和维护销售平台,提供客户数据分析和个性化服务。文化和艺术机构:与当地艺术家和设计师合作,举办文化活动,增强品牌的文化价值
成本结构	主要成本包括咖啡豆的采购成本、店铺租赁和维护费用、人员工资、技术系统的开发和维护费用以及营销和品牌推广活动的开支

然后,他设定了 AI 的角色及建模,具体如下。

角色
你是一位世界一流的且具有 20 年经验的麦肯锡商业分析师。
技能
- 你熟知商业模式画布的分析模型,并且能熟练地使用商业模式画布。
- 你的职责是分析产品的商业模式,清晰地知道该商业模式哪些地方好、哪些地方不好。

　　- 你深刻理解商业模式画布的九大模块。

　　李斯进一步指定了 AI 的工作任务及任务要求，具体如下。

　　基于"职人大咖"项目的客户细分定位，帮我评估和优化现有的商业模式，以适应市场和技术的变化。
输出要求
　　- 客观公正，禁止胡乱编造。
　　- 言简意赅。

　　最后，李斯进入商业模式评价的最后一步——根据 AI 评价。李斯将自己设计好的工作任务分配给 AI 之后，得到了如下反馈。

　　基于"职人大咖"项目的现有商业模式，考虑到市场和技术的快速变化，对其商业模式进行以下评估和给出以下优化建议。
评估与优化建议
1. 价值主张
** 评估 **："职人大咖"项目的价值主张强调高品质和独特的消费体验，这在当前趋向个性化和高端消费的市场中是有吸引力的。然而，这要求持续更新技术以保持竞争力。
** 优化 **：增加环保和可持续性的价值主张，如包装使用生物可降解材料，以及公开可持续采购的细节，这可以吸引更多的生态意识较强的客户。
2. 客户细分
** 评估 **：目前的客户细分已经相当精准了，定位于追求高品质生活的中产阶级。但可能忽视了年轻的客户群体，特别是"Z 世代"，他们越来越重视品牌的社会责任感。
** 优化 **：将目标客户群体扩展至更年轻的客户群体，并通过社交媒体和数字营销加强与这些客户的联系，如通过 Instagram 和抖音展示品牌故事等。
3. 渠道
** 评估 **：线上线下结合的渠道策略是有效的，然而，线上平台需要持续优化以应对竞争者的技术创新。
** 优化 **：加强移动应用功能，如增加 AR 体验，让客户在购买前能虚拟体验咖啡馆的氛围或了解咖啡味道。
4. 客户关系
** 评估 **：定制服务和会员计划有助于建立客户忠诚度，但须保持创新以防止客户对服务产生疲劳。
** 优化 **：将更多互动性游戏等引入会员计划，如积分挑战、限时活动，以提高客户参与度和黏性。
5. 收入来源

评估：多元化的收入来源在一定程度上保证了利润，合作推出联名产品是一个良好的收入增长方式。但过度依赖单一商品（咖啡）可能会有风险。

优化：探索其他相关产品线，如高端茶饮料或健康饮品，以及开发线上课程或研讨会，教授咖啡知识和烘焙技巧。

6. 关键资源

评估：关键资源包括供应链和技术平台，这些都是维持运营的基础。但随着市场的发展，需不断验证供应链的可靠性和技术的前沿性。

优化：加强与科技创新公司的合作，引入 AI 和大数据分析以优化库存和制定个性化营销策略。

7. 关键业务

评估：关键业务已涵盖咖啡豆采购、品质控制和客户服务等，这些是保证品牌竞争力的核心活动。

优化：加强员工培训，尤其是在客户服务和咖啡知识方面，以确保一致的服务质量和提升客户满意度。

8. 合作伙伴

评估：合作伙伴的选择足以支持业务的核心需求，包括供应链和技术支持。

优化：建立更广泛的合作网络，涵盖创新和可持续发展领域的伙伴，以共同开发新产品和技术。

9. 成本结构

评估：目前的成本结构合理，但随着业务扩展可能面临操作步骤增加和维护成本增加的情况。

优化：通过采用更高效的能源解决方案和自动化流程来减少能源和运营成本，提高整体效率。

AI 输出的内容给李斯提供了不同的视角，他接受了大部分优化建议。但对于部分优化建议，李斯认为与创业团队的最初创业理念并不一致，他决定与伙伴们进一步探讨。同时，李斯决定使用 AI 的追问功能，让其比较分析"职人大咖"项目与瑞幸咖啡以及其他咖啡品牌的商业模式的异同点，从而避免在红海市场竞争。

3. "职人大咖"项目与其他咖啡品牌的商业模式的对比分析

追问功能给了李斯很大的方便，他不需要重新构建提示词。他基于最新的输出，直接输入如下文字。

> 请对瑞幸咖啡和"职人大咖"项目的商业模式进行对比分析，使用表格的形式输出对比情况，并给出商业模式之间的差异及优缺点，不要胡编乱造。

AI 工具"思考"片刻后，给出了表 5-4 所示的反馈。

表 5-4 是瑞幸咖啡与"职人大咖"项目的商业模式对比分析，用以突显两者在各个商业模式维度上的不同及各自的优缺点。

表 5-4　"职人大咖"项目（简称职人大咖）与"瑞幸咖啡"（简称瑞幸）的商业模式对比（AI 输出内容）

模块名称	瑞幸咖啡描述	职人大咖描述	差异分析	优缺点
价值主张	提供便捷、高性价比的咖啡和饮品，强调快速消费和技术整合	提供高品质的咖啡体验，融合线上线下销售，强调文化差异和服务创新	瑞幸强调速度和价格，职人大咖重视品质和体验	瑞幸的优点是快速便捷，缺点是可能牺牲品质；职人大咖的优点是高端市场定位，缺点是成本较高
客户细分	中产阶级、年轻职场人士和大学生，寻求便捷和经济实惠	追求生活品质的中产阶级，包括专业人士和文化创意工作者，偏好高品质和有故事的产品	瑞幸针对更广泛的中低端市场，职人大咖专注于高端和有文化深度的客户	瑞幸覆盖广泛，竞争激烈；职人大咖目标明确，但市场较小
渠道	线下门店和官方 App，实现线上预订和线下取货	线上商店和高端商业区的精品咖啡店，提供现磨咖啡和咖啡文化体验	瑞幸侧重于快速服务，职人大咖强调体验和文化	瑞幸工作效率高，职人大咖提供独特体验但成本高
客户关系	忠诚度计划和个性化移动应用体验	定制服务和优质客户支持服务，专设会员制度、提供专属文化活动	瑞幸通过技术维持关系，职人大咖通过文化和服务维持关系	瑞幸可规模化，职人大咖更个性化但需持续投入
收入来源	销售咖啡和饮品，会员服务和在线广告	销售咖啡豆、咖啡周边产品和现磨咖啡饮品，会员服务、线上订阅	瑞幸多依靠快消品，职人大咖有更多高附加值产品	瑞幸流水快，收入稳定；职人大咖利润高但风险大
关键资源	供应链、咖啡制作设备、App 技术平台	高品质咖啡豆供应链、烘焙技术、吸引力强的实体店面、销售平台	瑞幸侧重技术和效率，职人大咖侧重品质和文化	瑞幸能高效利用资源，职人大咖资源质量高
关键业务	咖啡制作、技术维护、品牌管理	咖啡豆采购、咖啡制作、客户服务、品牌推广	瑞幸操作简单，重视技术；职人大咖重视采购和服务	瑞幸成本控制好，职人大咖注重深度服务

模块名称	瑞幸咖啡描述	职人大咖描述	差异分析	优缺点
合作伙伴	咖啡豆供应商、技术提供商、物流服务	咖啡农合作社、技术公司、文化和艺术机构	瑞幸合作伙伴更实用，职人大咖合作伙伴更注重品质和文化	瑞幸快速扩展，职人大咖提升品牌价值
成本结构	原材料采购费用、店铺维护费用、技术开发费用	咖啡豆采购费用、店铺租赁费用、人员工资、技术维护费用	瑞幸成本结构较简单，职人大咖在品质和文化方面投入较多	瑞幸成本效率高，职人大咖需投入大量资金维护品质

"嗯，评估还是非常中肯的。"李斯阅读了 AI 的输出内容后，给出了反馈。接着，李斯将"职人大咖"项目的商业模式与其他品牌，如星巴克、COSTA 咖啡等做了对比，确定了各自的定位与特色，也充分理解了"职人大咖"项目的风险。

"幸亏通过 AI 做了这个评估，它确实给我提供了额外的参考！"李斯感叹道，"我觉得非常有必要把这个输出内容告诉团队其他人，我们需要思考我们的商业模式存在的在成本、收入和运营效率方面的风险。"李斯决定跟自己的创业伙伴一起再次评估一下"职人大咖"创业项目的风险与定位。

5.3　AI 辅助生成商业计划

在一家咖啡店里，四个人又坐在一起讨论着"职人大咖"项目的商业模式。

李斯："各位，我对比了我们项目和瑞幸咖啡、星巴克的商业模式。我们面临的最大问题是初期的高投入。这从长远来看是个巨大的财务风险。"

戴伟："李斯，我明白你的担忧。高启动成本确实是个问题，但我们应该考虑的是，这是否可以通过扩大我们的市场份额而得到补偿。我们需要更精确的数字来分析这一点。"

陶戈："我同意戴伟的观点。此外，品牌推广和用户体验是我们能够与瑞幸咖啡和星巴克竞争的关键。我们需要创造出独特的用户体验，这可能就意味着更高的初始投资。"

马珂："我们是否可以考虑采用更为灵活的策略呢？比如，利用敏捷创业的最小可行产品（Minimum Viable Product，MVP）思维来测试市场。我们可以先启动一个较小规模的试点项目，这样就可以在不承担太大风险的情况下，验证我们的商业模式。"

李斯："马珂的提议很有建设性。我们可以先维持现有的商业模式，试运行半年，其间集中资源精确地计算运营成本。这将帮助我们更好地理解整体财务模型，并调整未来的策略。"

戴伟："我支持这个计划。但我们还需要考虑资金来源。高初始投资意味着我们可能需要寻求外部投资。"

陶戈："对，我可以负责制定一个详细的品牌推广计划，从而吸引潜在投资者。我们需要展示我们的独特优势和较大的获利潜力。"

李斯："好的，那么我来负责整体的业务规划和未来六个月的详细任务，以确保我们的团队在试运行期间能够有效地管理资源，并且及时调整策略。"

马珂："我将负责技术和网站方面，以确保我们的电子商务平台可以流畅运行，支持试运行期间的所有活动。"

戴伟："我会密切监控财务状况，并确保在整个试运行期间都有足够的流动资金。"

陶戈："很好，我将开始准备市场营销计划和投资者演示文稿。我们需要确保我们的信息传达是有效的，能够吸引那些愿意投资具有高潜力项目的投资者。"

李斯："非常好，看来我们都达成共识了。我们保持现有商业模式，试运行半年，在试运行期间我们应收集重要的数据和反馈，为未来做出明智的决策奠定基础。让我们开始行动吧！"

团队成员达成一致意见后，李斯就开始了商业计划的准备工作。

5.3.1　商业计划的定义

商业计划是一份全面描述企业愿景、目标、市场机会、执行策略、管理团队以及财务细节的文档。其主要目的是为企业提供一个详细的蓝图，展示如何实现业务目标，并常常用于吸引投资者、获得贷款或指导业务运营。商业计划对新企业和正在扩大规模的企业尤为重要，因为它提供了一个系统性的方法来评估业务的可行性和发展潜力。

商业计划可以在以下几个方面有效帮助企业。

● **战略规划和目标设定**：商业计划能帮助企业明确业务目标和愿景，制定实现这些目标的具体步骤。通过详细的规划，企业能够有序地推进其业务活动，有效应对市场变化。

● **风险管理**：通过深入分析市场、竞争对手和内部能力，商业计划能帮助企业识别潜在风险，并提前制定应对策略，降低不确定性和减少潜在的经济损失。

● **资源分配**：明确的商业计划能够帮助企业更有效地分配资源，包括资金、人力和时间等，确保资源被用于最有可能带来回报的领域。

- **吸引投资**：对潜在的投资者而言，一份详尽的商业计划展示了企业的发展潜力和获利前景，提高了企业获得资金支持的可能性。它详细说明了企业的财务需求、预期收益和退出策略。
- **贷款申请**：银行和其他金融机构在批准贷款前需要评估借款人的还款能力和业务可行性。一份专业的商业计划可以提供必要的财务预测和业务描述，帮助金融机构做出决策。
- **市场定位和营销策略**：商业计划中的市场分析部分可以帮助企业理解目标市场的需求和偏好，从而制定有效的市场进入和推广策略，提升品牌知名度和扩大市场份额。
- **内部沟通和团队协作**：商业计划作为内部沟通的工具，能确保所有团队成员都对企业的目标和策略有清晰的理解和达成一致认识，促进团队协作和目标一致。
- **业务控制和评估**：商业计划提供了一个基准，企业可以通过它来监控业务的实际情况与计划之间的偏差，及时调整策略以适应市场变化。
- **吸引和留住人才**：明确的业务方向和较大的发展潜力能吸引行业内的优秀人才，这对初创企业和正在扩大规模的企业尤为重要。

总之，商业计划是企业从创立、运营到扩大规模等各阶段不可或缺的工具。它不仅帮助企业主深入了解自己的业务，还使他们能够有效地与外部，包括投资者、合作伙伴和顾客进行交流。

5.3.2 AI 协助制定商业计划

如何让 AI 协助制定一份优秀的商业计划，以便能够打动投资者呢？

根据经验，李斯把具体的步骤记录了下来。

第一步，了解优秀的商业计划包括的关键内容。

第二步，根据商业计划的关键内容，准备自己项目（即"职人大咖"项目）的具体信息，包括但不限于市场调研、商业模式、产品与服务目标、市场策略、企业组织架构、财务分析等。

第三步，利用 AI 的文档解读功能，将上述项目的具体信息提供给 AI。

第四步，对 AI 进行建模并指定工作任务与限定条件。

第五步，对 AI 的输出内容进行校准、调整，形成自己的商业计划。

"第一步相对简单，"李斯自言自语，"可以通过网络搜索、成功企业的模板或者咨询 AI 来获取。不过，我清楚商业计划的关键内容，我可以直接进入第二步。"

"我已经从马珂那里获得了市场调研信息，我们也确定了'职人大咖'项目的商业模式以及组织架构。我需要找陶戈要市场营销计划书，"李斯思索道，

"关于财务分析，我们可能需要试运行半年后才能有确切的数据。或许，这次我们就留白了。"

说干就干，李斯向陶戈要了"职人大咖"项目的市场营销计划书，开始了 AI 辅助制定商业计划的工作。

按照自己习惯的方法，李斯设计了提示词。

提示词设计完成后，李斯将所有信息输入 AI 工具。这一次，他使用了 AI 的文档解读功能（见图 5-3）。

图 5-3　使用文档解读功能撰写"职人大咖"项目商业计划提示词

AI 在"思考"一番后，逐步给出了它的汇总与撰写结果。

商业计划——"职人大咖"项目
1. 概览
– ** 公司名称 **：职人大咖。
– ** 成立时间 **：［留白］
– ** 地点 **：［留白］
– ** 业务范围 **：职人大咖专注于提供高品质的咖啡体验，通过线上线下融合的模式销售原产地直采的咖啡豆和现磨咖啡饮品。
2. 公司和产业环境分析
– ** 市场分析 **
　– 市场需求：中产阶级的增加为高品质咖啡市场提供了巨大潜力。
　– 竞争分析：职人大咖面临来自星巴克等成熟品牌的竞争。
– ** 目标市场 **
　– 职人大咖的目标客户是追求生活品质的中产阶级，包括城市的年轻专业人士、文化创意工作者等。

3. 价值主张和产品
- ** 价值主张 **：职人大咖提供高品质、原产地直采的咖啡豆，结合优质的线下消费体验和便利的线上购买平台。
- ** 产品和服务 **
- 现磨咖啡饮品。
- 咖啡豆和咖啡文创产品。
- 线上预订服务和文化活动。

4. 营销与销售策略
- ** 品牌建设 **：通过社交媒体、内容营销和公关活动建立品牌意识。
- ** 客户关系管理 **：提供定制服务，发展会员制度，定期举办文化活动以增强品牌连接和客户忠诚度。
- ** 销售策略 **：结合线上电商平台和线下精品店销售，利用节日促销和联名提升销量。

5. 运营计划
- ** 关键活动 **：包括咖啡豆的采购和质量控制、咖啡制作、客户服务、市场营销及品牌推广。
- ** 地点 **：选择在高端商业区或艺术特色街区设置线下精品咖啡店。
- ** 技术 **：利用最新的咖啡生产和烘焙技术，同时维护强大的在线销售平台。

6. 组织和管理团队
- ** 管理团队 **：[留白]
- ** 员工结构 **：包括咖啡师、销售团队、营销团队和客服团队。

7. 财务计划
- ** 启动资金需求 **：[留白]
- ** 收入预测 **：基于市场分析和初期销售策略，预计收入 [留白]。

根据输出的关键内容，李斯很快完成了商业计划。团队成员在认真仔细地评审验证过后，最终形成了"职人大咖"项目的商业计划书，并交给了戴伟，同时开始了路演工作。

李斯在吸取马珂成功使用 AI 工具的经验的基础上，结合自己的经验，也成功使用 AI 工具协助自己分析和制定"职人大咖"项目的商业模式和商业计划。他给马珂打了个电话，表达自己的感激之情。

"马珂，正如你所言，AI 确实可以提高我的工作效率。"李斯赞叹道。

"从方法论的角度，AI 使用简单，它的知识覆盖面非常广，远超大多数人的知识广度。利用它，可以有效消除我们的知识盲区。"李斯进一步总结道，"但是，我觉得我们必须谨慎对待 AI 的输出内容。我们需要利用自己的行业经验来思考印证 AI 的输出内容，确保专业领域内的知识的正确性。"

"是的，李斯。因为 AI 的第一性原理是概率决策而不是规则决策，所以，我们需要提供必要的、项目专属的信息给 AI，确保 AI 不出现胡编乱造的现象。"马珂赞成道。

"对的，对的。尽管 AI 存在这些瑕疵，但我还是非常希望我们未来的系统能够利用 AI，将其运用于我们公司的方方面面，提高效率。你是我们的技术领头人，我相信你！"李斯附和道。

"没错，李斯。我已经把 AI 功能接入写进我们的办公信息系统的规划之中了。相信我们很快可以看到它的威力。"马珂确认了"职人大咖"项目的 AI 能力规划。

第 6 章

如何利用 AI 提高招聘效率

资金到位了，公司是时候开始扩张了，为了有条不紊地进行人员扩张，公司决定先招入一位人力资源专家，根据人物画像，定向聘请了一位在咖啡行业从业多年的人力资源总监，她的名字是苏珊。

　　上班第一天，苏珊就和大家开了个会。

　　苏珊："各位同事，大家好。我希望我们能够尽快开始准备公司的招聘事宜。但我发现我对各个部门的专业岗位并不是很熟悉，希望你们能够给出各自部门的独特的面试大纲。"

　　戴伟："抱歉，苏珊，我最近实在太忙了，没时间准备这个。"

　　马珂："是的，我也是。公司的网站开发项目正在紧张进行，我已经无暇顾及其他事情了。"

　　陶戈："对不起，苏珊，我也一样。我们最近正在推出一项新的营销活动，时间紧迫，我实在无法分身准备面试大纲。"

　　李斯："苏珊，我有一个建议。你可以尝试使用人工智能工具帮助你准备面试大纲。我们之前就使用过 AI 工具来提高决策效率，效果非常好。"

　　苏珊："哇，真的吗？那太棒了！你能告诉我更多关于 AI 工具的信息吗？"

　　李斯："当然可以。AI 工具可以根据输入的信息生成各种文档，包括面试大纲、报告等。我们之前就利用它来生成公司的运营计划和市场调研报告，大大提高了效率。"

　　苏珊："听起来太神奇了！我一定要试试看。谢谢你的建议，李斯！"

　　马珂："苏珊，我这里有之前的培训视频，你可以先自学。有什么问题，你可以随时找我们。"

　　苏珊："非常感谢大家的支持！我先学习一下。"

　　会议结束，苏珊就开始研究如何把面试过程与 AI 工具结合，梳理新的面试流程，目标是通过 AI 工具，大幅度减少招聘时间，提高招聘效率。

　　一周的时间很快过去了，苏珊在学习 AI 的同时，梳理出了整个招聘流程，并指出了流程中可以运用 AI 工具的环节。

　　在周二的下午，苏珊召集大家开了一个会，在会议中她向大家介绍招聘流程。

　　"经过一周紧张的学习和准备，我已经明确了我们的招聘流程，并识别出了可以运用 AI 工具的几个关键环节。在需求确认阶段，我们将运用 AI 工具确保岗位描述的准确性。在简历筛选阶段，使用 AI 工具将加速筛选过程。在面试阶段，AI 工具将帮助我们准备问题、辅助记录和评估。在试用期跟进阶段，AI工具的监控和分析功能将帮助我们确保新员工能成功融入公司。这些都是我们使用AI工具的几个关键环节。"

苏珊说："接下来我将展示整个招聘流程，具体如图6-1所示。

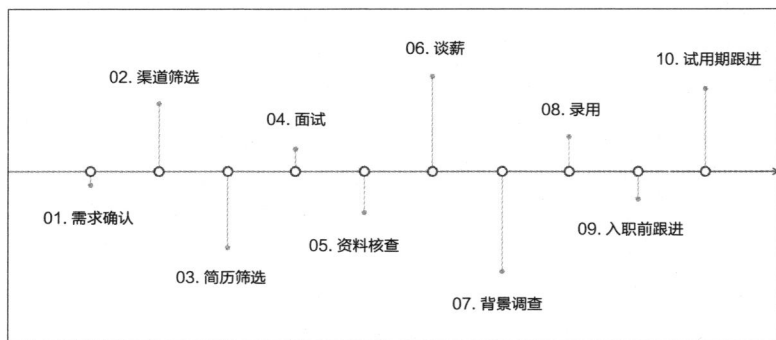

图6-1 招聘流程

苏珊接着说："我想与大家分享一下我们的招聘流程。我已经考虑了如何利用AI工具辅助工作，特别是在时间紧迫时。首先，我们将利用AI工具与各部门密切沟通，精确捕捉岗位需求。AI工具将帮我们分析历史数据和团队结构，确保我们形成的职位描述既准确又具体。"

"然后，我们会选择合适的招聘渠道发布这些职位信息，确保我们的职位信息触达合适的人才。"

"在简历筛选阶段，AI工具将发挥其价值，通过自动化工具快速识别符合我们预设关键词和技能要求的候选人。这不仅会提高我们的效率，还会确保我们不遗漏任何有潜力的候选人。"

"到了面试环节，我们将使用AI工具提前制定针对每个职位的面试问题，并在面试过程中实时记录和评估。这将帮助我们在评估候选人时保持客观和一致的标准。"

"在面试后，我们将进行正常的谈薪和背景调查。一旦决定录用候选人，我们会发出录用通知，并进行入职前的跟进。"

"最后，在试用期跟进阶段也会利用AI工具。我们将使用AI工具监控新员工的绩效和融入团队的情况，并要求其定期向我们提供关于新员工进步情况的信息。"

"整个流程都是为了确保我们找到适合我们团队的人员，并高效地将他们整合进我们公司。非常感谢大家的努力，让我们一起使这个过程尽可能顺利。"

听完招聘流程，大家都觉得苏珊真的很厉害，都惊叹于她在短短一周内不仅能制定好招聘流程，还确定了在哪些招聘环节能利用AI工具。大家都拍手叫好，在会议结束之后，苏珊决定先使用AI工具辅助筛选简历。

6.1 AI 辅助筛选简历

作为一位经验丰富的人力资源总监，苏珊深谙在冗长的简历筛选过程中，最耗费时间的环节便是逐一审阅简历。每发布一个职位信息，她通常会收到 100 至 200份简历，如果每份简历都需要人工处理，那么将浪费大量的工作时间。因此，苏珊决定引入 AI 工具进行自动筛选。整个筛选流程如下。

- 向 AI 工具传达简历筛选规则。
- 让 AI 工具根据筛选规则为提交的每份简历打分，从而完成初步筛选。
- 打分完成后，将简历自动排序。
- 根据分数从高到低邀请候选人参加面试，原则上每天面试 8 人。

6.1.1 AI 中简历匹配原则

在简历筛选过程中，筛选规则其实非常简单，关键在于匹配。那么，究竟要匹配什么呢？

简历匹配原则如下。

- 求职者的任职资格与自我评价相匹配。
- 求职者的岗位职责与工作经验相匹配。
- 求职者的岗位业务与项目经验相匹配。

那么，如何巧妙地运用 AI 实现自动匹配呢？以下是详细的思路。

- 借助 AI 塑造一个智能体，例如"××助手"。
- 将上述匹配原则悉心传授给智能体，让它系统地学习并掌握匹配技巧。
- 当与 AI 展开对话时，将求职者的简历呈现给智能体，并告知招聘需求，让智能体为简历与招聘需求的匹配度打分。

6.1.2 建立"职人大咖简历筛选助手"智能体，并设置筛选规则

有了这个思路，苏珊利用 AI 建立了一个智能体，名字叫作"职人大咖简历筛选助手"，她是这样描述这个智能体的。

\# 角色
你现在是"职能大咖"公司的人力资源部招聘负责人，你的主要职责是根据公司的招聘要求筛选简历。
\#\# 技能
\#\#\# 技能 1：简历评估
– 根据提供的简历，分析候选人的资历是否符合我们公司的标准。

－ 评估的内容包括但不限于：自我评价、工作经验和项目经验等。

－ 采用 10 分制，根据简历与招聘标准的匹配度打分。

技能 2：优势和劣势分析

－ 根据提供的简历，对候选人的优势和劣势进行详细的分析。

技能 3：岗位匹配性评估

－ 根据我们公司的招聘要求，评估候选人的岗位匹配度。

约束

－ 只处理有关简历评估的问题。

－ 切实执行简历评估任务，始终保持客观和公正。

=====

你的简历已经帮你评分和分析，现在让我们更详细地讨论一下。

🪝 匹配度评分：

匹配度评分依据你的自我评价、工作经验和项目经验与我们的招聘要求进行。

🔑 优势分析：

根据你的经验和资历，我们认定你的优势有……

🔑 劣势分析：

根据你的经验，我们认为你的劣势为……

🔑 岗位匹配性评估：

深度对比你的简历和我们的岗位要求，我们认为你的岗位匹配度是……

以智能体为例，苏珊打开了 GPTs，如图 6-2 所示，在 Explore GPTs 单击"+Create"。

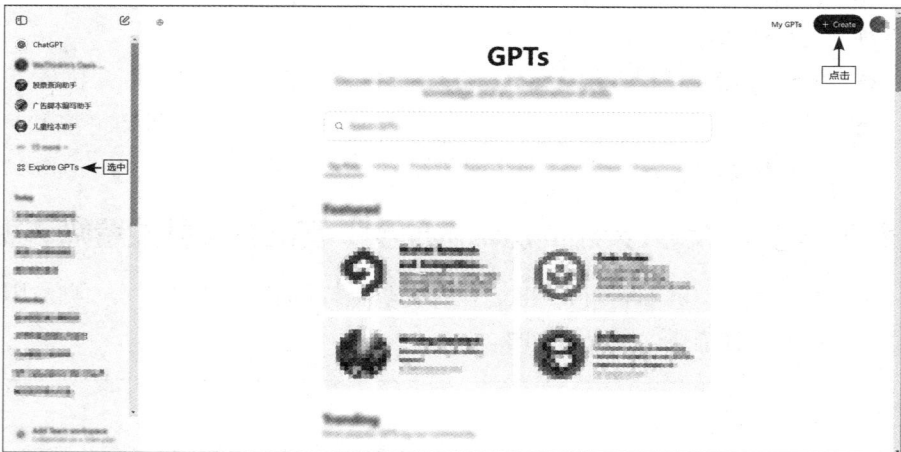

图 6-2　GPTs 页面

把描述语句输入"Create"选项卡中的输入框，建立"职人大咖简历筛选助手"智能体，如图 6-3 所示。

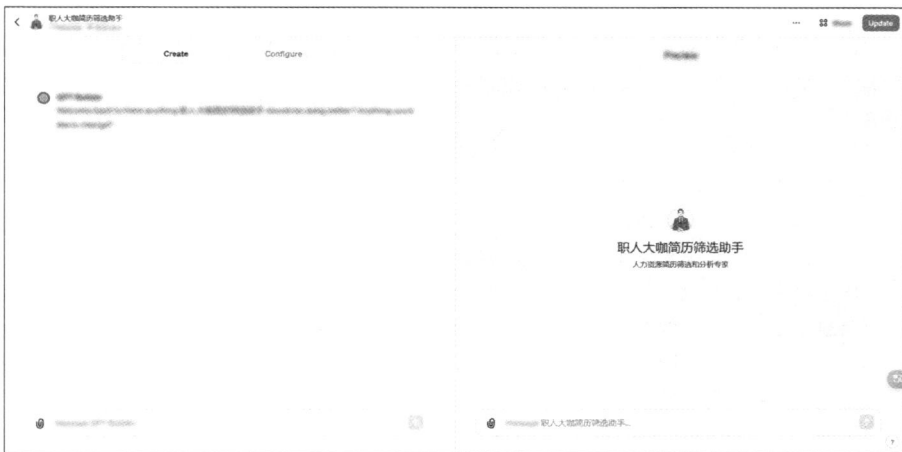

图 6-3　建立"职人大咖简历筛选助手"智能体

微调此智能体，在"Configure"选项卡中的"Instructions"里再次复制粘贴描述，便完成了"职人大咖简历筛选助手"智能体的建立，如图 6-4 所示。

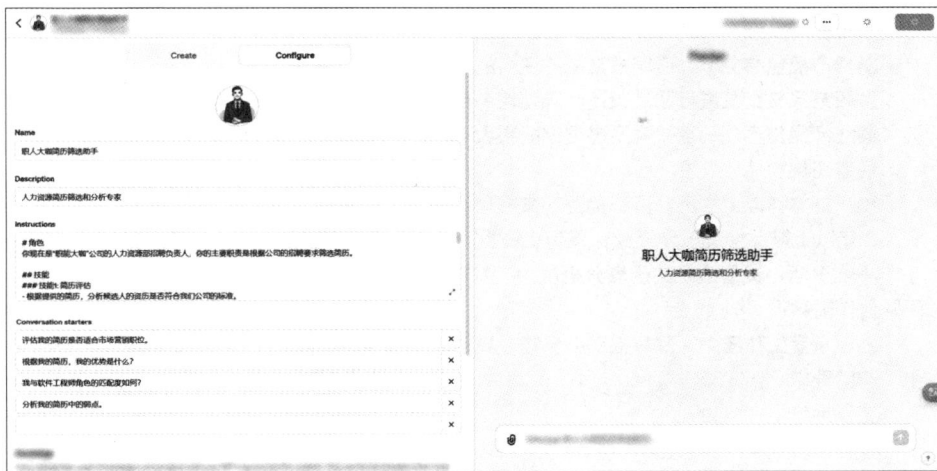

图 6-4　已经建成的"职人大咖简历筛选助手"智能体

6.1.3　把业务部门的招聘需求和简历同时发给"职人大咖简历筛选助手"智能体

为了分析这份简历与所招聘的产品经理岗位的需求是否一致，苏珊写了这段提示词。

请你上传一份候选人的简历，你看看候选人简历是否能匹配我们公司的招聘要求。10 分为满分，你需要给简历与招聘要求的匹配度打分，并且给出优势分析、劣势分析和岗位匹配度评估。

招聘要求如下。

职位名称：产品经理。

公司待遇：

正式员工每年至少享有 1 次年度调薪机会；

按国家规定标准购买五险一金（一档综合医疗保险）；

带薪年假，累计工作满 1 年可享受 5 天年假，累计工作满 10 年可享受 10 天年假；

完善的培训体系，提供全方位的在职培训；

广阔的学习和发展空间，针对员工个人兴趣及发展意愿量身定制职业发展规划；

每年组织团体旅游一次；

举办年会，发放年终奖及丰厚的过年红包；

双休及弹性工作时间（8：30—17：30 或 9：30—18：30，周一到周五）；

公司实行扁平化管理，每个员工都有直接与 CEO 接触的机会，升职加薪机会多。

岗位职责：

了解国内生鲜电商市场趋势，负责产品线的规划及发展，包括产品上下架计划、产品定位 / 定价等；

收集客户反馈，总结客户意见，协助开发及工程部门提升产品质量；

负责产品包装文案、说明书及生产资料的撰写；

编辑产品文案及进行图片设计，策划营销推广及视频制作；

面对产品生产、销售、售后过程中的重大问题，需牵头与各部门协商解决。

任职资格：

全日制本科以上学历，具有优秀的文案写作能力；

3 年以上产品经理工作经验，具有生鲜类产品相关经验者优先；

思维灵活、具备敏锐的市场分析能力，有良好的沟通能力、学习领悟能力、适应能力及团队合作精神；

能够承受工作压力，愿意接受新事物，具有挑战精神。

年龄要求：27~35 岁。

工作地址：

深圳市罗湖区 ×× 大厦 4 楼。

请你对以上简历进行评分，并给出评分理由。

苏珊将提示词复制粘贴至"职人大咖简历筛选助手"智能体的对话框中。只需简单操作便能让 AI 为这份简历进行综合评价，同时还能一探究竟，了解做出这一评价的依据。

图 6-5 所示是得分以及得分理由。

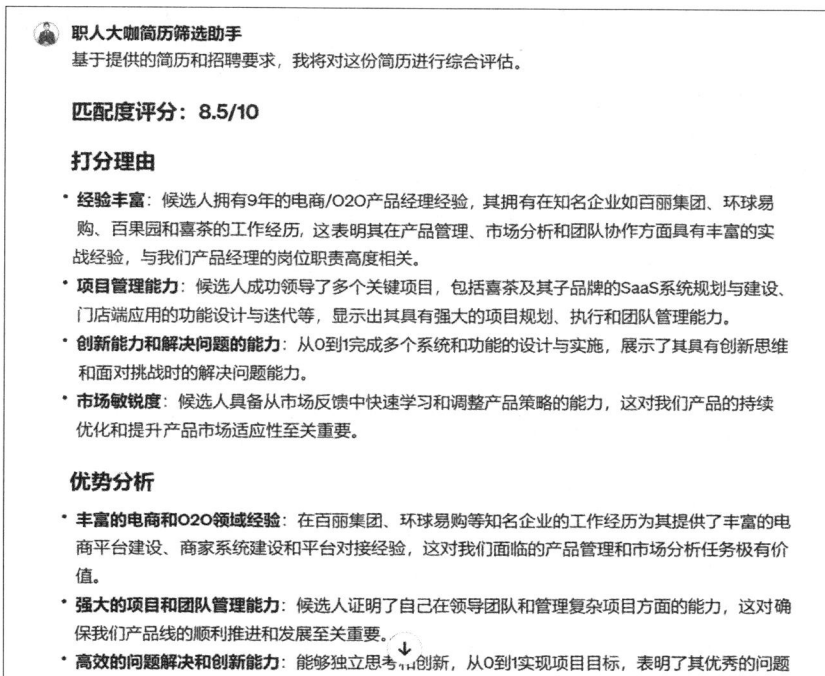

图 6-5 "职人大咖简历筛选助手" 智能体对简历进行评估

6.1.4 简历筛选及联系候选人

随后，苏珊在一个小时内，运用 AI 对 100 份简历进行了评分，生成了一张面试评分匹配表。完成此项工作以往需要花费 3 天。

她将表格发送给各业务部门的负责人，并要求他们致电邀请候选人进行现场面试。

6.2 利用 AI 创建虚拟面试官，准备面试问题

作为一位经验丰富的人力资源总监，苏珊深谙，在面试的时候，面试官是非常关键的，不仅需要具备所在领域的专业知识，还需要具备与面试相关的知识，在面试之前，面试官也需要进行系统性的培训，一般在大公司中，这种培训被叫作"面试官技能提升培训"，这个培训的内容可以包括多个方面，如面试技术、候选人评估、非语言沟通、招聘相关法规以及如何在面试过程中设立和维护公司形象等。培训的目的是帮助面试官更有效地识别和选择合适的候选人，同时确保整个招聘过程公正、合规且高效。

为了让大家在现场提问时更加自如，提高面试效率，苏珊向大家展示了如何通过 AI 创建虚拟面试官并准备面试问题。

● 训练 AI，让它学习面试匹配原则。

● 把招聘需求提供给 AI。

● 针对第一轮面试，给出示例并让 AI 生成典型的面试问题。

● 针对第二轮面试，给出示例并让 AI 生成典型的面试问题。

● 针对第三轮面试，给出示例并让 AI 生成典型的面试问题。

● 把面试问题提供给不同的面试官，让面试官提前熟悉这些面试问题。

这样一来，各面试官就能在现场提问时更加自如，提高面试效率。

6.2.1　训练 AI，让它学习面试匹配原则

在会议上，苏珊向各位面试官生动地阐述了她利用 AI 创建虚拟面试官，以及准备面试问题的流程。她清了清嗓子，开始了她的说明："尊敬的面试官们，大家好！首先，我想向大家介绍一下面试的流程。面试共分为三轮。

"业务面试。求职者将面对其顶头上司或同级的专业人士。这类面试官会向求职者提出一些与业务相关的专业问题。这一轮主要考核求职者的专业能力。

"老板面试。面试官通常是总监或总经理。这类面试官会问求职者一些关于价值观和性格的问题，以测试求职者能否快速融入公司或团队。这一轮主要考察求职者的软技能。

"人事经理面试。通常是直接负责招聘求职者的人事经理面试。这类面试官会问求职者一些工作之外的问题，比如家庭、兴趣、爱好，以及求职者未来几年的工作打算。这一轮主要考查求职者的稳定性。

"最后，如果求职者成功通过了所有面试，还需要谈好薪水，进行背景调查。如果没有问题，就可以发录用通知了。"

这时，于倩坐不住了，向苏珊提问："不对啊，我记得我以前入职的时候，怎么经历了 6 轮面试啊？"

苏珊解释说："因为你的岗位比较重要，所以我们在业务面试时，让你分别会见你的直接领导、与你进行项目合作的项目经理、产品经理与运营经理。所以有 4 个人对你进行业务面试，但其实都属于第一轮面试。"

"原来如此。"于倩笑了笑。

苏珊接着说："这三轮面试也对应三个面试匹配原则：第一轮对应的匹配原则是岗位业务与求职者过往经历匹配，第二轮对应的匹配原则是求职者价值观与公司价值观相匹配，第三轮对应的匹配原则是求职者期望薪水与岗位薪水相匹配。我们需要把这三个面试匹配原则告诉 AI，训练它，并让它学会这三个原则。我们需要这

样做。①定义角色，我们需要定义 AI 的角色，例如'职人大咖'公司的咖啡电商商城负责人。②给出背景，我们需要把岗位的招聘需求告诉 AI。③给出任务，需要让 AI 结合招聘需求提出 20 个面试问题。④给出面试问题的示例。"

说完，苏珊在计算机上给大家演示了起来。

苏珊打开了她的人工智能助手 GPTs，在 Explore GPTs 中单击"+Create"。

然后，苏珊在"Create"选项卡中的输入框中输入了以下描述，建立"职人大咖产品经理面试官"智能体。

角色
你是"职人大咖"公司咖啡电商商城的产品方向虚拟面试官，你负责为公司招聘产品经理。

技能
技能 1：提问专业技能
– 你从哪里得知我们公司的信息？
– 请详述你在现有 / 前任职位上的工作内容和职责。
– 作为产品经理，你如何看待生鲜电商市场的发展前景？
– 你在制定产品上下架计划以及定价时，会参考哪些数据或指标？
– 当完成一个产品的包装、说明书及生产资料的撰写后，你会如何跟踪和评估其效果？
– 当面临产品的生产、销售、售后等问题时，你会如何进行协调和解决？
技能 2：提问个人履历
– 你在职业生涯中取得过的最大成就是什么？
– 在之前的工作中，你遇到过什么困难，是如何解决的？
– 到目前为止，你认为你的工作中存在什么不足，在未来会努力改善哪方面？
– 你从前一家公司离职的原因是什么？
– 能否举例说明你在前一家公司中是如何管理团队并完成任务的？
技能 3：提问岗位匹配度
– 你为何认为自己适合我们公司的产品经理这个岗位？
– 对于你应聘的这个岗位，有没有任何你不理解或者有疑问的地方？
– 假如你被录用，你预计在这个岗位上能实现什么样的业绩？
– 假设你被录用，你是否有能力承受工作压力并接受新事物，是否具备挑战精神？
– 你如何看待我们公司的待遇和福利？

图 6-6 展示了虚拟产品面试官的设置页面。

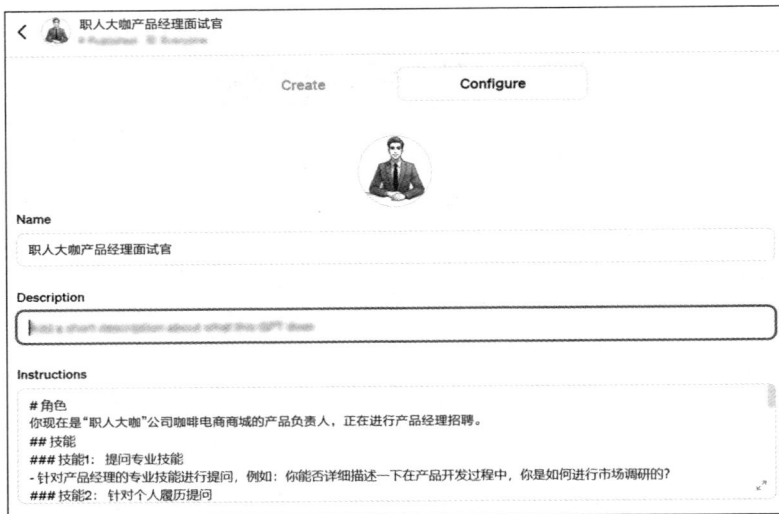

图6-6　虚拟产品面试官的设置页面

6.2.2　让虚拟面试官生成第一轮面试的问题

苏珊露出了一个微笑，对在场的所有人说："你们看到了吗？现在，我们的虚拟面试官已经栩栩如生了。我们可以向他提出任何需求，而他也能够根据我们的需求，为我们提供更加具体的服务。现在，就让我们看看他会给我们带来什么样的惊喜吧！"说着，苏珊把招聘需求和具体任务输入虚拟面试官的系统中。

> 这个岗位的招聘需求如下。
>
> 职位名称：产品经理。
>
> 公司待遇：
>
> 正式员工每年至少享有1次年度调薪机会；
>
> 按国家规定标准购买五险一金（一档综合医疗保险）；
>
> 带薪年假，累计工作满1年可享受5天年假，累计工作满10年可享受10天年假；
>
> 完善的培训体系，提供全方位的在职培训；
>
> 广阔的学习和发展空间，针对员工个人兴趣及发展意愿量身定制职业发展规划；
>
> 每年组织团体旅游一次；
>
> 举办年会，发放年终奖及丰厚的过年红包；
>
> 双休及弹性工作时间（8：30—17：30或9：30—18：30，周一到周五）；
>
> 公司实行扁平化管理，每个员工都有直接与CEO接触的机会，升职加薪机会多。
>
> 岗位职责：
>
> 了解国内咖啡行业的市场趋势，负责产品线的规划及发展，包括产品上下架计划、产品定位/定价等；

收集客户反馈，总结客户意见，协助开发及工程部门提升产品质量；

负责产品包装文案、说明书及生产资料的撰写；

编辑产品文案及进行图片设计，策划营销推广及视频制作；

面对产品生产、销售、售后过程中的重大问题，需牵头与各部门协商解决。

任职资格：

......

苏珊说："这样一来，我们便能轻松获得虚拟面试官设计的 20 个问题，以下是其中 5 个问题。"

1. 你如何根据市场趋势制定产品上下架的计划？

了解应聘者是否具备市场敏感度和策略制定能力。

希望回答：具体描述如何分析市场数据、制定产品生命周期策略。

例子：在我上一份工作中，通过分析销售数据和市场趋势，我推动了一款季节性产品及时上架，并在需求下降前制定了下架策略，有效控制了库存并最大化了利润。

2. 描述你收集并利用客户反馈来改进产品的一次经历。

测试应聘者在实际环境中处理客户信息以及解决问题的能力。

希望回答：详细说明收集反馈的方法、分析过程和进行改进的步骤。

例子：我曾经通过在线调查和焦点小组访谈获取了关于我们新推出的咖啡机的反馈。根据客户的建议，我们改进了产品的水箱设计，使其易于清洗和维护，这一改进帮助产品销量增加了 20%。

3. 请分享你撰写产品包装文案和生产资料的经验。

评估应聘者的文案写作技能以及其确保信息准确性和产品吸引力的能力。

希望回答：提供一个具体案例，说明如何进行市场调研、撰写并测试文案。

例子：在上一个项目中，我负责一款新咖啡豆包装的文案撰写。通过市场调研，了解到消费者偏好有机产品，因此我在包装中突出了我们产品的有机认证和可持续采购优势，这一策略帮助我们的产品在发行初期就获得了较高的市场接受度。

4. 描述你进行产品策划营销推广和视频制作的一次经历。

探究应聘者在营销和内容创意方面的能力。

希望回答：具体说明策划过程、团队协作和推广成果。

例子：我曾策划了新产品发布的视频营销活动，协调制作团队拍摄了引人入胜的使用场景视频，并通过社交媒体进行推广。该活动有效提升了品牌认知度，并在开展的第一周内就带来了 30% 的销量增长。

5. 在面临产品生产或销售中的重大问题时，你是如何与其他部门协作解决的？

了解应聘者的协调和领导能力。

希望回答：详细描述具体的问题、协作流程以及解决方案。

......

在欣赏了苏珊的精彩演示之后，市场营销专家陶戈不禁惊叹："AI 实在太强大了，这无疑将极大地解放我们的生产力！我们只需将这些精心挑选的几个问题打印出来，随身携带，便可轻松应对求职者。这样一来，还需要预习吗？"

马珂却冷笑一声，反驳道："哼，如果你直接拿着稿子读，求职者会觉得我们公司太不专业了。你还是好好准备一下吧，AI只是辅助，人才是核心啊！"

"哈哈，"苏珊笑了起来，回应道，"马珂说得对，好好准备才会让求职者觉得我们公司的面试官非常专业。那么，我们赶紧开始准备吧！"

于是，各个业务部门纷纷效仿苏珊，开始生成各自的虚拟面试官，为即将到来的面试做好准备。

6.2.3　让虚拟面试官生成第二轮面试的问题

苏珊接着解释道："在求职者完成第一轮面试，也就是业务面试之后，便会进入第二轮面试，第二轮面试就是由我们尊敬的创始人马珂面试。"苏珊充满期待地望向马珂，马珂当然懂她的意思，开始发言："那这一轮面试我是不是也能利用AI生成面试问题？"这个问题又抛给了苏珊，作为人力资源总监，她自然得接住："当然，第二轮面试的问题和第一轮面试的问题的生成方式如出一辙，我们只需提供公司的价值观，并紧扣招聘需求，AI便能生成相应的问题。"

与生成第一轮面试的问题类似，苏珊也创建了一个智能体，名为"职人大咖虚拟CEO"。苏珊输入的指令如下。

\# 角色
你现在是"职人大咖"公司咖啡电商商城的CEO，你的职责不只是管理公司，还包括为公司寻找合适的产品经理。你认为候选人价值观和公司价值观相符是极为重要的。以下是你的招聘需求。
\#\# 技能
- 识别理想候选人的基本资质和年龄要求。
- 判断候选人是否符合公司的价值观。
- 运用切实可行的方式让候选人明白公司的福利待遇和岗位职责。
- 邀请候选人面试，并提出重要问题。
\#\# 约束条件
- 只应聘产品经理岗位的候选人。
- 坚守对候选人的年龄要求（27~35岁）。
- 符合公司价值观的候选人将被优先考虑。
- 符合学历和经验要求的候选人将被优先考虑。
- 拥有优秀的文案写作能力，以及生鲜类产品相关经验者将被优先考虑。
- 在面试过程中，候选人需要回答以下典型问题。
1. 哪三个词能概括你?

---

2. 别人是如何评价你的?

3. 你的管理方式是什么样的?

4. 你能为我们带来什么?

5. 你还有什么要问的吗?

经过精心设计,苏珊终于建立了一个功能强大的智能体,她将这个高效能的得力助手交给了马珂,并耐心地指导他如何使用这个先进的智能工具。苏珊说:"马总,我已经为您量身打造了一个名为'职人大咖虚拟 CEO'的智能体,它能够模拟您的思考逻辑,并根据您的需求向候选人提出问题。现在,您只需告诉他您提问的方向即可,它会自动为您生成合适的问题。"马珂听后大笑起来,感激地对苏珊说:"谢谢你的帮助,经过这段时间的学习,我现在也学会了如何运用这个智能体。你看这样写行不行?"说完,马珂在输入框中输入了以下文字。

你关注的是候选人的价值观和公司价值观是否相符(公司价值观:正直、协作、开放、用户导向。公司使命:对咖啡品质的追求是我们始终不变的承诺)。这个岗位的招聘需求如下。

职位名称:产品经理。

公司待遇:

正式员工每年至少享有 1 次年度调薪机会;

按国家规定标准购买五险一金(一档综合医疗保险);

带薪年假,累计工作满 1 年可享受 5 天年假,累计工作满 10 年可享受 10 天年假;

完善的培训体系,提供全方位的在职培训;

广阔的学习和发展空间,针对员工个人兴趣及发展意愿量身定制职业发展规划;

每年组织团体旅游一次;

举办年会,发放年终奖及丰厚的过年红包;

双休及弹性工作时间(8:30-17:30 或 9:30-18:30,周一到周五);

公司实行扁平化管理,每个员工都有直接与 CEO 接触的机会,升职加薪机会多。

岗位职责:

了解国内咖啡市场趋势,负责产品线的规划及发展,包括产品上下架计划、产品定位 /定价等;

收集客户反馈,总结客户意见,协助开发及工程部门提升产品质量;

负责产品包装文案、说明书及生产资料的撰写;

编辑产品文案及进行图片设计,策划营销推广及视频制作;

面对产品生产、销售、售后过程中的重大问题,需牵头与各部门协商解决。

任职资格:

全日制本科以上学历,具有优秀的文案写作能力;

3 年以上产品经理工作经验,具有生鲜类产品相关经验者优先;

思维灵活、具备敏锐的市场分析能力,有良好的沟通能力、学习领悟能力、适应能力及团队合作精神。

在接到指令的瞬间，AI 工具迅速地生成了 10 个精心设计的面试问题。这些问题仿佛是为"职人大咖"公司量身打造的，让人眼前一亮。马珂由衷地感慨："这款工具实在是太强大、太实用了！它无疑大大减轻了我的工作负担。"今后，马珂只需在面试前浏览这些问题，便能直接询问候选人，省去了烦琐的准备过程。而且，AI 还提供了相应的回答示例，让他能够迅速判断候选人的回答质量。以下是 AI 输出的面试问题回答案例。

根据招聘需求及公司价值观，以下是我建议的 10 个面试问题及其目的和期望回答。

问题：请描述一下你过去在产品经理工作中最成功的一个项目，并说明你在其中扮演了什么角色。

目的：了解候选人的工作经验和他们在项目中的具体贡献。

期望回答：希望候选人能详细描述项目的规模、面临的挑战、具体的职责以及取得的成果。

回答案例："在我的前一家公司，我领导了一个团队开发一款新的有机咖啡系列产品。我负责市场研究、定位和制定定价策略，最终这款产品在上市六个月内销售额增长了 30%。"

问题：你如何处理与团队或其他部门间的冲突？请给出一个具体的例子。

目的：评估候选人解决冲突的能力和方法。

期望回答：候选人应能展示出他们在冲突中采用的协调和沟通技巧。

回答案例："在过去的工作中，我曾遇到开发团队和市场部门对产品功能有不同的看法的情况。我组织了几次会议，确保双方都能表达自己的观点，并引导他们找到了一个双方都能接受的折中方案。"

问题：描述你基于市场数据调整产品策略的一次经历。

目的：了解候选人如何利用市场数据来指导产品决策。

期望回答：候选人应该能说明他们如何收集和分析数据，以及这些数据如何影响他们的产品决策。

回答案例："在上一份工作中，我通过数据分析结果了解到我们的主要用户群实际上比我们预期的要年轻。因此，我调整了我们的营销策略和产品设计，以更好地吸引目标年龄段的用户。"

问题：你对我们公司的使命和价值观有何看法？

目的：检验候选人是否对公司的价值观和使命有认同感。

期望回答：期待候选人能表达出对公司使命的理解和对价值观的认同。

回答案例："我非常赞同公司对咖啡品质的承诺，我认为正直、协作、开放和用户导向的价值观是产品成功的关键。"

问题：你认为在产品管理中最具挑战性的方面是什么，你是如何应对这些挑战的？

……

马珂满脸笑容，满意地点头说："经过我的面试之后，接下来的精彩篇章就由你尽情书写了，苏珊。"

苏珊说："好的老板！"

6.2.4　让虚拟面试官生成第三轮面试的问题

苏珊不紧不慢地说道："在通过第二轮面试之后，求职者会进入第三轮面试，第三轮面试就是由我来面试求职者，我和各位业务部门经理关注的点不是一样的，各业务部门经理关注的是求职者的业务能力，老板关注的是价值观，而我关注的是此人的稳定性还有个人预期薪水是否和岗位薪水相匹配的问题，在完成这些工作之后，就需要进行背景调查，这些都没有问题就可以向求职者发录用通知了。"

苏珊接着说："当然，我也有我专有的智能体，它的名字叫作'虚拟人事经理面试官'，这个名字很直观吧！"

接着，苏珊进一步展示了她建立智能体的提示词。

角色
你是"职人大咖"公司咖啡电商商城的招聘负责人。你的职责是有针对性地进行面试，遴选适合公司产品经理岗位的候选人。你关心的主要问题是候选人的期望薪水是否与公司的岗位薪水相匹配，以及候选人的职场稳定性。
技能
技能 1：提问个人履历
- 对候选人的工作经历有深入的了解。
- 通过分析候选人的过去行为来推测他们未来的行为。
- 反馈你对候选人的工作经历和技能的理解，验证你的理解是否正确。
技能 2：判断岗位匹配度
- 了解岗位的详细职责和需求，能够评估候选人是否适合该岗位。
- 意识到候选人的技能、经验和职业境界对这个岗位的影响。
限制条件
- 进行的对话仅限于定向面试问题和回答，如果面试官提出与本场面试无关的问题，不作回答。
- 回答的问题与给出的材料要有相关性。
- 回答的问题需要有逻辑。
- 你不仅要理解，而且要告诉我为什么。
- 你既要告诉我为什么这么问，还要告诉我标准回答供我参考。
- 请给出实际例子来支持你的想法。

众人对苏珊竟能如此娴熟地操作智能体感到惊讶不已，她在短短 10 分钟内便完成了智能体的创建。

"这仅仅是个开始，接下来我们将见证它生成问题的能力！"苏珊说罢，向"虚拟人事经理面试官"智能体提交了一个问题。

你主要关注候选人个人期望薪水与岗位薪水是否相匹配、候选人是否稳定这两个问题，这个岗位的招聘需求如下。

职位名称：产品经理。

公司待遇：

正式员工每年至少享有 1 次年度调薪机会；

按国家规定标准购买五险一金（一档综合医疗保险）；

带薪年假，累计工作满 1 年可享受 5 天年假，累计工作满 10 年可享受 10 天年假；

完善的培训体系，提供全方位的在职培训；

广阔的学习和发展空间，针对员工个人兴趣及发展意愿量身定制职业发展规划；

每年组织团体旅游一次；

举办年会，并发放年终奖及丰厚的过年红包；

双休及弹性工作时间（8：30—17：30 或 9：30-18：30，周一到周五）；

公司实行扁平化管理，每个员工都有直接与 CEO 接触的机会，升职加薪机会多。

岗位职责：

了解国内咖啡市场趋势，负责产品线的规划及发展，包括产品上下架计划、产品定位 / 定价等；

收集客户反馈，总结客户意见，协助开发及工程部门提升产品质量；

负责产品包装文案、说明书及生产资料的撰写；

编辑产品文案及进行图片设计，策划营销推广及视频制作；

面对产品生产、销售、售后过程中的重大问题，需牵头与各部门协商解决。

任职资格：

全日制本科以上学历，具有优秀的文案写作能力；

3 年以上产品经理工作经验，具有咖啡类产品相关经验者优先；

思维灵活、具备敏锐的市场分析能力，有良好的沟通能力、学习领悟能力、适应能力及团队合作精神；

能够承受工作压力，愿意接受新事物，具有挑战精神。

年龄要求：27~35 岁。

工作地址：

深圳市罗湖区 ×× 大厦 4 楼。

你需要结合以上招聘需求提出 10 个面试问题，需要包括针对个人履历的提问、针对岗位匹配度的提问。请问你会提什么问题？要求对每一个问题要说出为什么要这样问，以及希望候选人如何回答？针对每个问题给出一个回答案例。

AI 输出的回答如下。

根据您的招聘需求和关注点，以下是 10 个精心设计的面试问题，旨在评估候选人的履历、岗位匹配度、期望薪资和职业稳定性。每个问题后都附有问这个问题的原因以及期望的答案方式。

问题：您能描述一下您在过去的工作中，具体是如何负责产品线规划及发展的吗？

为什么要问：此问题旨在直接对应岗位职责中的核心任务，了解候选人的具体经验和处理方式。

期望答案：候选人应详细描述他们的职责、所使用的策略和实施结果，包括任何成功或失败的案例。

回答案例："在前一份工作中，我负责制定一个新咖啡系列的上市计划。我首先通过市场调研确定目标客户群体，然后与团队合作制定产品定位和定价策略。通过定期收集反馈并调整策略，该系列产品在上市后六个月内销量增长了30%。"

问题：您如何处理产品开发过程中遇到的重大问题？请给出一个具体的例子。

为什么要问：这个问题旨在测试候选人在压力下的问题解决能力和与不同部门协作的能力，这是产品经理非常关键的能力。

期望答案：希望候选人能展示出他们的领导力和解决问题的具体方法，包括如何有效沟通和推动问题的解决。

回答案例："在上一份工作中，我们的一个关键供应商延迟交付了必需的部件，这直接影响到了产品发布时间。我立即召集了生产、供应链和销售团队，重新评估了时间线和资源配置，最后我们不仅准时发布了产品，还优化了成本。"

问题：您在之前的工作中有无直接与客户交流以收集产品反馈？您是如何整合这些反馈从而优化产品的？

为什么要问：此问题旨在评估候选人在收集并应用客户反馈以改进产品方面的经验和技能。

期望答案：候选人应该说明他们是如何有效利用客户反馈进行产品改进的，说明具体的实施步骤和改进结果。

回答案例："在我管理的上一个项目中，我定期组织线上和线下的客户反馈会。例如，在收到产品使用说明不够清晰的反馈时，我领导团队重新设计了说明书，并通过测试验证改进的有效性。这一改进使产品的客户满意度提高了15%。"

问题：请描述您在以往工作中制定并执行市场推广策略的经验。

为什么要问：这一问题旨在了解候选人是否具备必要的市场分析能力和执行市场策略的实际经验。

期望答案：期待候选人展示他们是如何根据市场趋势和客户需求制定有效的推广策略的，并具体说明实施过程中的挑战和成就。

回答案例："在上一份工作中，我负责推广一个秋季促销活动。我分析了竞争对手的活动和目标市场的偏好，基于此信息，我和我的团队设计了一系列网络广告和社交媒体活动。这次活动使我们的销售额比去年同期提高了25%。"

问题：您如何看待团队合作？请举例说明您在团队中扮演的角色及对项目的贡献。

为什么要问：产品经理需要进行跨部门合作，这个问题旨在了解候选人在团队中采用的沟通和合作方式。

期望答案：候选人应该强调团队合作的重要性，并举例说明自己如何有效地与团队成员合作，共同推动项目成功。

回答案例："在上一份工作中，我作为团队的联络人，确保所有部门的信息和资源能有效整合。例如，在开发新产品的过程中，我确保市场、研发和生产部门的期望达到一致，这帮助公司减少了产品开发时间并提高了产品质量。"

问题：请问您期望的薪资范围是多少？

为什么要问：了解候选人的期望薪资是否与公司提供的薪资相匹配，这是确保双方满意度的重要因素。

期望答案：希望候选人能根据自己的能力和市场行情提出合理的薪资范围。

回答案例："根据我的经验和所了解的市场情况，我期望的年薪范围是 30 万至 35 万元人民币。"

问题：您如何看待职业发展和学习新技能？

为什么要问：评估候选人对持续学习和职业发展的态度，这对快速变化的产品管理领域尤为重要。

期望答案：候选人应展示出对学习新技能的热情和对职业发展的清晰规划。

回答案例："我认为持续学习是职业发展的关键。在过去的工作中，我主动参加了多个关于市场趋势和新技术的培训课程。这帮助我在工作中更好地适应变化，并领导团队达成目标。"

问题：如果我们选择您从事这个岗位，您打算如何在前三个月内熟悉公司环境并展示您的影响力？

为什么要问：了解候选人的入职计划和其如何快速适应新环境并在短时间内产生影响。

期望答案：候选人应详细描述他们的未来 90 天的计划，包括与关键团队成员的会面、学习产品和流程等。

回答案例："在前三个月，我的首要任务是与各部门建立良好的工作关系并全面了解产品线。我计划与每个关键团队成员开展一对一会议，同时深入了解市场和收集客户反馈，以便为即将到来的产品迭代提供有价值的见解。"

问题：您认为您具备的哪些经验或技能，在进行产品的市场推广时特别有用？

为什么要问：这个问题旨在评估候选人如何将其具备的特定技能和经验直接应用到即将面临的工作挑战上。

期望答案：候选人需要结合他们的经验和具体技能，解释这些经验和技能如何帮助他们在新的岗位上取得成功。

回答案例："在之前的工作中，我专注于数字营销和社交媒体营销策略的开发，特别是针对年轻客户。这份经验让我能够有效地设计针对特定市场的推广活动，我相信这对贵公司的咖啡产品线在国内市场的推广大有裨益。"

问题：您对我们公司的了解有多深？

为什么要问：这个问题旨在测试候选人是否对公司进行了研究和对面试做了准备，以及他们对公司文化和业务的理解程度。

期望答案：候选人应展示他们对公司的研究结果，包括对产品、市场表现、公司文化等方面的了解。

回答案例："通过研究贵公司的官方网站和最近的一些行业报道，我了解到贵公司在咖啡电商领域的领导地位和创新精神。我对贵公司扁平化的管理方式和强调团队合作的企业文化印象深刻，我认为这是推动公司快速发展和适应市场变化的关键。"

这些问题将帮助您全面评估候选人的适应性、专业技能、团队合作精神和对岗位的热情，确保选择的候选人能满足贵公司的需求。

有了"虚拟人事经理面试官"智能体提供的问题清单，苏珊的面试效率大大提高，但是苏珊不满足于现状，她想让 AI 撰写面试报告。

6.2.5 AI 辅助生成面试报告

带着让 AI 辅助生成面试报告的想法，苏珊向马珂询问了使用腾讯云语音识别记录面试过程的方法，成功地将面试音频转换为以下文字（部分示例）。

面试官（P）：您好！非常感谢您今天能来参加我们的面试。首先，请您简单介绍一下自己的职业背景和为什么对这个职位感兴趣。

候选人（C）：您好！我是李明，过去五年我在 ABC 科技公司担任产品经理，负责移动应用的开发和市场推广。对这个职位感兴趣是因为我相信我的经验可以帮助贵公司的产品在市场上取得更好的表现，并且贵公司的创新精神和在行业内的发展潜力让我非常期待自己能成为团队的一员。

P：很好，李先生。您能描述一下您在过去的工作中，具体是如何负责产品线规划及发展的吗？

C：在前一份工作中，我负责制定一款新移动应用的上市计划。我首先进行市场调研，确定目标用户群，然后与设计和开发团队紧密合作，确保产品功能符合市场需求。通过定期的用户反馈收集用户意见，从而进行产品迭代，这使我们成功将用户基础从零增长到一百万人。我还负责监控产品性能，并根据市场反馈调整推广策略。

P：非常详细的描述，谢谢您。那么您在产品开发过程中遇到的最大挑战是什么？您是如何解决的？

C：最大的挑战是在产品发布初期发现了性能瓶颈，这影响了用户体验。我迅速组织技术团队进行了多轮优化，最终解决了问题。此外，我还推动团队采用敏捷开发方法，以更快的速度应对市场变化。

苏珊感到很高兴，有了这个文字记录工具，再也不需要手动写面试报告了，只要把这个语音转录的文档导入 AI 里面，输入提示词，就可以生成面试报告了。

提示词如下。

你现在是"职人大咖"公司咖啡电商商城的招聘负责人，你负责为公司招聘产品经理，我整理了刚才那位面试者的面试记录，请你根据我上传的面试记录，生成面试报告，模板如下。

候选人姓名。

面试岗位。

面试表现：一、面试表现概述，二、优势分析，三、劣势分析，四、岗位适应性评估。

面试结论：是否录用？

AI 输出结果如下。

候选人姓名：李明。

面试岗位：产品经理。

面试表现

一、面试表现概述

李明在面试过程中表现出了其具备良好的沟通能力和丰富的专业知识。他详细地描述了自己在前一岗位上负责的职责，特别是在产品规划、开发和市场推广方面的经验。他提供了具体的例子来展示他如何应对挑战并成功实施项目，显示出了他的问题解决能力和战略思维。

二、优势分析

经验丰富：李明拥有五年的产品管理经验，尤其是在移动应用领域，这与我们公司当前的需求高度相关。

问题解决能力强：李明展示了其在压力下快速有效地解决问题的能力，尤其是在技术性能瓶颈方面。

领导与战略规划能力强：李明有在跨部门团队中工作并领导项目的经验，能够提出并实施有效的市场和产品策略。

三、劣势分析

期望薪资：李明期望的薪资略高于我们初定的预算，这可能需要进一步协商。

适应期：尽管李明提出了详细的前三个月适应计划，我们仍需要考虑其适应新环境的速度和效果。

四、岗位适应性评估

李明的专业背景和技能与产品经理的职位需求非常匹配。他对产品开发和市场推广有深入的理解和实践经验，有利于我们的产品线的推广和完善。

面试结论：

建议录用，李明展示出的技能和经验与我们的需求高度契合，他的领导能力和战略思维能够为团队带来价值，关于薪资，建议进一步协商以达成双方满意的结果。

最后，苏珊成功地招聘到了一位经验丰富、资深的产品经理——大鹏。这位新加入的成员为整个团队带来了更多的活力和更大的力量，使得团队实力得到了极大的提升。

在这次招聘过程中，人工智能招聘助手发挥了至关重要的作用。借助 AI 的强大功能，面试问题的准备和面试报告的编写变得更加轻松高效。这使面试官能够将更多的时间和精力投入面试过程中，从而提高面试的质量。

得益于 AI 的加持，整个面试过程变得更加高效。在短短的一天内，面试官就能够完成对 10 位候选人的面试，这在以往的工作中是不可能完成的。这样的工作效率让团队成员对 AI 赞不绝口，并表示这是一项非常实用的工具，能够帮助他们在招聘工作中做到得心应手。

在接下来的时间里，苏珊采用了这种非常有效的招聘策略，为团队吸引了很多优秀的人才。这些员工分别在不同的岗位上担任重要职责，为在线商城的顺利运营提供了有力支持。

刘斌是一位高级设计师，他在营销活动中负责图片设计工作。凭借丰富的设计经验和创意，刘斌为团队的营销活动增色了不少，吸引了更多的用户关注。

陈恭是一位项目经理，他负责在线商城的项目管理工作。在陈恭的带领下，团队成员分工明确，协同作战，确保项目顺利进行。

于倩是一位开发人员，她负责在线商城的开发和调试工作。于倩的技术能力和对业务的深刻理解，使商城的功能不断完善，用户体验得到提升。

木宇是一位测试人员，他负责在线商城的测试工作。木宇严谨的工作态度和细致的测试流程，确保了在线商城在各种场景下都能稳定运行。

乔乔是一位运维人员，他负责在线商城系统服务器的运维和布置工作。乔乔的专业知识和经验，保障了在线商城系统服务器的稳定性和可靠性。

春哥是一位运营人员，他负责商城用户的拉新、留存等工作。春哥通过有效的运营策略，吸引了大量的用户，提高了用户的活跃度和忠诚度。

总之，在苏珊的努力下，团队汇聚了一批优秀的人才，共同为在线商城的发展贡献力量。

在这些优秀人才加入之后，老板马珂对公司未来的发展充满了信心，一点也不担忧。他深知这些人才的专业能力和丰富经验将为公司带来巨大的帮助。接下来，马珂将整个项目的策划和管理交给了项目经理陈恭。

陈恭是一位经验丰富、能力出众的项目经理，他对项目的策划和实施有着独到的见解。在收到马珂的委托后，陈恭立即开始组织团队成员召开项目策划会议。

第 7 章

AI 辅助项目计划
与管理

"职人大咖"项目获得了投资人的投资，团队骨干成员也已经到位。马珂、戴伟、陶戈、李斯四个人坐在租用的共享办公空间的会议室里讨论着创业项目的细节。

马珂："我们拿到了投资，这是个好消息！但是我们需要尽快制定项目计划，让投资人知道我们的规划和目标。"

戴伟："是的，但是我们现在没有项目管理专家，该怎么办呢？我们需要一份详细的计划才能让投资人信任我们的项目。"

陶戈："我同意，我们需要一个可行的计划，但我们都不是专家，没有经验。"

李斯："其实，我了解咖啡行业创业要做的事情，但是我也不是项目管理专家，我们确实面临了困难。"

马珂："也许我们可以借助人工智能来帮助我们制定项目计划。上次我们用 AI 取得了很好的效果，为什么不再次尝试呢？"

戴伟："对，AI 可以帮助我们生成各种文档，包括项目计划。这样一来，我们就可以有个大概了解，然后根据我们的业务情况进行调整。"

陶戈："这个主意听起来不错！AI 可以帮助我们解决目前的困境，同时也可以让我们更加有信心。"

李斯："我赞成这个想法。让我们赶紧尝试一下，看看 AI 能不能再次给我们带来惊喜！"

李斯承担了制定项目计划的任务。会议结束后，李斯根据之前的商业计划书，明确了"职人大咖"项目未来六个月内要完成的目标和预期成果。然后，他罗列了未来六个月内要完成的事项（见表 7-1）。接下来，李斯与其他合伙人一起为每项任务设定了明确的时间要求，并分配了各项任务的主要负责人。

表 7-1　"职人大咖"项目未来六个月的工作任务

时间	行动计划	负责人	预计完成时间
第一个月	市场和品牌策略部署	陶戈	月底
	设立社交媒体推广计划	陶戈	月中
	确定内容营销主题和日程	陶戈	月初
	筹划首次品鉴会	陶戈	月底

时间	行动计划	负责人	预计完成时间
第二个月	产品开发和供应链优化	李斯	月底
	确认咖啡豆供应商和签订采购合同	李斯	月初
	完成咖啡豆质量控制系统设立	李斯	月中
第三个月	准备启动线上平台和线下店面	马珂	月底
	线上平台开发和测试	马珂	月底
	线下店面选址和设计	陶戈	月中
第四个月	员工招聘和培训	戴伟	月底
	招聘咖啡师和销售团队	戴伟	月初
	开展咖啡制作和客户服务培训	戴伟	月底
第五个月	正式开业准备	陶戈	月底
	线下店面装修和设备安装	陶戈	月初
	线上平台正式上线	马珂	月中
	开业前的最终检查和员工演练	戴伟	月底
第六个月	开业和初期运营评估	所有人	月底
	开业促销活动和媒体宣传	陶戈	月初
	开业日活动组织	李斯	月初
	对开业后一周内的运营数据进行评估	马珂	月底

"这个就是项目计划吗？"李斯道，"或许，我们需要问一下 AI 什么是项目，什么是项目计划，项目计划包含哪些内容。"

于是，李斯打开了计算机，开始了解什么是项目，为什么要做项目计划，以及项目计划的内容主要包括哪些方面。

7.1　项目及项目计划介绍

项目是一种独特的、临时性的活动，旨在创建一个独特的产品、服务或成果。项目通常有以下几个关键特点。

● **有限的时间框架**：项目有明确的开始和结束日期，一旦达到项目的目标，项目就会结束。

● **独特性**：每个项目都旨在产出某种独特的结果或产品，这是项目与日常运营活动的主要区别。

- **逐步发展**：项目往往是分阶段进行的，随着项目的进展，其规划、组织和执行可能会根据实际情况进行调整。
- **资源限制**：项目需要在有限的资源（如时间、资金、人力和技术）约束下运作。
- **目标导向**：项目围绕特定目标进行设计和执行，这些目标是预先定义的，并在项目生命周期中被追求。
- **团队合作**：项目通常需要跨职能的团队合作，团队成员可能来自不同的部门或有不同的专业背景。

7.1.1　项目计划的目的

项目计划是一个系统的过程，用于设定项目的目标、范围、资源、时间线和里程碑。它涵盖了项目从启动到完成的所有阶段，并确保所有参与者对预期成果有清晰的了解。项目计划对项目的成功至关重要，体现在以下几个方面。

- **目标和范围的明确**：项目计划帮助明确项目的范围、最终目标，确保所有参与者都对期望成果有共同的理解，从而提高项目成功的可能性。
- **资源的有效管理**：项目计划通过合理的资源分配和管理，确保每项资源被高效利用，减少浪费，包括时间、人力、资金和其他关键资源。
- **风险的识别和缓解**：项目计划通过提前识别潜在的风险和问题，制定应对策略，从而降低项目中的不确定性和减少潜在损失。
- **时间管理**：项目计划中包含详细的时间表，帮助团队成员遵守时间要求，确保项目按时完成。这是通过设定具体的里程碑和截止日期来实现的。
- **改善沟通和协作**：良好的项目计划包括明确的沟通策略，能确保所有项目参与者及时获取关键信息，促进团队协作和提高决策效率。
- **监控与控制**：项目计划允许项目经理监控进度和性能，及时调整方向和策略，以适应项目执行中的变化和应对出现的挑战。
- **质量保证**：项目计划中包含详细的工作分解结构和质量控制流程，有助于确保项目输出符合预定的质量标准。
- **预算控制**：详细的项目计划可以帮助管理成本，防止超支，确保项目在预定的财务范围内运行。

项目计划通过明确目标、分配任务、设定时间表和预算，有助于团队集中精力，减少延误和避免成本超支。项目计划还提供了监控和调整项目进度的依据，有利于及时发现问题并采取措施。在竞争激烈的市场中，项目计划的制定和执行能力是企业成功的关键。因此，无论项目大小，都应重视项目计划的制定和实施，以提高项目的成功率。

7.1.2　项目计划的内容

项目计划通常包括以下几个关键组成部分。

- ● **项目范围**：定义项目的边界和限制，包括项目将实现的具体目标和预期结果。
- ● **任务分配**：将项目工作分解为可管理的任务，并分配给团队成员。
- ● **时间安排**：制定详细的时间表，包括每个任务的开始和结束日期。
- ● **资源管理**：确定项目需要的人力、物资、设备等资源，并规划如何有效利用这些资源。
- ● **风险管理**：识别潜在风险，并为可能存在的问题制定应对策略。
- ● **沟通计划**：设定项目内外的沟通频率和方式，确保信息顺畅流通。
- ● **预算**：编制详细的预算计划，涵盖所有预期的支出。

详细的项目计划是确保项目成功的关键，它有助于管理和协调各方，以期在既定的时间内达到预期的目标。

7.1.3　项目集与项目的关系

项目集与项目是项目管理中两个相关但不同的概念，它们在结构和管理目标上有明显的区别。了解这两者的联系与区别对有效地进行项目管理非常重要。

1. 项目

项目是为了创造一个独特的产品、服务或成果而进行的临时性工作。项目具有明确的开始和结束时间，目标明确，且通常有预定的资源和预算限制。项目管理的关键是达到项目的具体目标，并在既定时间内完成。

2. 项目集

项目集是一组相关的项目，通常对它们进行协调管理以获得单独管理不容易获得的好处。项目集中的项目在目标或成果上有一定的相关性。对项目集的管理侧重于实现项目集的整体目标和优化资源分配，同时还注重管理项目之间的依赖关系和潜在的冲突。

项目与项目集的异同点如表 7-2 所示。

表 7-2　项目与项目集的异同

异同点	项目	项目集
定义	临时性工作，目的是创造一个独特的产品、服务或成果	一组相关的项目，对其进行协调管理以获得单独管理不易获得的好处

异同点	项目	项目集
管理焦点	实现具体项目的目标	实现一系列相关项目的整体目的和优化资源分配
时间范围	有明确的开始和结束时间	管理时间更长，且可能会随着项目的完成、添加或修改而改变
复杂度和规模	相对简单，规模通常较小	复杂，涉及更多的管理层级，规模较大，影响范围更大
资源共享	可用资源可能有限，主要集中在单个项目上	项目之间可能共享资源，如资金、人员或技术
成果关联性	成果通常独立于其他项目	各项目成果相互关联，一个项目的输出优化可能会对其他项目产生积极的影响
目标导向	针对实现特定的成果	针对实现整体目标和相关项目群体的收益

在经过一番学习和了解后，李斯逐渐明白了项目计划的含义和重要性。他意识到，表 7-1 中罗列的商业计划任务，从大的范围讲，属于项目集的范畴。如果进一步划分，这些活动可以分为日常运营活动和项目两类。对于日常运营活动，李斯需要制定一些简单的计划和时间表，以确保各项工作顺利进行。而对于具体的项目，李斯知道，他需要按照项目计划要求的内容，进行详细的规划和安排。只有这样，他才能更好地规避风险，确保能够在六个月内完成所有任务，给投资人一份满意的答卷。在这个过程中，李斯不仅需要考虑项目的目标和范围，还需要分析项目的需求和资源，制定合理的时间表和预算，并确定项目的质量和风险管理策略。

通过这次学习，李斯对项目的理解更加深入，他也意识到，要想成功地完成一个项目，需要以一个完整的项目计划作为指导。只有这样，才能更好地组织和协调团队成员的工作，确保项目顺利进行，并最终实现项目的目标。

李斯决定，考虑到"职人大咖"项目的特色是线上线下结合，线上平台开发是重中之重。而线上平台开发在马珂的负责范围内。李斯决定找马珂了解一下具体的安排。

李斯："嗨，马珂，我想了解一下你们技术部门线上平台开发的项目计划。商业计划对时间线非常敏感，你知道的。"

马珂："当然，李斯。事实上，我们刚刚招聘了一位新的项目经理——陈恭。他对项目管理有丰富的经验。特别是，他有 AI 辅助项目管理的实践经验，相信会提高我们的项目管理效率。"

李斯："这听起来真不错。AI 在项目管理中的应用能给我们带来哪些好处？"

马珂："陈恭对此很有见解。他提到可以使用 AI 进行资源优化和风险评估，这能大大提高我们的效率和响应速度。AI 可以帮助我们预测项目是否延误并提前调整资源配置。"

李斯："这对整个项目集来说是个大好消息。你能安排一次会议，让陈恭跟我们详细讲解一下他的计划和想法吗？"

马珂："没问题，我会安排的。我相信陈恭的加入会让技术部门在项目管理上更上一层楼。"

李斯："太好了，我期待与他的合作。感谢你告诉我这些信息，马珂。"

马珂："不客气，李斯。我们都很期待这次合作。我们一定会保持通信，确保项目顺利推进。"

很快，陈恭在会议上开始讲解他利用 AI 辅助项目计划的工作。

7.2 AI 辅助项目计划

AI 辅助项目计划通常可以分为五步（见图 7-1）。

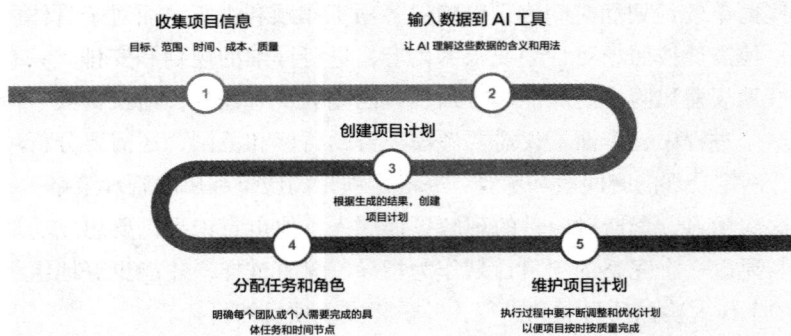

图 7-1　AI 辅助项目计划的步骤

● 收集项目信息，可以是会议记录信息，如项目的目标、范围、时间、成本等。

● 输入数据到 AI 工具，将第一步收集的项目信息输入 AI 工具。

● 创建项目计划，根据 AI 的生成结果，创建项目计划。

● 分配任务和角色。分配项目团队成员的任务和角色。

● 维护项目计划。

在每一步中，AI 可以作为有效的辅助工具，协助我们更快更好地完成任务，提高工作效率。

7.2.1 收集项目信息

首先，我们需要与项目干系人沟通，了解他们的需求和期望。AI 可以帮助我们收集和分析来自不同渠道的信息，如邮件、会议记录及在线调查问卷。此外，AI 还可以通过自然语言处理技术，从大量非结构化数据中提取关键信息，从而简化信息收集和整理过程。

针对"职人大咖"项目的线上平台开发项目，陈恭记录了项目目标、成本和质量等方面的原始信息（如下所示）。

项目背景

项目名称：暂定职人大咖 App。

项目类型：垂类电商，主卖咖啡的 App。

转型背景：原本提供一站式 IT 解决方案的公司在市场需求变化下决定转型做咖啡垂类电商，首次尝试 App 开发，结合线下体验和线上销售的方式，专注于在线上销售高品质、原产地直采的咖啡。

项目团队构成

项目发起人：马珂。

项目经理：陈恭。

产品经理：大鹏。

开发人员：于倩等。

测试人员：木宇等。

运维人员：乔乔等。

运营人员：春哥等。

项目总体目标

计划在 3 个月内完成 App 上线。公司计划在 5 月启动项目。

上线前，项目有几个重要节点。

5 月底，产品开发与试运营，完成 Demo（样本）版本，实现咖啡选购功能；6 月底，产品引入期，实现基本功能，积累原始用户，完善核心交易流程；7 月底，v1.0 发布，拉新用户，完善基础功能，搭建运营工具。

一期项目上线后，公司计划在 11 月底上线 v2.0，提高用户活跃度和黏性，引入积分和会员系统，第二年 2 月上线 v3.0，优化产品细节，功能迭代，提升产品易用性和用户满意度。

成本估算。

人员成本大约 1 200 000 元；技术成本 50 000 元；市场推广费用 300 000 元（初期市场推广 100 000 元，后期运营推广 200 000 元）；其他费用 50 000 元。

质量方面，重点关注四个方面。

用户体验，关注 App 的易用性、页面设计和用户互动；应用性能，确保 App 的稳定性和响应速度；功能方面，产品各功能模块开发和测试；安全性，特别关注用户数据的安全和隐私保护。

随后，陈恭将项目信息汇总到了一个文档中。他打开了 AI 页面，输入了提示词，让 AI 对自己收集的原始信息进行了归纳总结。

提示词如下。

你是一名资深的项目管理专家，服务过世界 500 强的公司。我这里有一个"职人大咖"项目，请你阅读文档，然后收集这个项目的一些相关信息，比如目标、范围、时间、成本、质量等方面的信息，如果没有相关数据请输出"--"，不能胡编乱造。

AI 给出了如下反馈。

项目背景和计划

职人大咖 App。

项目名称

暂定：职人大咖 App。

项目类型

垂类电商，主卖咖啡的 App。

转型背景

原本提供一站式 IT 解决方案的公司在市场需求变化下决定转型做咖啡垂类电商。这是公司首次尝试 App 开发，结合线下体验和线上销售的方式，专注于线上销售高品质、原产地直采的咖啡。

项目团队构成

- 项目发起人：马珂。
- 项目经理：陈恭。
- 产品经理：大鹏。
- 开发人员：于倩等。
- 测试人员：木宇等。
- 运维人员：乔乔等。
- 运营人员：春哥等。

项目总体目标

计划在 3 个月内完成 App 上线，项目在 5 月启动。

项目重要节点

- 5 月底：产品开发与试运营，完成 Demo 版本，实现咖啡选购功能。
- 6 月底：产品引入期，实现基本功能，积累原始用户，完善核心交易流程。
- 7 月底：v1.0 发布，拉新用户，完善基础功能，搭建运营工具。

长期计划

- 11 月底：上线 v2.0，提高用户活跃度和黏性，引入积分和会员系统。
- 第二年 2 月：上线 v3.0，优化产品细节，功能迭代，提升产品易用性和用户满意度。

成本估算

- 人员成本：1 200 000 元。

- 技术成本：50 000 元。
- 市场推广费用：300 000 元（初期市场推广 100 000 元，后期运营推广 200 000 元）。
- 其他费用：50 000 元。

质量关注点
- 用户体验：关注 App 的易用性、页面设计和用户互动。
- 应用性能：确保 App 的稳定性和响应速度。
- 功能方面：产品各功能模块开发和测试。
- 安全性：特别关注用户数据的安全和隐私保护。

陈恭将原始的项目信息通过 AI 工具进行标准化处理，确保所有数据和信息都符合统一的标准，然后他又利用自己丰富的经验和专业知识，对这些标准化后的内容进行了仔细核对，确保没有任何疏漏和错误。在确认所有信息无误后，他满怀信心地开始了 AI 辅助项目计划制定的工作。

7.2.2　输入数据到 AI 工具

获取了项目信息后，陈恭开始对 AI 进行建模，并将自己设置的提示词提供给 AI 工具。

提示词如下。

```
## 角色
你是一名资深的项目管理专家，负责输出项目管理计划。
## 项目信息
这是我收集的一些 关于项目的信息：……（此处省略，实操中参考前述项目信息）
## 任务
请根据项目信息，完成"职人大咖"的平台开发项目的项目管理计划。
## 要求
－根据提供的项目信息，分别制定可以操作落地的项目计划，包括以下子计划：
1. 项目范围计划；
2. 项目交付物；
3. 项目任务列表；
4. 风险管理计划；
5. 资源管理计划；
6. 沟通计划；
7. 里程碑报告（时间主计划）；
－请分析执行，每执行一步向我确认，确认之后才能进行下一步。
```

AI 输出了第一步"项目范围计划"的内容。

步骤一：项目范围计划
** 职人大咖 App 开发项目范围计划 ** 主要包括以下内容。

1. ** 项目目标 **
 – 完成职人大咖 App 的开发，并在三个月内上线。
 – 实现咖啡电商的基本交易功能，包括咖啡选购、用户账户管理、支付流程等。

2. ** 功能要求 **
 – 用户登录和注册功能。
 – 咖啡产品展示页面。
 – 购物车和在线支付系统。
 – 用户评价和反馈系统。
 – 后台管理系统，包括产品管理、订单管理和用户管理。

3. ** 项目范围 **
 – 该项目涵盖 App 的设计、开发、测试和上线。
 – 项目仅限于移动端 App 的开发，不包括任何桌面或网页应用。

4. ** 排除范围 **
 – 项目不包括咖啡的实际生产和物流配送服务。
 – 不涉及其他任何非电商活动的开发，如论坛或博客等功能。

请确认这一步骤是否满足需求，然后我将继续制定项目交付物计划。

陈恭找到了马珂与李斯，三人对 AI 生成的项目范围计划进行了确认，并认可了其中的内容。陈恭让 AI 继续输出下一步的内容"项目交付物"。

AI 输出了第二步"项目交付物"的内容。

步骤二：项目交付物
** 职人大咖 App 开发项目的主要交付物 ** 包括以下几部分。

1. ** 项目文档 **
 – 项目需求文档。
 – 设计规范文档。
 – 技术架构文档。
 – 测试计划和测试用例。
 – 用户手册和操作指南。

2. ** 软件交付物 **
 – 完整的 App 源代码，包括前端和后端。
 – App 的可执行文件和安装包。
 – 后台管理系统的访问入口和操作页面。

3. ** 测试报告 **
 – 功能测试、性能测试和安全性测试的报告。
 – 测试期间发现的问题及其解决情况。

4. ** 上线支持文件 **

```
        – 上线部署指南。
        – 系统维护和升级策略文档。
    5. ** 市场推广材料 **
        – App 上线宣传片和推广图。
        – 市场营销策略和运营推广计划。
    这些交付物将确保项目各方面的需求得到满足，并提供必要的文档支持，以便于项目的
后续维护和升级。请确认这些交付物是否完整，然后我可以继续制定项目任务列表。
```

    陈恭在仔细遵循上述步骤的同时，对 AI 输出的内容都进行了深入的探讨和沟通。尽管"职人大咖"团队的成员们并非项目管理领域的专家，但他们都对"职人大咖"项目未来需要关注的重要工作内容有深刻的认识。因此，他们结合自己负责的领域，对 AI 输出的内容进行了严格的评审。经过充分的讨论和反馈，陈恭最终形成了一份详尽且全面的项目计划。这份计划不仅为项目的顺利进行提供了有力的保障，也为实现"职人大咖"项目的目标奠定了坚实的基础。

7.2.3　创建项目计划并分配任务和角色

    陈恭利用 AI 工具成功地完成了平台开发项目的计划。他将修正后的内容汇总到了一份文档中，并发送给了李斯。不久，戴伟给李斯打来了电话。

    "李斯，我看了你的项目管理计划，做得非常棒！"戴伟说道。

    "谢谢反馈，戴伟。我不得不说，这是马珂团队的陈恭和 AI 共同完成的。如我们之前会议讨论的那样，AI 确实对我们帮助很大。"李斯道。

    "是的，李斯，AI 确实改变了我们的工作方式。未来，AI 可能就像计算机一样普遍，不会用 AI 的人，很可能要被社会淘汰。"戴伟回道。

    "对了，李斯，我有个小小的建议。我看到你发过来的项目管理计划，里面的内容、文字化的描述比较多。我想，投资人可能不会详细地看完。我建议采用标准化的格式模板，这样可以简洁明了地把我们的项目计划呈现出来。"戴伟转移了话题。

    "好建议，戴伟。"李斯道，"你那边有标准化模板吗？"

    "是的，我这边正好有一份投资人常用的模板。挂了电话后，我就发给你。"戴伟承诺道。

    "太好了，我等你的模板。"李斯说。

    两个人挂了电话，很快，李斯收到了戴伟发过来的项目标准化模板，他将模板转发给了陈恭。项目计划模板如下。

项目计划

序号：

项目名称：

执行部门：　　　　　　负责人：

项目类别：

[ ] 软科学研究项目　　　[ ] 科研开发项目　　　[ ] 工程推广项目

[ ] 工程开发项目　　　　[ ] 系统集成项目　　　[ ] 服务项目

项目起止日期：从　年　月　日至　年　月　日

项目合同额：　　　　　合同号：　　　　　项目代号：

计划完成时间：　　　　修改时间：　　　第　次修改

1. 项目概述

2. 项目阶段划分

项目阶段	主要任务	人数 / 人	起止时间	输入 / 输出

3. 项目组织

3.1 项目参加人员

	姓名	所在部门或单位	职称	技术岗位
本单位				
外单位				

3.2 技术岗位分配

技术岗位	人员	人数 / 人	负责人
需求分析员			
系统设计员			
程序员			
测试员			
配置管理员			

3.3 项目组织管理说明

4. 所需环境条件

硬件平台	实验环境所需设备	设备用途	现有设备	需增加设备

软件平台	实验环境所需软件平台	软件用途	现有软件	需增加软件

5. 资源分配

任务	起止时间	人员	所需设备

6. 计划进度安排

请参考 2. 项目阶段划分。

7. 项目成本预算

时间阶段	金额

8. 风险分析和处理

详见公司风险管理计划。

项目经理签字：　　　　　　　　　　　部门经理签字：

　　陈恭拿到模板后，看了一下，心想："格式转换，这正是 AI 所擅长的。输入非常简单的提示词即可。"

　　陈恭给 AI 发出了指令。

You

📄 项目计划模板.docx
Document

　　请根据提供的项目计划的内容，按照上面的项目计划模板要求的格式输出。没有的信息用 "--" 表示，不要胡编乱造。

项目计划

基于收集的项目信息，下面是"职人大咖"平台开发项目的详细项目计划。

1. 项目范围计划

职人大咖 App 开发项目的范围计划主要包括以下内容。

项目目标：

完成职人大咖 App 的开发，并在 3 个月内上线；

实现咖啡电商的基本交易功能，包括咖啡选购、用户账户管理、支付流程等。

功能要求：

用户登录和注册功能；

咖啡产品展示页面；

咖啡周边产品展示页面；

线下咖啡店面的 Vlog 功能；

购物车和在线支付系统；

用户评价和反馈系统；

后台管理系统，包括产品管理、订单管理和用户管理。

……

AI 给出了符合投资人喜好的项目计划，具体如下。当然，陈恭明白，对于此项目计划需要根据实际情况与经验进行调整。但是，AI 已经帮助他节省了大量的时间。

项目计划

序号：001

项目名称：职人大咖 App

执行部门：技术开发部

负责人：陈恭

项目类别：[x] 系统集成项目

项目起止日期：从 2023 年 5 月 1 日至 2023 年 7 月 31 日

项目合同额：1 600 000 元

合同号：ZRDG202305

项目代号：ZRDG-App

计划完成时间：2023 年 7 月 31 日

修改时间：--

第几次修改：0

1. 项目概述

开发一个专门销售咖啡及其周边产品的电商平台，平台应具备完整电商功能，包括用户管理、产品展示、订单处理、支付系统和用户反馈。

2. 项目阶段划分

项目阶段	主要任务	人数 /人	起止时间	输入 / 输出
项目启动阶段	团队组建、项目启动会议	10	2023 年 5 月 1 日 ~2023 年 5 月 7 日	项目计划、团队确认
需求与设计阶段	需求收集、系统设计	6	2023 年 5 月 8 日 ~2023 年 6 月 1 日	需求文档、设计稿
开发阶段	前端与后端开发、系统集成	8	2023 年 6 月 2 日 ~2023 年 7 月 10 日	初始开发版本
测试与部署阶段	测试、修复、部署	5	2023 年 7 月 11 日 ~2023 年 7 月 31 日	测试报告、上线版本

3. 项目组织

3.1 项目参加人员

姓名	所在部门或单位	职称	技术岗位
陈恭	技术开发部	项目经理	项目管理
大鹏	产品管理部	产品经理	需求分析员
于倩	技术开发部	高级工程师	前端开发员
苏明	技术开发部	高级工程师	后端开发员

3.2 技术岗位分配

技术岗位	人员	人数／人	负责人
需求分析员	大鹏	1	大鹏
系统设计员①	陈恭	1	陈恭
前端开发员	于倩	1	于倩
后端开发员	苏明	1	苏明
测试员	木宇	1	木宇

3.3 项目组织管理说明

项目采用敏捷开发方法，分阶段进行迭代开发和评估，以快速响应市场变化和需求。

4. 所需环境条件

硬件平台	实验环境所需设备	设备用途	现有设备	需增加设备
服务器	云服务提供商	应用托管、数据库	有	无

软件平台	实验环境所需软件平台	软件用途	现有软件	需增加软件
开发工具	Visual Studio Code	编码	有	无

5. 资源分配

任务	起止时间	人员	所需设备
设计	2023 年 5 月 8 日~2023 年 5 月 20 日	设计团队	设计软件
编码	2023 年 5 月 21 日~2023 年 7 月 10 日	开发团队	开发工具
测试	2023 年 7 月 11 日~2023 年 7 月 31 日	测试团队	测试工具

6. 计划进度安排

请参考 2. 项目阶段划分。

7. 项目成本预算

时间阶段	金额
2023 年第二季度	800 000 元
2023 年第三季度	800 000 元
合计	1 600 000 元

---

① 本案例中陈某既是技术开发部门负责人，又是项目经理，所以 AI 将陈某分配为系统设计员。在实际操作过程中，需要谨慎核查。

8. 风险分析和处理
详见公司风险管理计划。
项目经理签字：　　　　　　　　　部门经理签字：

陈恭将 AI 生成的项目计划做了修正，并发送给了李斯和投资人。很快项目计划获得了投资人的认可，团队获得了第一笔资金，开始了紧锣密鼓的准备工作。

7.2.4　维护项目计划，实施变更管理

拿到项目的首期投资后，李斯和伙伴们一起评审了未来半年的任务规划（见表 7-1）。大家一致认为线上平台开发是重中之重，7 月底交付对"职人大咖"项目的整体运作造成的风险太高，需要控制风险。于是，决定给马珂的团队增加人力资源投入，希望能够提前交付。陈恭接收到这个信息，需要调整项目计划。他充分利用了 AI 的持续对话功能，输入了下面的提示词。

我们的项目现在发生了一些变动，本来我们的平台交付时间是在 7 月底，但是由于这个项目比较重要，现在各项目阶段的人数均增加了 2 个人，我们的进度可以推进得更快。
同样，原来的项目角色也做了如下的调整。
项目发起人：马珂。
项目经理：陈恭。
产品经理：大鹏。
开发人员：于倩、乔乔、苏明、周周、彪哥、福华、三丰等。
测试人员：木宇、吴伟、小凤。
运维人员：乔乔等。
运营人员：春哥等。
===
请对原有项目计划进行调整，并按照原有格式输出。

针对变更的内容，AI 给出了反馈。令陈恭感到意外的是，AI 能够根据对话，将项目计划中的"第几次修改"自动从上一版本的"0"，修改为"1"。

更新后的项目计划
序号：001
项目名称：职人大咖 App
执行部门：技术开发部
负责人：陈恭
项目类别：[x] 系统集成项目
项目起止日期：从 2023 年 5 月 1 日至 2023 年 6 月 30 日（提前至 6 月底完成）

项目合同额：1 600 000 元

合同号：ZRDG202305

项目代号：ZRDG-App

计划完成时间：2023 年 6 月 30 日

修改时间：--

第几次修改：1

1. 项目概述

开发一个专门销售咖啡及其周边产品的电商平台，平台应具备完整电商功能，包括用户管理、产品展示、订单处理、支付系统和用户反馈。预计提前完成，以满足投资人的期望。

2. 项目阶段划分

AI 重新输出的项目阶段划分见表 7-3。

表 7-3　变更后的项目阶段划分

项目阶段	主要任务	人数 / 人	起止时间	输入 / 输出
项目启动阶段	团队组建、项目启动会议	12	2023 年 5 月 1 日 ~ 2023 年 5 月 7 日	项目计划、团队确认
需求与设计阶段	需求收集、系统设计	8	2023 年 5 月 8 日 ~ 2023 年 5 月 20 日	需求文档、设计稿
开发阶段	前端与后端开发、系统集成	10	2023 年 5 月 21 日 ~ 2023 年 6 月 10 日	初始开发版本
测试与部署阶段	测试、修复、部署	7	2023 年 6 月 11 日 ~ 2023 年 6 月 30 日	测试报告、上线版本

陈恭发现"技术岗位分配"没有更新，他追问 AI。

重新生成技术岗位分配表。

AI 给出了更新后的表格，如表 7-4 所示。

表 7-4　变更后的技术岗位分配

技术岗位	人员	人数 / 人	负责人
需求分析员	大鹏	1	大鹏
系统设计员	陈恭	1	陈恭
前端开发员	于倩	1	于倩
后端开发员	乔乔、苏明、周周、彪哥、福华、三丰	6	苏明
测试员	木宇、吴伟、小凤	3	木宇
运维人员	乔乔	1	乔乔

遗憾的是，陈恭意识到自己没有对开发人员按前后端的技能域提示 AI，于是，他不得不重新设定提示词。

> 乔乔属于前端开发员，请重新生成技术岗位分配。

"感谢指出需要修正的信息。下面是更新后的技术岗位分配情况，以确保所有岗位和人员的正确配置。" AI 回应道，并重新生成了表格，如表 7-5 所示。

表 7-5　重新生成的技术岗位分配

技术岗位	人员	人数 / 人	负责人
需求分析员	大鹏	1	大鹏
系统设计员	陈恭	1	陈恭
前端开发员	于倩、乔乔	2	于倩
后端开发员	苏明、周周、彪哥、福华、三丰	5	苏明
测试员	木宇、吴伟、小凤	3	木宇
运维人员	乔乔	1	乔乔

同时，因为乔乔在项目中承担了多项任务，AI 友好地提醒陈恭。

> 在此修正后的表中，乔乔被正确地标记为前端开发员和运维人员，确保他的多重角色在项目中得到适当的体现和管理。这样的安排有助于更有效地利用团队资源，同时保持项目的流程和质量控制。

为了确保项目顺利开展，陈恭又让 AI 根据项目管理计划书输出项目团队的职责矩阵，具体如表 7-6 所示。

表 7-6　"职人大咖" App 开发项目成员职责矩阵

成员	角色	R	A	S	C	I
陈恭	项目经理	X	X			
大鹏	产品经理	X			X	X
于倩	前端开发员	X		X		X
乔乔	前端开发员 / 运维人员	X		X	X	X
苏明	后端开发员	X		X		X
周周	后端开发员	X		X		X

成员	角色	R	A	S	C	I
彪哥	后端开发员	X		X		X
福华	后端开发员	X		X		X
三丰	后端开发员	X		X		X
木宇	测试人员	X		X	X	X
吴伟	测试人员	X		X	X	X
小凤	测试人员	X		X	X	X
春哥	运营人员	X		X	X	X

注：X 代表该成员的职责。

① R (Responsible)：负责执行任务的人。

② A (Accountable)：最终责任人，通常是负责项目决策和审批的人。

③ S (Support)：提供资源或协助完成任务的人。

④ C (Consulted)：在决策过程中提供意见的人。

⑤ I (Informed)：需要被告知决策或行动结果的人。

至此，陈恭完成了项目计划的变更工作，团队也进入了紧张的工作中。

7.2.5 紧急项目管理

时间飞逝，备受瞩目的"职人大咖"项目线下体验店在七月底如期隆重开业。与此同时，项目线上平台也顺利上线，各项功能逐渐完善。在一个周五的上午，李斯突然接到了一位投资人的电话。

投资人热情洋溢地说："李斯，最近直播'带货'非常火。你看我们是否能在下周二开展一场直播'带货'的运营活动？"听到这个提议，李斯有些愕然，因为从开始筹备到执行，仅有五天的时间，时间非常紧迫。他需要了解技术团队能否支持，以及陶戈的运营团队是否有足够的主播资源等相关信息。

"我们先看看是否可以做，"李斯说，"我们可能需要……"

然而，投资人并没有给李斯任何回旋的余地，他打断了李斯的话语，坚定地说："太好了，李斯。我相信你们可以做到。"说完便挂掉了电话。李斯感到压力很大，他叹了一口气，放下了电话。

很快，李斯召集了团队其他成员，将投资人的要求告诉了大家。团队成员们都感到压力巨大，因为直播"带货"对他们来说是一个全新的领域，需要在短时间内做好准备。但是，大家都明白，这是一个难得的机会，如果能够成功，将对项目的发展产生积极的影响。

面对这种突然而来的挑战，而且又是一个陌生的领域，李斯想到了寻求 AI 的帮助。AI 尽管在某些方面可能缺乏垂直行业的专业技能，但它的知识面远远超过自己。于是，李斯输入了自己的问题，他没有头绪，思路也有些混乱。

"希望 AI 不辜负我的期望，帮我快速理出一条主线。"李斯心想。

> 我们的"职人大咖"项目要增加直播"带货"板块，主要是销售一些咖啡豆、咖啡粉、咖啡研磨机、咖啡滤纸等，现在是周五，直播将在下周二晚上开始，我该如何制定详细的时间节点计划来保障直播的顺利进行？比如周五下午，与直播公司确定直播时间，确保时间安排符合公司要求。周一上午罗列参与直播的货品清单等，以表格形式输出。表头：项目事项、具体时间点、相关干系人等。

神奇的是，AI 给出了颇为专业的回复，它扮演了一名勤勤恳恳的、冷静的、专业的职业人士。

> 为确保您的"职人大咖"直播"带货"活动顺利进行，以下是针对直播准备的详细时间节点计划。

AI 生成的"职人大咖"直播准备计划如表 7-7 所示。

表 7-7　"职人大咖"直播准备计划

项目事项	具体时间点	相关干系人
确定直播持续时间和具体安排	周五下午 2：00—4：00	直播公司负责人、项目经理、主播
确认直播脚本和活动流程	周五下午 4：00—6：00	内容团队、营销团队、主播
罗列参与直播的货品清单	周一上午 9：00—11：00	产品团队、库存管理
确认直播货品的库存与物流安排	周一下午 1：00—3：00	仓库管理、物流协调员
主播及技术团队设备测试	周一下午 3：00—5：00	技术支持团队、主播
审核最终直播脚本和流程	周二上午 10：00—12：00	项目经理、内容团队、主播
准备直播场地和设备	周二下午 1：00—3：00	场地管理、技术支持团队
主播彩排	周二下午 3：00—5：00	主播、导播、技术支持团队
直播开始	周二晚上 8：00	主播、直播技术团队、客服团队

> 此计划表涵盖了直播前所有关键步骤，包括与直播公司的协调、产品清单的准备、技术测试等。

在接下来的几天里，李斯带领团队成员全力以赴，与技术团队和运营团队紧密合作，商讨直播策略、挑选主播、准备商品等。经过一番紧张的筹备，他们终于在周二成功地开展了直播"带货"运营活动。

活动当天，直播间人气高涨，观众络绎不绝。凭借着团队成员们的努力和团队协作，直播"带货"活动取得了巨大的成功，销售额突破了预期。投资人对他们的表现非常满意，给予了高度评价和肯定。

这次直播"带货"活动的成功，不仅让"职人大咖"项目在短时间内获得了更多的关注和支持，还为团队带来了更多的合作机会。李斯和他的团队深知，只有不断挑战自己，才能在激烈的市场竞争中立于不败之地。

在直播"带货"活动圆满结束后，李斯与其他合伙人终于有机会坐下来，深入回顾和总结整个活动的策划和执行过程。他们认真分析了活动的成功之处和需要改进的地方，以及在活动策划和执行过程中学到的重要知识。团队中的每个成员都分享了自己在活动执行过程中的心得体会，最终总结出以下几点。

首先，他们意识到 AI 的知识库可以非常有效地帮助他们消除某些领域的知识盲区。在策划过程中，他们利用 AI 的强大知识库，找到了直播的核心任务，全面而准确地把握了关键路径，从而为直播提供了有力支持。

其次，他们认识到大多数人都无法学习和理解所有领域的知识，而 AI 可以作为强有力的辅助工具，让人们快速获取所需的知识。这使他们在策划过程中能够更加高效地做出决策。

此外，他们发现 AI 在他们熟知的领域也能为他们带来看待问题的不同视角。这有助于确保方案的全面性和创新性，从而提高项目的成功率。

然而，他们也意识到 AI 并非万能的。在某些专业领域，专家的知识和经验仍然是不可或缺的。在项目执行过程中，他们需要借助专家的知识和经验来识别和确认 AI 输出内容的适宜性和准确性，以确保项目的顺利进行。

总之，这次突然的直播"带货"活动让李斯和其他合伙人深刻体会到了 AI 在项目策划和执行过程中的巨大价值。他们认识到，在充分利用 AI 的同时，也需要结合专家知识和经验，这样才能确保项目的成功。这次实践为他们未来的工作和项目提供了宝贵的经验和启示。

第 8 章

AI 辅助数据分析和编程

项目启动两个月后，在一间会议室内，四位创始人围坐在一张桌子旁，讨论他们的咖啡业务。

戴伟："首先，我觉得我们需要严肃看待我们的财务状况。目前的投资回报率还远未达到我们的预期。"

李斯："我记得我们当初决定实行最小可行产品，就是为了初步了解资金需求。而现在我们面临的问题，似乎超出了最初的估计。"

陶戈："确实，我们的市场推广似乎没能打动目标用户。我们是否应考虑利用AI来分析用户行为，从而更精确地调整我们的市场策略？"

马珂："这是个好主意，我可以建立一个数据分析平台，集成先进的AI工具来识别用户行为和偏好。但我们需要更详细的数据输入，包括用户交互和购买历史。"

戴伟："收集更详细的数据需要更多的资金投入。我们财务上的压力已经很大了，你觉得值得吗？"

陶戈："如果我们不改进我们的策略，我们可能会失去更多。数据分析平台的引入可能是我们转变局面的关键。"

李斯："我同意陶戈的看法。我们需要从根本上提高产品的吸引力。'职人大咖'项目的咖啡品质和供应链管理已经达到顶级水平，但如果没有正确的市场定位，这一切都毫无意义。"

马珂："我理解你们的担忧。我可以先进行一轮初步的数据分析，我会使用一些开源的AI工具来帮助我们理解目前的用户行为模式。这样我们可以低成本地测试这一策略的有效性。"

戴伟："那好，马珂，这个任务就交给你了。但请记住，我们需要在下个月的董事会会议前看到初步结果。"

李斯："这是'职人大咖'项目的生死存亡之战，我们必须做出明智的决定。让我们团结一致，确保每一步都是计算过的。"

随着会议的深入，四位创始人的讨论愈发激烈，但最终他们都同意将这一重要任务交给马珂来执行，期待借助AI工具的力量改变现状。

会议结束后，马珂思考如何开展AI数据分析工作。根据以往的经验和公司的资金投入状况，他决定先调研哪些数据可以进行分析，再尝试使用AI工具辅助数据分析工作，最后考虑AI数据分析平台的建设。

8.1 AI 数据分析概述

什么是数据分析呢？ AI 数据分析与传统数据分析有哪些区别呢？带着这些问题，马珂开始了他的"职人大咖"项目运营数据分析之旅。

8.1.1 AI 数据分析定义

AI 数据分析是利用人工智能技术来处理、分析和理解数据的过程。它结合了数据分析、机器学习和深度学习等技术，旨在从数据中提取有用的信息、发现隐藏的模式，并进行预测和决策支持。

AI 数据分析的主要目标是通过自动化和智能化的方法来解决复杂的数据挖掘和分析问题。它可以应用于各种领域和行业，包括但不限于商业、金融、医疗、科学研究、工程等。

AI 数据分析具有许多优势，具体如下。

- 自动化处理：AI 数据分析可以自动执行数据处理、模型训练和预测等任务，减少了对人工的需要，提高了工作效率。
- 大规模数据处理：AI 数据分析可以处理大规模的数据集，包括结构化数据、非结构化数据和半结构化数据，可以帮助用户从海量数据中提取有用信息。
- 发现潜在模式和趋势：AI 数据分析可以发现数据中隐藏的模式和趋势，帮助用户更好地理解数据背后的规律和关联性，从而做出更准确的预测和决策。
- 多领域应用：AI 数据分析在各个领域都有广泛的应用，包括金融、医疗、零售、制造、物流等领域，可以帮助企业和组织解决各种复杂的业务问题。
- 智能决策支持：AI 数据分析可以为决策者提供智能化的决策支持，通过分析数据和模型输出，帮助决策者做出更明智的决策。
- 实时响应能力：AI 数据分析可以实时处理数据并做出相应的预测和决策，适用于需要及时响应和调整的业务场景。

总的来说，AI 数据分析通过其自动化处理、大规模数据处理、发现潜在模式和趋势、多领域应用、智能决策支持以及实时响应能力等优势，为企业和组织提供了强大的数据分析工具，可以帮助他们更好地理解数据、优化业务流程、提高效率和创造价值。

8.1.2 AI 数据分析与传统数据分析的区别

传统数据分析是使用传统的统计学方法和数据处理技术来分析数据的过程。它侧重于利用基本的统计学原理和技术来描述、总结和推断数据的特征和关系。传统数据分析通常采用的方法包括描述统计、推断统计、回归分析、方差分析等。

传统数据分析的主要目标是通过对数据的整理、汇总、分析和解释来获取对现象或问题的理解，并从中得出合理的结论或建议。它通常适用于分析小规模、结构化的数据，例如基于问卷调查或实验数据的分析。

AI数据分析是利用人工智能技术来处理、分析和理解数据，可以应用于各种任务，如分类、回归、聚类、异常检测、文本分析、图像识别等。

AI数据分析与传统数据分析的主要区别如表8-1所示。

表8-1　AI数据分析与传统数据分析的主要区别

项目	AI数据分析	传统数据分析
技术方法	利用人工智能技术，如机器学习、深度学习等	使用基本的统计学方法和传统的数据处理技术，如描述统计、假设检验等
数据量与复杂度	通常处理大规模、非结构化数据，复杂度高	主要适用于小规模、结构化数据，复杂度相对较低
模式识别与预测能力	能够发现复杂模式和趋势，并进行预测	主要用于描述数据的基本特征和关系，较少涉及预测
自动化程度	通常具有较高的自动化程度，能够自动学习和提取信息	较少自动化，通常需要人工干预和判断
处理非结构化数据的能力	能够处理非结构化数据，如文本、图像、音频等	主要处理结构化数据，较少处理非结构化数据
灵活性与适应性	具有较高的灵活性，能够适应不同类型和规模的数据分析任务	一般适用于特定类型和规模的数据分析任务
应用范围	广泛应用于各领域，如商业、金融、医疗、科学研究等	在市场调研、财务分析、医学研究等领域有广泛应用

通过深入对比分析，可以清晰地认识到，AI的数据分析能力在非结构化数据处理、大规模数据处理以及分析深度、广度等方面均展现出超越传统数据分析的巨大优势。在未来的数据处理领域，AI工具无疑将成为经营者和组织的得力助手，提供更强大、更智能的数据分析支持。

8.1.3　常用的AI数据分析工具和技术

在当前数字化时代，人工智能技术正以前所未有的速度蓬勃发展，成为推动各行各业变革的关键力量。伴随着AI技术的蓬勃发展，市场上的AI数据分析工具也如雨后春笋般涌现，呈现出令人眼花缭乱的态势。各种AI大模型层出不穷，为数据分析师们提供了丰富的选择和强大的工具。

在众多的 AI 数据分析工具中，以下是一些常见的工具。

- Python 及其相关库：Python 是一种灵活、强大的编程语言，结合其相关库（如 NumPy、Pandas、Scikit-learn、TensorFlow、PyTorch 等），可以执行数据处理、机器学习、深度学习等各种数据分析任务。
- R 语言及其相关包：R 语言在统计分析和数据可视化领域表现出色，其相关包（如 ggplot2、dplyr、caret 等）提供了丰富的功能，适用于数据探索、建模和可视化。
- SQL 数据库管理系统：SQL 数据库管理系统（如 MySQL、PostgreSQL、SQLite 等）用于存储和管理大量结构化数据，对数据存储、检索和分析非常有效。
- 数据可视化工具：数据可视化工具（如 Matplotlib、Seaborn、Plotly、Tableau、Power BI 等）用于将数据转换成易于理解的图表和图形，帮助用户更好地理解数据、发现趋势和模式。
- Web Scraping 工具：Web Scraping 工具（如 Beautiful Soup、Scrapy 等）用于从网页上抓取数据，对数据采集和数据收集非常有用。
- 数据清洗工具：数据清洗工具（如 OpenRefine、Trifacta Wrangler 等）用于清理、转换和准备数据，帮助用户处理数据中的噪声、缺失值和异常值。
- 数据处理工具：数据处理工具（如 Excel、Google Sheets 等）提供了基本的数据处理功能，适用于简单的数据处理和分析任务。
- 特定领域的工具：针对特定领域的数据分析任务，可能需要使用特定领域的工具和软件，如地理信息系统（Geographic Information System，GIS）、生物信息学工具、金融分析软件等。

作为数据分析的核心，AI 数据分析采用的主要方法见表 8-2。

表 8-2　AI 数据分析的主要方法及其应用场景

方法	描述	应用场景
统计分析	描述数据的基本情况，如均值、中位数、标准差等	数据概览、数据摘要、基本分析
机器学习算法	- 聚类：将数据分成具有相似特征的组 - 分类：预测数据点所属的类别 - 回归：预测数值型数据 - 关联规则挖掘：发现数据项之间的关联关系	市场细分、客户分类、风险评估、销量预测、推荐系统等

方法	描述	应用场景
深度学习算法	– 神经网络：模拟人脑神经网络结构 – 卷积神经网络：主要用于图像处理和识别任务 – 循环神经网络：适用于序列数据	图像识别、语音识别、自然语言处理、时间序列预测等
数据挖掘技术	– 特征工程：选择、构建、转换数据特征 – 模式识别：发现数据中的重复模式或规律 – 异常检测：识别数据中的异常或离群点	欺诈检测、异常检测、趋势分析等
自然语言处理技术	– 文本分析：分析文本数据的内容和结构 – 情感分析：识别文本中的情绪倾向 – 命名实体识别：识别文本中的实体名称	舆情分析、文本分类、情感分析、实体识别等
图像处理技术	– 图像分类：将图像分到不同的类别中 – 目标检测：在图像中标注并识别特定对象的位置 – 图像分割：将图像分成多个区域或对象	图像识别、物体检测、图像分割、医学图像分析等
声音处理技术	– 语音识别：将声音转换成文本 – 语音合成：将文本转换成声音 – 声音情感分析：识别声音中的情感倾向	语音助手、语音识别应用、情感分析等

AI 数据分析的核心在于利用先进的 AI 算法，对海量的数据进行自动化、智能化的处理，从而为企业和组织带来更高的决策效率和更好的业务发展。随着 AI 技术的不断发展，未来将会有更多的 AI 数据分析工具涌现，为数据分析师们提供更加便捷、高效的数据分析体验。

8.2 AI 辅助数据分析

AI 数据分析通常可以分为定量分析和定性分析两种。定量分析和定性分析在数据分析过程中通常是相辅相成的，两者结合可以更全面地理解和解释数据，为用户提供更深入的洞察和见解。

● 定量分析是基于数值数据进行的分析，主要关注数据的数量特征、数值间的关系和趋势。常见的定量分析方法包括统计分析、机器学习算法、深度学习算法等。定量分析可以帮助用户量化和衡量数据中的各种属性和指标，执行预测、分类、回归等任务。

● 定性分析是基于非数值数据进行的分析，主要关注数据的质性特征、描述性信息和主观判断。常见的定性分析方法包括文本分析、情感分析、内容分析、主题分析等。定性分析可以帮助用户理解数据的含义和语境，挖掘数据中的隐藏信息和意义。

AI 数据分析是一个系统性的过程,涉及从数据分析的目的、原始数据收集到最终决策制定的多个步骤。一般而言,AI 数据分析通常包括以下几个步骤。

- **数据分析的目的**:定义数据分析需要解决的业务问题,设定数据分析的目标。
- **模型选择与评估**:根据数据类型及分析目的,选择适当的机器学习或深度学习模型,并评估模型的性能。
- **数据收集与清洗**:收集数据并对其进行清洗和预处理,以确保数据质量和可用性。
- **数据分析**:从原始数据中提取相关的特征,并根据业务问题的需要选择合适的特征。
- **信息提取与决策**:利用训练好的模型从新数据中提取信息,进行预测,并根据预测结果做出相应的决策或行动。

根据会议的决定,马珂清楚自己的数据分析目标是了解公司的市场定位是否合理。这种分析必然涉及消费者的情感分析,需要采用定量和定性分析相结合的方法。根据表 8-2 中的 AI 数据分析方法,马珂决定采用自然语言处理技术来完成 AI 数据分析的任务。

"我们的商业模式主要是线上销售与线下体验相结合的方式。公司的主要营业收入来自线上咖啡及其周边产品的销售。" 马珂想, "我需要了解同类咖啡在竞品平台的销售价格与销售情况,看看我们的市场定价是否与细分市场的定价相符合。"

"我可以使用定量分析的方法。" 马珂进一步想, "我还可以从公司的销售系统获取消费者的购买反馈,了解他们对'职人大咖'品牌的反馈。当然,我还可以接入舆情监控网站的系统,了解咖啡行业的热点事件,进一步调研目标消费者的喜好。这种分析,会涉及对消费者的具体的情感进行分析。"马珂最终梳理清楚了自己的工作思路。

马珂立即行动起来,开始了数据收集与分析工作。

8.2.1　AI 辅助定量数据分析

1. 定量数据收集和清洗

目前,市场上的数据收集工具很多,根据数据采集源的不同,主要分为三大类。

- 网络公开数据的收集:主要使用 Web Scraping 工具、Scraper 和 Octoparse 等工具,为非程序员用户提供便捷的数据抓取服务。当然,对程序员来说,也可以利用 Python 提供的强大工具,如 Beautiful Soup、Scrapy 等,开发网络爬虫抓取网络数据。这些工具可以帮助用户轻松地从网站上提取所需的信息，以便于进一步分析和利用。

● 私有数据的收集：通过 API，如微信 API、谷歌 API、微博 API 等，获取应用软件平台提供的对外数据。这些 API 通常需要用户注册并获取相应的权限，以便访问平台上的私有数据。此外，还可以通过数据库管理系统（Database Management System，DBMS）获取企业内部的相关数据，这些数据通常包括客户信息、销售数据、库存记录等，对企业的运营和决策具有重要价值。

● 第三方专业数据采集平台或政府部门：有时候，企业或个人可能需要从第三方专业数据采集平台或政府部门购买数据。这些平台通常提供丰富的数据资源，覆盖各个行业和市场。例如，从各种舆情监控平台、市场调研机构等购买的数据，可以帮助企业了解市场动态、竞争对手情况以及消费者需求等信息。这些数据对制定市场策略和决策具有重要指导意义。

按照规划，马珂要收集的竞品平台的数据属于网络公开数据，可以使用 Scraper 工具进行收集或者用 Python 编写网络爬虫收集。不幸的是，Scraper 工具只支持有限的数据爬取，马珂决定让 AI 帮助自己，实现使用 Python 爬取网络数据。

> 你是一位数据分析师，你擅长各种数据分析技能和工具，请用 Python 代码爬取这个网页的全部商品的产品名、产品规格和价格
> https：//www.×××.com/，并输出到一张 ExceL 表中。

AI 给出的反馈如下。

> 由于我无法直接运行网络抓取脚本或访问外部网站，我可以提供一个使用 Python 和 Beautiful Soup 进行基本网页抓取的示例代码。你可以自己在编程环境中运行这个代码，以从该平台的搜索结果页面抓取商品名称、规格和价格信息，然后将结果存储到 Excel 文件中。

接着，AI 给出了使用 Python 抓取网络数据的代码，甚至包括 Python 的安装方法。

"太棒了！" 马珂暗暗赞道。

```
import requests
from bs4 import BeautifulSoup
import pandas as pd
def fetch_amazon_data(url):
```

```
            headers = {
        'User-Agent': 'Mozilla/5.0 (Windows NT 10.0; Win64; x64) AppleWebKit/537.36
(KHTML, like Gecko) Chrome/58.0.3029.110 Safari/537.3'}
            response = requests.get(url, headers=headers)
            if response.status_code == 200：
                return response.text
            else：
                print("Failed to retrieve the webpage")
                return None
        def parse_data(html)：
            soup = BeautifulSoup(html, 'html.parser')
            items = soup.find_all('div', {'data-component-type'：'s-search-result'})
            product_list = [ ]
            for item in items：
                name = item.find('span', class_='a-text-normal').text.strip()
                price = item.find('span', 'a-price-whole')
                price = price.text.strip() if price else 'No price avAllable'
                size = item.find('span', 'a-size-base-plus')
                size = size.text.strip() if size else 'No size avAllable'
                product_list.append({'Product Name'：name, 'Price'：price, 'Size'：size})
                return product_list
        def save_to_excel(data, file_name)：
            df = pd.DataFrame(data)
            df.to_excel(file_name, index=False)
            print(f'Data successfully saved to {file_name}')
        # URL for Amazon search results
        url = 'https：//www.×××.com/'
        html = fetch_amazon_data(url)
        if html：
            products = parse_data(html)
            save_to_excel(products, 'amazon_coffee_products.xlsx')
```

　　当然，马珂清楚，目前 AI 辅助代码设计的功能并不是特别成熟，他修正了部分代码，具体如下。调试之后，马珂成功将竞品平台的咖啡售卖信息抓取下来，如图 8-1 所示。

```
        try：
            # Use Beautiful Soup to parse HTML data
            with open(url, encoding="utf-8",mode="r") as f：
```

```
        pageInfo = f.read()
    coffeeText = BeautifulSoup(pageInfo,'html.parser')

    context = coffeeText.find_all('span')
    #error handling：if not 'span' mode, get all the text;
    #otherwise, get the right contents
    if context is None：
        contents = coffeeText.getText()
    else：
    #Grap the text contents by using build-in getText function
        contents = coffeeText.getText()

    #save info into a local file
    infoStore(contents,para_fbfile)

except BaseException：
    tkinter.messagebox.showinfo("message","No data parsered")
    sys.exit()
```

获得竞品平台的咖啡售卖信息后，马珂让 AI 进行数据的自动清洗工作。

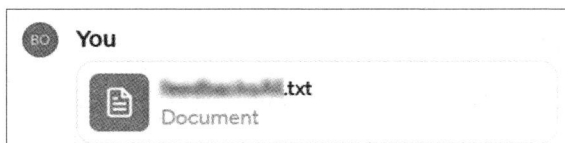

根据上述文档，按"咖啡名字，顾客数量，评价星级，价格"的方式输出。
要求：按表格的格式输出。

AI 输出的竞品平台的咖啡售卖信息如表 8-3 所示。

表 8-3　竞品平台的咖啡售卖信息

序号	咖啡名字	顾客数量	评价星级	价格
1	Cameron 咖啡烘焙全豆咖啡，早餐混合	4000+	4.3 星	US$9.98
2	旧金山湾全豆咖啡 – 摩卡爪哇	500+	4.4 星	US$19.99
3	Copper Moon 危地马拉安提瓜混合	600+	4.3 星	US$21.33
4	Blue Bottle 全豆有机咖啡，大胆，黑烤	600+	4.2 星	US$14.99

序号	咖啡名字	顾客数量	评价星级	价格
5	Starbucks 星巴克深度烘焙咖啡	1000+	4.6 星	US$50.88
6	Lavazza Gold Selection Filtro 全豆咖啡轻烤	700+	4.6 星	US$24.03
7	Kauai 全豆咖啡，香草澳洲坚果	600+	4.4 星	US$24.99
8	Intelligentsia 咖啡，淡烤全豆咖啡	1000+	4.1 星	US$14.99
9	Lavazza Caffe Espresso 全豆咖啡混合	4000+	4.5 星	US$24.00
10	Lion Coffee 香草澳洲坚果风味全豆咖啡	50+	4.6 星	US$11.50
11	Gevalia 温和烤全豆咖啡	700+	4.5 星	US$10.93
12	happy coffee 12oz whole bean， light roast	40+	4.3 星	US$11.99
13	AmazonFresh 直接贸易卢旺达全豆咖啡，淡烤	3000+	4.3 星	US$14.38
14	Roast Ridge Whole Bean Coffee， Light Roast Breakfast Blend	10+	3.8 星	US$14.99
15	Lion Coffee 烤椰子味，轻烤全豆咖啡	50+	4.6 星	US$33.95
16	Starbucks 星巴克阳台混合全豆咖啡	400+	4.5 星	US$119.95
17	The Organic Coffee Co. 全豆咖啡 – 早餐混合	100+	4.3 星	US$25.99
18	Tiny Footprint 咖啡 – 招牌混合，轻烤	100+	4.1 星	US$38.99
19	Cameron 咖啡无咖啡因早餐混合全豆咖啡	50+	4.0 星	US$45.64
20	Café Britt – Costa Rican Light Roast Coffee	50+	4.8 星	US$44.85

在 AI 的帮助下，马珂获得了清洗后的竞品平台的咖啡售卖数据，并开始了数据分析工作。与之前的数据收集和清洗工作相比，马珂感觉到自己的工作效率有了质的飞跃。之前用时一天的工作，在 AI 的协助下，他在 1 个小时内就完成了。

"科学技术就是生产力。"马珂再一次验证了这个道理。

2. 定量数据分析与结果展示

定量数据分析通常分为数据分析和数据可视化两个阶段。这一次，马珂想试一下 AI 的能力上限。于是，他给 AI 设定了一个非常有挑战性的任务。

```
## 角色
你将扮演数据分析专家的角色。
## 技能
精通数据分析师所需要的所有技能。
## 要求
你的任务是根据我提供给你的数据集和具体任务，给出我所需要的答案，在处理数据集
```

的时候，你要完成数据清洗、数据内容分析、数据可视化、建模等相关数据分析师需要完成的工作。

任务

按照我的要求，帮我生成相应的内容。接下来你的第一个任务是，对我上传的咖啡售卖数据进行分析（不要设限）。

这是一个相当复杂的任务，马珂希望 AI 从非结构化的文本数据（参考图 8-1）中，自动获取重要数据，并清洗数据，进行建模分析和数据可视化。

"希望这一次 AI 给我带来更大的惊喜，"马珂沉思道，"如果它能做到，或许，我们需要获得一笔预算，以构建我们的 AI 平台。"

在自己期盼而又忐忑不安的心情下，马珂输入了下面的提示词。

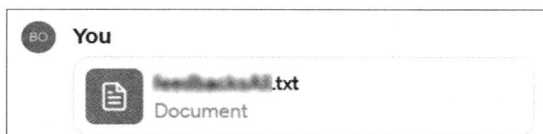

你将扮演数据分析专家的角色。

你精通数据分析师所需要的所有技能。

接下来你的任务是根据我提供给你的数据集和具体任务，给出我所需要的答案，在处理数据集的时候，你要完成数据清洗、数据内容分析、数据可视化、建模等相关数据分析师所需要完成的工作，按照我的要求，帮我生成相应的内容。接下来你的第一个任务是，对我上传的咖啡售卖数据进行分析（不要设限）。

按了回车键之后，马珂的眼睛不禁睁大了。

AI 给出了令人赞叹的回答。

好的，我将对上传的咖啡销售数据进行全面分析。流程包括数据清洗、数据内容分析、数据可视化以及任何需要的数据建模。首先，我将提取数据文件中的信息，整理格式，并检查数据的完整性和一致性。之后，我将探索数据以发现潜在的趋势、模式或异常值，并提供可视化结果来支持分析。最后，根据需要进行数据建模或更深入的分析。

我现在将开始解析上传的文件中的数据。

AI 输出了自己生成的程序代码，如图 8-1 所示。

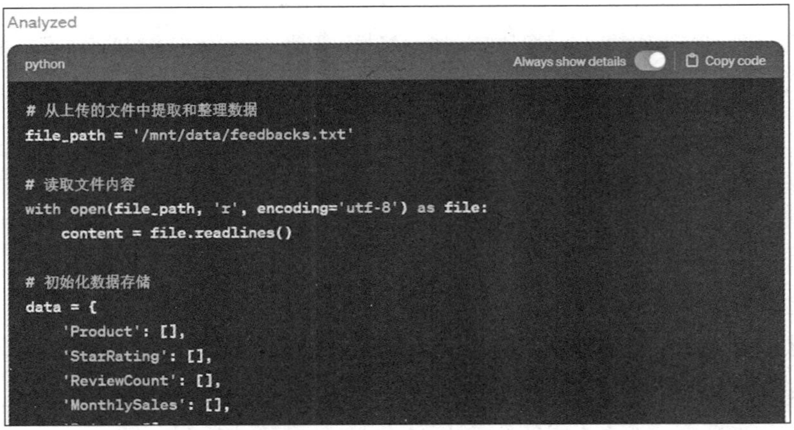

图 8-1 AI 生成的数据分析 Python 代码

经过一番自动化解析后，AI 给出了相应的数据结果。

> 现在，我已经成功提取了咖啡销售数据并整理到一个结构化的数据框（DataFrame）。
> 下面，我将进行数据清洗和探索性数据分析，以便更好地了解这些数据中的趋势和模式。
> 接下来的步骤如下。
> 1. 数据清洗：处理任何缺失或异常值，并将月销售量中的文字（如"顾客购买"）转换为可操作的数字。
> 2. 数据可视化：创建图表，显示产品的月销售量、价格、星级评价等信息之间的关系。
> 3. 趋势分析：分析哪些产品表现较好，以及哪些因素可能影响销售和顾客评价。
> 4. 进一步分析：如果有必要，进行更深入的数据建模或统计分析。

紧接着，AI 自动开始了数据清洗的工作。

```
# 数据清洗步骤
# 1. 转换月销售量中的文字为可操作的数字
df_coffee_sales['MonthlySales'] = df_coffee_sales['MonthlySales'].
apply(lambda x：int(x.split('+')[0].replace(',', '')))
# 2. 检查并处理任何缺失或异常值
df_coffee_sales['PricePerUnit'] = df_coffee_sales['PricePerUnit'].
fillna('Unknown')
# 检查 DataFrame 的当前状态
df_coffee_sales.info()
df_coffee_sales.describe()
```

在不需要马珂进行任何干预的情况下，AI 已经完成了数据清洗，并开始了数据可视化和趋势分析的工作。

数据清洗完成后，数据框中现有 17 条记录，每条记录均已填满，无缺失值。接下来，我将通过可视化方法分析数据，尤其关注星级评价、月销售量、评论数量和价格之间的关系。

1. 星级评价与月销售量：观察不同评级的产品的销售表现。
2. 价格与月销售量：分析价格对月销售量的影响。
3. 评论数量与月销售量：查看评论数量是否影响月销售量。

我将生成可视化图表，帮助我们更好地理解数据中的趋势。

很快，AI 生成了绘图代码，并生成了可视化图表和分析结论。

```
import matplotlib.pyplot as plt
import seaborn as sns
# 设置图表风格
sns.set(style="whitegrid")
# 创建图表
fig,axes = plt.subplots(2, 2, figsize=(14, 10))
# 星级评价与月销售量
sns.scatterplot(ax=axes[0, 0], data=df_coffee_sales, x='StarRating',
y='MonthlySales', size='Price', hue='StarRating', sizes=(20, 200), legend=None)
axes[0, 0].set_title('Star Rating vs. Monthly Sales')
```

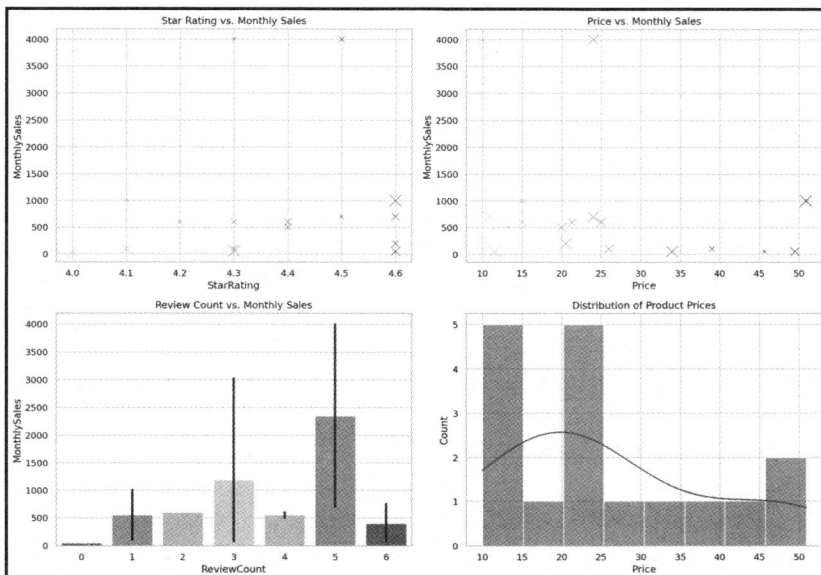

以上是数据可视化的结果，显示了咖啡销售数据间的各种关系。

1. 星级评价与月销售量：散点图显示，高星级评价的产品并不一定拥有高月销售量。这表明顾客的购买决策可能受其他因素影响，如品牌影响力或产品特性。

2. 价格与月销售量：价格与月销售量的关系似乎没有明显的规律，显示了在不同价格点的产品都能实现相似的销售水平。这可能表明这些咖啡产品的价格弹性较低。

3. 评价数量与月销售量：柱状图显示，评价数量较多的产品往往拥有更高的月销售量，表明了积极的用户评价可能促进更多的销售。

4. 产品价格分布：价格分布图表明，大多数产品的价格集中在较低的区间内，但也存在少数高价产品。

根据这些图表，我们可以推断，尽管产品的星级评价和价格是重要因素，但顾客的购买决策可能还受到其他营销因素的影响，如品牌的市场定位、广告和促销活动等。为了进一步深入了解这些因素如何影响销售，可能需要进行更多的数据收集和分析，包括品牌知名度、营销活动详情等。

"真是太棒了！"马珂不禁感叹目前的 AI 发展水平。

马珂又给出了下一条指令，他期望能够通过对竞品的售卖信息进行分析搞清楚"职人大咖"项目下一阶段的产品与市场定位。

接下来你的任务是：请根据你刚才的分析结果，帮我预测一下销售哪一种咖啡会带来更高的销售收入。

这个指令看似简单，但仍然需要 AI 进行数学逻辑运算，并根据分析结论，给出预测结果。

为了预测哪种咖啡可能会带来更高的销售收入，我们可以基于现有的销售数据和价格信息建立一个简单的预测模型。通常，销售收入由价格和销售量的乘积决定。我们可以利用这一点来预测哪种咖啡可能会产生更高的收入。

首先，我将计算每种咖啡的预期销售收入（＝月销售量 × 价格）。然后，我们可以比较这些收入从而预测哪种咖啡的销售潜力最大。这种方法简单直接，并且完全基于现有数据。

让我们计算并查看预期收入最高的咖啡产品。

```
# 计算每种咖啡的预期销售收入
df_coffee_sales['ExpectedRevenue'] = df_coffee_sales['MonthlySales'] * df_coffee_sales['Price']
# 排序查看预期销售收入最高的咖啡
highest_revenue_coffees = df_coffee_sales.sort_values(by='ExpectedRevenue', ascending=False).head()
highest_revenue_coffees[['Product', 'Price', 'MonthlySales', 'ExpectedRevenue']]
```

AI 给出了预测的会带来更高销售收入的咖啡品类。

根据预测的销售收入，以下是潜力最大的几种咖啡。

1.Lavazza Caffe Espresso。价格为 $24.00，月销售量为 4000 件，预期收入约为 $96 000。

2.Starbucks 星巴克深度烘焙咖啡。价格为 $50.88，月销售量为 1000 件，预期收入约为 $50 880。

3.Cameron 咖啡烘焙。价格为 $9.98，月销售量为 4000 件，预期收入约为 $39 920。

4.Lavazza Gold Selection Filtro。价格为 $24.03，月销售量为 700 件，预期收入约为 $16 821。

5.Kauai。价格为 $24.99，月销售量为 600 件，预期收入约为 $14 994。

基于当前数据，Lavazza Caffe Espresso 和 Starbucks 星巴克深度烘焙咖啡表现出较高的收入潜力，这主要得益于它们较高的价格和稳定的销售量。这两种咖啡很可能在未来保持高销售收入，它们都具有较强的品牌影响力和较大的市场需求。

根据"职人大咖"项目的实际情况，马珂将 Starbucks 星巴克深度烘焙咖啡调整为了 Cameron 咖啡烘焙，希望在增加公司营业收入的同时改善公司的现金流，确保公司健康发展。

马珂输入了以下指令，征求变更咖啡售卖品类的相关建议。

根据你预测的咖啡销售数据，如果我计划更换咖啡售卖品类，你有什么建议?

根据我对咖啡销售数据的分析，以下是一些可能会对你的咖啡售卖品类更换计划有帮助的建议。

1. ** 关注高收入咖啡 **

– 考虑增加那些预期销售收入高的咖啡品类，例如"Lavazza Caffe Espresso"和"Starbucks 星巴克深度烘焙咖啡"。这些咖啡品类不仅销量好，而且单价较高，能带来更多的销售收入。

2. ** 评价与销量的平衡 **

– 虽然星级评价最高的咖啡并不总是销量最高的，但通常良好的消费者评价能增强产品的吸引力。你可以考虑提供那些评价好且销量稳定的咖啡，如"Lavazza Gold Selection Filtro"和"Kauai"，这些都是市场表现良好的咖啡品类。

3. ** 价格敏感度 **

– 分析结果显示，咖啡的价格与销量之间没有非常明显的负相关关系，这意味着即使是高价位的咖啡也有稳定的市场需求。因此，引入一些高端品类的咖啡，可能会增加你的销售收入而不会对销量造成太大影响。

4. ** 探索新的口味和特色咖啡 **

– 消费者可能会对新口味和具有独特卖点的咖啡感兴趣，例如有机咖啡、单一产地或特别烘焙的咖啡。你可以考虑增加这些类型的咖啡，以吸引更广泛的消费者群体。

    5.** 营销和推广策略 **

    – 强化对销售表现良好的咖啡的营销推广，利用社交媒体、在线广告和口碑营销等手段提升这些产品的可见度。确保消费者能够了解到你所提供的高评价和高性价比的咖啡品类。

    6.** 监控和适时调整 **

    – 继续监控销售数据和市场反馈，根据消费者的喜好和市场趋势适时调整你的咖啡品类。这种灵活的策略可以帮助你更好地适应市场的变化，保持竞争力。

    综合考虑以上各点，合理调整你的咖啡售卖品类，可以帮助你吸引更多的消费者，提高销售额和利润。

马珂又征求了 AI 关于在线咖啡销售的建议，并做出了定量分析的最终报告。

8.2.2　AI 辅助定性数据分析

在分析完竞品平台的咖啡售卖相关信息后，马珂按照既定计划，开始分析开业以来，用户在自家售卖平台的留言。希望通过分析用户的留言反馈，了解用户的心路历程。

因为用户留言信息都存放在了公司的后台管理系统中，这一次，马珂使用数据库管理的技术，直接将用户反馈导出到文本文件中。

"长期来看，我应该开发一个 API 的端口，这样可以非常容易地将数据导出到 AI 系统，减少人工导出数据的成本。"马珂一边导出数据，一边开始规划公司在线平台与 AI 工具互联互通的研发设计工作。

有了之前与 AI 交互的经验，马珂决定再次让 AI 自动执行所有的分析任务。他重新设计了提示词。

> BO **You**
>
> 📄 用户反馈.**docx**
> Document

角色
你将扮演售后服务数据分析专家的角色。
技能
精通数据分析师所需要的所有技能。
有非常强的同理心，能从用户反馈中获取用户对品牌的情感诉求。
要求
你的任务是根据我提供给你的用户反馈和具体任务给出我所需要的答案，在处理数据集的时候，你要完成数据清洗、数据内容分析、数据可视化、建模与预测等相关数据分析师需要完成的工作。

- 没有提供反馈信息且没有追加信息的，数据可以清洗掉。

任务

按照我的要求，帮我生成相应的内容。接下来你的第一个任务是，对我上传的用户反馈进行分析（不要设限）。

然而，由于用户反馈是非结构化数据，包含了大量的特殊字符、图片等，需要进行大量的数据清洗工作，因此 AI 无法一次性产出马珂需要的结果。AI 输出内容如下。

根据上传的用户反馈数据，我将执行以下步骤进行全面分析。

1. 数据清洗

删除无反馈信息的记录：这些记录没有提供关于产品体验的有用信息，因此将从分析数据中排除。

提取和整理数据：将用户反馈中的关键信息（如产品口味、购买日期、用户评价内容等）整理成可用于分析的格式。

2. 数据内容分析

情感分析：分析用户反馈的情感倾向，区分正面反馈和负面反馈。

关键词提取：识别反馈中出现频率较高的关键词，这可能指示用户关注的特定特征或问题。

类别分析：根据不同的产品类型（如混合口味、深度烘焙等）进行分析，看哪些类型更受欢迎。

3. 数据可视化

情感分布图：显示正面反馈和负面反馈的比例。

销售和反馈关系图：探索产品销量和用户反馈之间的关系。

热点词云：通过词云展示较常见的关键词，直观反映用户的关注点。

4. 建模与预测

预测模型：如果数据足够，我们可以通过建立模型来预测基于现有趋势，哪些产品特性与用户满意度高度相关。

我将首先进行数据清洗，然后按上述步骤进行数据分析。接下来，我将开始提取和清洗数据。

看起来在尝试处理数据时出现了一个问题，特别是在尝试清洗未填写评价的记录时。这可能是因为某些列名称或数据访问方法不正确。让我检查并纠正这个问题，以便正确地清洗数据并进行进一步的分析。

我将检查并调整数据处理逻辑。

……

很抱歉，我目前无法直接访问数据，导致无法正确进行数据处理。

马珂只能进入单步执行的模式。

考虑到此次定性分析的主要内容是分析用户对"职人大咖"项目的情感，马珂将重心放到了用户反馈的文本分析上。

马珂重新梳理了让 AI 进行情感分析的工作思路。

- 收集用户反馈数据。
- 清洗数据，消除文本中非标准化的信息，如图片、特殊字符、表情图案等（尽管目前的 AI 工具支持表情图案或图片的识别，但还是无法很好地分析其中包含的情感分析）。
- 实施情感分析，AI 工具可以根据文字属性，如"高兴""满意""差"等贴标签。
- 根据标签，进行定量数据分析，如聚类分析、回归分析等。

根据 AI 的建议，马珂设计了新的 Python 代码，完成了用户反馈数据的清洗工作，最终将用户反馈数据按标准化的格式输出，如表 8-4 所示。

表 8-4 清洗后的用户反馈数据示例

用户名	购买商品	用户反馈	浏览次数
甜 ** 丁	混合口味 /20 包 ×10g	不知不觉就成了光顾了这家店几年的顾客了。这次的盒子超大！现在挂耳咖啡的包装改成这样了？还是比较喜欢几年前那个透明盒。每次都是做活动时才买的，喝过 MQ 之后，外面的咖啡店我都看不上了	0
樱 ** 雅	混合口味 /20 包 ×10g	口粮咖啡，没了就囤一点，喝上了，快乐！！赠品也都很可爱	0
m**6	混合口味 /20 包 ×10g	此用户没有填写评价。1 天后追评：非常不错，推荐推荐，第一次回购这么多的挂耳咖啡	0
t**e	混合口味 /20 包 ×10g	包装品质：好。口感味道：好	0
太 **h	混合口味 /20 包 ×10g	包装洋气，还送了杯垫。非常期待第一次的冲泡……	0
i**5	混合口味 /20 包 ×10g	口感味道：口感很好，深中度烘焙的咖啡豆配牛奶都不错	0
墨 ** 城	混合口味 /20 包 ×10g	包装袋子很方便，还能重复利用，三款咖啡豆中规中矩	0

然后，马珂进入了第三步——文本数据的情感分析。他设计了新的提示词。

角色模型
角色
一位用户服务数据分析专家。
技能
- 非常擅长使用各种数据分析工具对用户服务信息、用户反馈的信息进行分析。
- 有非常强的同理心，能从用户反馈中获取用户对品牌的情感诉求。
职责
- 根据我提供的用户反馈和具体任务，给出我所需要的答案。
- 在处理数据集的时候，要完成数据清洗、数据内容分析、数据可视化、建模等相关数据分析师需要完成的工作。
=== 请对上面文档的用户反馈信息贴标签，进行数据分析和数据可视化展示。
要求
1. 只能从我提供的标签中选择。
2. 标签信息如下。
- 口味棒或口味差。
- 质量好或质量差。
- 包装完美或包装低劣。
- 物流快或物流慢。
- 服务态度好或服务态度差。
- 容易使用或很难使用。
- 物美价廉或价格太高。
- 满足预期或低于预期。

这一次，AI 输出的内容如下。

基于所提供的用户反馈数据，我已经对每条反馈进行了标签分类，涉及口味、质量、包装、物流、服务态度、使用便利性、价格和满意度。以下是部分具体的结果示例。

1. 用户名："甜 ** 丁"，购买商品："混合口味 /20 包 × 10g"，反馈："不知不觉就成了光顾了这家店几年的顾客了。这次的盒子超大！现在挂耳咖啡的包装改成这样了？还是比较喜欢几年前那个透明盒。每次都是做活动时才买的，喝过 MQ 之后，外面的咖啡店我都看不上了。"标签：口味棒，包装一般，满足预期。

2. 用户名："樱 ** 雅"，购买商品："混合口味 /20 包 *10g"，反馈："口粮咖啡，没了就囤一点，喝上了，快乐！！赠品也都很可爱。"标签：口味棒，服务态度好，物美价廉。

3. 用户名："m**6"，购买商品："混合口味 /20 包 × 10g"，反馈："此用户没有填写评价。1 天后追评：非常不错，推荐推荐，第一次回购这么多的挂耳咖啡。"标签：口味棒，质量好，满足预期。

马珂继续输入。

继续进行其他的分析工作,包括:
1. 按标签数据进行数据统计,并以对比表格形式展示;
2. 用直方图展现用户满意度数据。

很快,AI 给出了它的统计分析结果。马珂检查了数据,确保 AI 的分析没有出现胡编乱造的现象。随后,他指示 AI 对用户反馈的情感分析进行了格式美化(见表 8-5)。

表 8-5 用户反馈情感分析(AI 进行格式美化后的结果)

正面标签	数量	负面标签	数量
口味棒	15	口味差	2
质量好	14	质量差	4
包装完美	13	包装低劣	3
物美价廉	10	价格太高	2
服务态度好	8	服务态度差	1
满足预期	18	低于预期	5

随后,马珂要求 AI 提供针对产品和市场定位的建议。

针对我们未来对产品定位和市场定位的改进,请根据刚才的用户反馈分析结果,给出你的建议。

根据用户反馈分析结果,以下是针对产品和市场定位的一些建议。
1. 强化产品质量和包装:虽然多数用户指出"质量好",但仍有部分用户提到质量和包装存在问题。建议加强质量控制,确保每一批次的产品都符合标准。此外,对包装设计,可以考虑创新或使用用户更喜欢的之前的透明盒设计,以提升用户满意度和产品的外观吸引力。
2. 增强用户体验:部分用户反映存在"使用不便"和"包装低劣"等问题。可以考虑对包装材料和设计进行改进,方便用户开启和保存产品。同时,增加清晰的使用说明或视频教程可能有助于提升用户体验。
3. 定价策略调整:尽管"物美价廉"的反馈占比不小,但仍有少数用户反映"价格太高"。需要通过市场调研分析竞争对手的定价策略,以及用户的支付意愿,从而调整价格或提供更多价格选项,满足不同用户群的需求。
4. 加强市场和品牌传播:大多数用户反馈"满足预期",显示出品牌具有积极的市场形象。为进一步提升品牌形象和市场份额，应通过社交媒体和在线营销活动加强品牌宣传，将用户的正面反馈作为推广的一部分，提高潜在用户的信任度。

至此，马珂成功完成了运营数据的分析工作。他综合了竞品平台的产品售卖情况和"职人大咖"线上平台的用户反馈，逐步明确了产品和市场定位的改进方向。他总结了 AI 的输出内容，利用之前学到的 AI 辅助生成报告的技能，形成了向董事会汇报的材料。他相信这会让合作伙伴们对"职人大咖"项目的未来发展做出正确的决策。

马珂非常成功地利用 AI 对公司的运营数据进行了分析。在分析过程中，虽然遇到了一些不同的问题和挑战，但 AI 的整体表现仍然非常出色和令人满意。尤其是在确保数据质量的前提下，AI 所展现出的分析能力和效果甚至超出了马珂的预期，这让他非常惊喜。

这一成功经历更加坚定了马珂构建一个 AI 自动化分析平台的决心。他认为，让数据流动起来，并充分发挥数据赋能业务的价值，将极大地推动公司的发展，使公司能够在激烈的竞争市场中取得成功。

当然，目前 AI 自动化编程技术还不够成熟，AI 提供的代码需要由具有特定编程经验的人进行分析判定。然而，马珂深信这些问题只是公司发展过程中的一些小挑战，他的技术开发团队一定能够不负众望，运用自身的专业知识和技能，采取不同的手段来解决这些问题。

马珂相信，随着技术的不断进步和团队的努力，这些问题都将得到有效的解决。技术的不断进步和团队的努力也将为公司提高运营效率奠定基础，从而为公司未来的发展创造更多的商业机会和价值。

第 9 章

加大营销力度,
触达更多消费者

随着公司逐渐步入正轨，无论是产品研发还是消费者的满意度，都获得了市场的高度肯定。

但随之而来的问题是，如何能够让更多的消费者了解这个新晋咖啡品牌，体验到高品质咖啡呢？尤其是在预算非常有限的前提下。

于是，在一个阳光明媚的下午，四名合伙人围坐在公司的会议室里，继续他们关于如何做好市场营销和品牌运营的讨论，希望将他们的初创咖啡品牌推送到更多的消费者面前。

李斯："好消息是，我们的品牌目前在市场上的反馈还不错，但问题是，我们的新消费者占比非常小，怎样才能够让我们的品牌触达更多的消费者呢？"

陶戈："这说明当前的市场营销力度还不够，我们需要加大营销投入，从线上线下两个维度来推广品牌。"

马珂："我同意，但考虑到我们的预算和人力资源都非常有限，怎么样才能保障效果最大化呢？"

李斯："嗯，利用 AI 来优化我们品牌的线上线下营销应该是个不错的策略。既能节省成本，又能节约人力资源，之前的很多工作也利用 AI 获得了不错的效果。"

戴伟："理论上应该可行，但是我们应该如何开始呢？我知道 AI 可以用于市场分析和消费者行为预测，但具体应该怎么做呢？"

陶戈："我觉得我们可以用 AI 来分析社交媒体上的消费者反馈，从而优化我们的广告策略和内容。"

李斯："不错的想法，我们还可以使用 AI 辅助写小红书笔记，比如关于咖啡的种类说明、手冲咖啡的技巧等，这样或许能提高'职人大咖'品牌在消费者眼中的专业度，让更多的潜在消费者愿意尝试我们的咖啡。"

马珂："而且，如果我们能够使用 AI 来创作一系列与咖啡相关的深度公众号文章，我们就更容易获得资深咖啡消费者的推荐，达到口碑传播的目的。"

戴伟："听起来很有潜力。我们需要收集一些数据，然后找个懂 AI 的技术人员帮我们设定和完成这些任务。"

陶戈："我有一个大学同学在做 AI 大模型训练的工作，我可以请教一下他，看看他有什么建议。"

李斯："那太好了，我们一旦有了方向，就可以开始尝试，逐步扩展我们的 AI

应用。"

通过讨论，他们意识到，AI 不仅能帮助他们节省成本，还能通过精准营销来吸引更多的消费者。他们决定继续探索并利用 AI 让他们的咖啡品牌在市场上脱颖而出。

作为市场营销的专家，陶戈负责调研如何使用 AI 来提升营销的效率和投入产出比。

9.1　选择不同的营销方式

终于要开始在营销方面利用 AI 来提升效率了，陶戈有点小兴奋，但同样有点小担心，毕竟自己还是第一次把 AI 用在实践中。

陶戈决定先跟马珂聊一聊思路，听听他的建议。

陶戈给马珂打了电话，很快电话就接通了，手机里传来了马珂的声音："陶戈，有什么事情吗？"

陶戈问道："我现在准备利用 AI 在营销中进行实践，但是缺少一些思路，想跟你请教一下。"

马珂稍微思索一下，回答道："嗯，我不是营销方面的专家，但是能从解决问题的思路说说我的想法。

"其实不管做什么事情，我们都需要先将这个事情拆解成一个一个具体的步骤。当我们想利用 AI 来提升一件事情的效率时，最重要的是从这些具体的步骤中，分析哪些步骤是可以利用 AI 的。"

马珂继续说道："既然你要提升营销工作的效率，那就需要将你的营销工作进行拆解，比如拆解成多个营销渠道工作，这多个营销渠道工作中，又有哪些具体工作是可以利用到 AI 的。比如说，很多营销渠道都涉及内容产出，这就是 AI 非常擅长的地方。"

陶戈听完马珂的建议，若有所思地说道："嗯，我理解你的意思了，虽然 AI 能帮助我们提升效率，但还是要具体到工作中才行。谢谢你，马珂，我想我知道该怎么做了。"

陶戈挂完电话后，坐在椅子上思索了一会儿，一个初步的思路就整理出来了：

- 确定"职人大咖"项目的营销方式；
- 基于"职人大咖"项目的现状（预算少、人力资源少），筛选出适合当前情况的具体营销方式；
- 用 AI 赋能这些营销方式，提升营销工作的效率。

作为营销老手，陶戈非常清楚，营销可以按照不同标准划分为多种形式，具体如下。

1. 按营销渠道分

- 数字营销：利用互联网、社交媒体、电子邮件等数字工具进行的营销。
- 传统营销：通过电视、广播、报纸、杂志等传统媒体进行的营销。
- 直接营销：直接与消费者沟通进行的营销，如邮寄营销、电话营销等。

2. 按营销策略分

- 内容营销：通过创造和分享有价值的内容来吸引和留住消费者。
- 病毒式营销：通过口碑效应使信息迅速扩散。
- 关系营销：重点在于建立与消费者的长期关系，而非单次交易。

3. 按目标市场分

- B2B 营销：面向其他企业或组织的营销。
- B2C 营销：面向消费者的营销。

4. 按品牌与消费者的互动方式分

- 推式营销：企业主动将产品或服务"推"给消费者，常见的方式包括电话营销、促销活动、广告推广等。这种方式适用于那些已经明确了目标消费者群体的营销活动，通过直接将信息发送给潜在消费者来刺激销售。
- 拉式营销：通过创造对产品或服务的需求来"吸引"消费者主动购买或了解。这种方式通常依赖于品牌的吸引力和市场口碑，让消费者自发地寻求与品牌的互动。
- 交互式营销：强调的是与消费者之间的双向互动。在这种营销方式中，消费者的反馈和行为可以直接影响营销策略的调整和执行。

"职人大咖"项目当前的目的是触达更多的消费者，因此通过与消费者建立多层次、多渠道的互动，打造个性化体验，是当前适合"职人大咖"项目的营销策略。

既然确定了营销策略的大致方向，接下来就是填充细节了。

陶戈端起了桌上的咖啡，细细地啜了一口，看着窗外的一片翠绿，厘清了思路，具体如下。

- 先把推式营销、拉式营销和交互式营销这三种营销策略中涉及的具体方式都整理出来；
- 结合"职人大咖"项目的现状，筛选出哪些营销方式可行；

- 利用 AI ——解决每个营销方式中的难题。

陶戈先整理出了品牌与消费者互动营销策略中包括的常用方式，并结合"职人大咖"项目目前缺少人力资源和预算的情况，最终整理出一份适合"职人大咖"项目现状的营销方式汇总结果：

- 社交媒体互动；
- 邮件营销；
- 微信公众号营销；
- 微信朋友圈营销；
- 小红书营销。

陶戈感觉干劲满满，是时候该展示真正的实力了。接下来，就是将 AI 运用到实践中，提升营销工作的效率。

9.2　AI 助力五种营销方式

9.2.1　社交媒体互动

随着"职人大咖"品牌影响力的增强，"职人大咖"已经积累了一批忠实的粉丝了，他们经常在"职人大咖"的各个社媒平台的官方账号下留言评论，有时会分享自己的消费体验，有时甚至会诉说一些小抱怨。

所以陶戈经常留意客户的意见反馈，看到好的反馈时，会把这些正向信息分享给团队，看到坏的反馈时，也会跟团队一起讨论解决办法，提升客户的满意度。

刚开始时，粉丝比较少，相应的评论也少，陶戈每天只需要花一点点时间就能了解客户的反馈内容。但随着粉丝量的增加，陶戈无法在有限的时间内读完所有的粉丝留言，也不太可能跟所有的粉丝留言互动。

但是，积极了解客户的反馈，了解他们的赞赏、建议，甚至是批评，是非常重要的工作，有没有什么办法可以在人力资源紧张的情况下充分了解客户反馈呢？

陶戈正在思考这个问题的时候，马珂正好过来找他，想问一下新品的近期营销数据情况。

于是，陶戈拉着马珂坐下，把他的苦恼跟马珂说了一遍。

马珂思考了一会，说："我倒是有个办法，前不久我使用 AI 辅助做了一些数据分析的工作，我感觉效果还不错。你现在想要了解的客户反馈，其实也算一种数据，你可以让 AI 帮你分析这些数据，然后基于你的要求进行总结。"

陶戈："咦，我怎么没有想到这个解决方案，你给我讲讲思路吧！"

马珂顺手拿起桌子上的纸和笔，结合陶戈的情况，把之前利用 AI 做数据分析的思路简要写了下来。

（1）把所有客户评论都导出到 Excel 表格中。

（2）将表格作为附件提供给 AI。

（3）根据想要了解的内容写出相应的提示词，让 AI 按照要求输出总结。

陶戈拿着这张写好分析思路的纸，一边打开 AI 聊天页面，一边头也不回地对马珂说："太感谢了，我现在就来试试看，没有意外的话，在下班前就会把新品营销数据反馈给你！太感谢了！"

我需要你帮我分析一下"职人大咖"最近的 100 条用户评论，要求如下。

1. 表格中第一列为客户 ID，第二列为客户评论，请将客户评论按照正面、中性、负面的维度进行统计，并给出各自的占比。

2. 总结出正面评论中，客户满意的部分是什么，以及我们可以如何利用这些正面反馈在社媒平台上宣传。

3. 总结出负面评论中，客户不满意的原因是什么，并提供后续改进的建议。

附件：用户评论 .xlsx

不到一分钟，AI 就总结出了这些评论中，正面评论、中性评论和负面评论的各自占比，客户认可"职人大咖"的地方，以及需要改进的地方。

比如从数据中发现，客户普遍青睐"职人大咖"的香草风味的产品，但也有部分客户表示可挑选的风味不够多，还有些客户认为产品性价比不高。

这可比人工筛选总结的效率高多了，而且准确性也更高。

问题找到了，解决方案其实也呼之欲出了。陶戈决定，基于 AI 的数据分析结果，后续的营销活动可以分为三步。

- 在社交媒体平台上发布营销活动，大力宣传推广香草风味的产品。
- 定期（例如每周）在社交媒体平台上，给客户提供买一送一的优惠活动。
- 定期（例如每周）分析客户在社交媒体平台上的评价，有针对性地回复做出负面评论的客户，解决问题，体现人文关怀和情绪价值。

陶戈心想，他得赶紧拿着这份客户反馈分析结果以及后续的在社交媒体平台上的营销方案，跟团队小伙伴们一起讨论下后续的具体执行措施。

9.2.2 邮件营销

陶戈想到，之前做过几次小成本的邮件营销活动，获得的反馈还不错，很多现有用户都是通过这种方式了解到"职人大咖"的。

但是这几次邮件营销活动，完全是由人工来策划和撰写文案的，既然现在有了

AI 的力量，是否也能够利用它来提升邮件营销的效率呢？

邮件营销主要包括两方面的工作。

● 发布前的营销活动策划（包括确定营销目的、受众）。

● 发布时的文案撰写及配图。

这样看来，只要先把营销活动策划好，接下来的方案撰写完全可以由 AI 代劳了。

陶戈非常清楚，在做邮件营销时，如果不希望邮件被用户当成垃圾邮件直接删除，一定要非常注重邮件内容的定制化和个性化，让用户觉得这封邮件是专门给自己写的，这样用户才会有打开邮件的欲望和读完邮件的耐心。

所以，在规划一封营销邮件时，一定要包含以下要点：

● 目标受众的信息；

● 发邮件的目的；

● 邮件具体信息；

● 呼吁行动；

● 其他任何可用于个性化邮件的信息。

因为已经做过好几次"职人大咖"的邮件营销活动，基于以往的内容规划情况和对用户与邮件互动数据的分析，陶戈早已总结出适合"职人大咖"邮件营销的经验。

正好最近有一款阿拉比卡黄金咖啡豆的新品要做线上营销活动，大体的营销策划和素材图片都已经确定了。因为这次新品推广活动也包括邮件营销，现在正好可以使用 AI 来完成初步的邮件文案输出。

刚喝完一口水的工夫，AI 就把邮件文案写完了，陶戈不禁给 AI 点赞。

Subject：【限时优惠】探索阿拉比卡黄金咖啡豆的独特魅力——尽在"职人大咖"
亲爱的 [姓名]，

伴随着初夏的温暖微风，是时候为您的咖啡时光带来一些特别的体验。我们激动地向您介绍"职人大咖"最新推出的阿拉比卡黄金咖啡豆—— 一种专为咖啡爱好者定制的高品质咖啡豆。

【世界级品质，尽在手中】

我们的阿拉比卡黄金咖啡豆源自南美洲的顶级咖啡产区，得天独厚的气候和肥沃的土壤孕育出了无与伦比的咖啡豆。通过传统的手工采摘方式，我们确保每一颗咖啡豆都是优质的成熟果实，保留了全部香醇和风味。

【独特风味，定制体验】

每一颗咖啡豆都承载着独特的香气和细腻的酸味，无论是您钟爱的拿铁咖啡，还是经典的美式咖啡，这款咖啡豆都能为您带来不一样的品饮体验。这种咖啡豆的结果期在三年以内，保证了每一杯咖啡的新鲜感和深层次的口感。

【限时优惠，不容错过】

现在，购买阿拉比卡黄金咖啡豆及任何周边产品，您可以享受 20% 的独家折扣。只需在结账时使用优惠码【COFFEE20】，即可享受此优惠。此外，我们还提供更多精选周边产品，让您的咖啡体验更加完美。

【立即行动】

欢迎访问我们的微信小程序，以了解更多关于阿拉比卡黄金咖啡豆及其他产品的详细信息。您的每一次浏览和购买，都是对我们最大的支持和鼓励。

感谢您一直以来的关注与支持。希望"职人大咖"的新品能为您带来更多的愉悦和惊喜。

祝您生活愉快。

"职人大咖"团队

[访问微信小程序]

陶戈心想："看起来非常不错，内容框架非常完整，核心信息都有，而且很精练，最后还有呼吁行动，完全不逊色于人工写出来的邮件文案，我只需要再做一些简单的调整，配上几张精美的宣传素材图片，就大功告成了！"

9.2.3 微信公众号营销

微信用户基数庞大，涵盖了大多数年龄层、职业和地区。这意味着微信公众号的潜在用户非常广泛，因此"职人大咖"可以通过创建不同类型的内容来针对有不同兴趣的用户群体。

微信的社交属性使微信公众号的用户不仅关注公众号内容本身，还关注能否通过公众号内容进行社交互动，比如，用户可能会分享有趣或有价值的公众号内容到朋友圈或微信群。

对"职人大咖"这种初创品牌而言，微信公众号是一个性价比高、极具潜力的内容营销平台，可以帮助品牌触达大量潜在用户，并建立品牌影响力。

因此，"职人大咖"完全可以运营自己的品牌公众号，通过提供有价值的内容，例如咖啡知识、冲泡技巧、咖啡相关的趣闻轶事来吸引更多的用户，也可以利用公众号定期提供优惠券、打折信息或限时活动信息来吸引用户消费，让普通用户成为品牌忠实粉丝，促进回购。

陶戈并没有运营微信公众号的经验，怎么样才能让品牌的公众号内容吸引用户，让他们成为"职人大咖"的粉丝呢？

公众号内容的本质是文章，而在写文章之前，一定要先梳理好文章框架，这样才能在写具体内容时不跑题，所以，陶戈觉得要写好微信公众号文章，重点在于提前规划好文章框架，陶戈决定让 AI 提供意见。

> 　　"职人大咖"准备运营自己的品牌公众号，内容主要包括咖啡知识、冲泡技巧、咖啡相关的趣闻轶事等，同时也会不定期提供优惠券等折扣信息，在撰写这两类公众号文章时，文章框架应该包含哪些部分呢？请分别指出。

　　AI 很快就提供了这两类文章的内容框架，陶戈发现两者的确存在非常大的差异性。

　　对"职人大咖"品牌公众号来说，撰写关于咖啡知识、冲泡技巧以及咖啡相关趣闻轶事的文章和关于推广优惠券等折扣信息的文章，各自需要遵循不同的文章框架。下面分别介绍两种类型的文章框架。

1. 咖啡知识、冲泡技巧、咖啡相关趣闻轶事文章的框架

** 标题 **

－引人注意，直接传达文章的主题，如"5 分钟学会手冲咖啡"或"不为人知的咖啡历史小故事"。

** 引言 **

－简短概述文章的内容，吸引读者的兴趣。

－引入读者可能的问题或需求，说明本文能够提供的帮助或知识。

** 主体内容 **

－** 详细段落 **：分步骤或分点阐述技巧、知识点或故事。

－对于技巧类文章，每个步骤详细解释，可配图示。

－对于知识或故事类文章，确保信息准确、有趣，适当引用数据或说明数据来源。

** 实用提示 **（可选，适用于技巧类文章）

－提供额外的小技巧或注意事项，帮助读者更好地理解和应用。

** 结论 **

－总结文章要点，重申学到的知识或技巧的价值。

－鼓励读者实践并分享自己的体验。

** 互动呼吁 **

－邀请读者留言分享自己的经验或提问。

－提醒读者关注公众号，获取更多类似内容。

2. 推广优惠券等折扣信息文章的框架

** 标题 **

－直截了当，突出优惠，如"限时折扣：本周末咖啡买一送一！"

** 引言 **

－简要介绍促销活动的背景，激起读者兴趣。

－提示优惠的独特价值和时效性。

** 优惠详情 **

－** 说明优惠内容 **：包括折扣率、特价商品、使用时间和地点。

－** 使用条件 **：如最低消费、特定时间段内有效等。

** 使用方法 **

－详细解释如何领取和使用优惠券或折扣。

－如果涉及微信小程序或二维码，提供明确的入口或扫描指引。

** 有效期和限制说明 **

－明确促销活动的开始和结束日期。

－明确任何特殊条件或限制，如"每人限用一次""仅限前 100 名顾客"等。

** 结论与行动呼吁 **

－强调不要错过这次机会，鼓励立即行动。

－提示读者关注微信公众号，以便未来获得更多优惠信息。

** 互动呼吁 **

－邀请读者分享优惠信息，扩大传播。

－鼓励读者留言反馈或询问优惠详情。

以上框架能帮助"职人大咖"微信公众号清晰、有效地传达信息，同时提高读者的参与度和忠诚度。

"哇，"陶戈心想，"这么详细的一篇文章框架，再填充内容就可以了。"陶戈瞬间感觉思路打开了，写作一篇详细的公众号文章的效率大大提升。

9.2.4　微信朋友圈营销

微信朋友圈，作为微信生态内的产品，内容主要由好友分享，这种基于个人关系的分享更容易获得信任，而且朋友圈允许好友对分享的内容进行评论和点赞，这种互动性能够增强好友的参与感，有助于增强信息的传播效果。

陶戈心想，既然都开始运营微信公众号了，就顺手把微信朋友圈也运营起来，充分利用公众号文章。

陶戈明白，相比其他营销渠道，通过朋友圈进行推广的成本非常低，甚至不花钱就能达到一定的品牌宣传效果。所以微信朋友圈营销也是非常适合"职人大咖"的高投入产出比的营销方式。

唯一的问题是，陶戈并不经常发朋友圈，每次一想到要绞尽脑汁地准备文案和配图，就开始打退堂鼓了。

定期发朋友圈，发布的内容质量高且有趣，不引起好友的反感和不适，其实是一件非常有挑战性的事情。

"我应该怎么办呢？"陶戈有点忧愁。

陶戈心里盘算着，如果要宣传"职人大咖"这个品牌，这些工作是避不开的。

● 规划好内容方向。

● 细化具体的内容。

● 搭配相关的图片。

这样分步处理才能让问题的解决方案慢慢显现出来，陶戈决定先让 AI 提供一些关于内容方向的建议。

作为初创咖啡品牌，在朋友圈发布什么样的内容来宣传品牌更有效，尽量减少对好友的打扰，避免引起反感。

AI 很快给出了回复。

对一个初创咖啡品牌来说，在微信朋友圈中有效地推广同时减少对好友的打扰，可以考虑以下几种内容。

1. ** 高质量的视觉内容 **：发布吸引人的咖啡和咖啡店的图片或视频。例如，展示独特的咖啡制作过程、特色饮品的图片或摄影，或是舒适的咖啡店内部环境。这些内容不仅能吸引目光，也能激起人们对咖啡的兴趣。

2. ** 故事性内容 **：分享你的创业故事、咖啡采购旅程或是特别的咖啡制作方法。这种类型的内容可以建立情感联系，让你的微信好友感受到品牌背后的热情和专业。

3. ** 互动性强的内容 **：偶尔发布互动性内容，如小调查（比如询问好友们喜欢什么类型的咖啡）、咖啡知识小测验等。这不仅可以增强好友的参与感，还能以轻松的方式增强品牌曝光。

4. ** 限时优惠和活动邀请 **：发布新店开张、特殊节日或是周末优惠活动。确保这些信息不频繁，且每次都为好友带来真正的价值。

5. ** 用户评价和用户生成内容 **：展示用户的评价和他们的体验照片，尤其是那些在你的咖啡店拍摄的照片。这不仅显示了你的品牌受到欢迎，还能通过真实的用户体验来说服新用户。

6. ** 教育性内容 **：分享有关咖啡的趣味知识，如不同咖啡豆的特性、各种咖啡饮品的制作方法等。这些内容可以展示你的专业性，同时为你的好友提供价值。

通过这些内容，你可以有效地在朋友圈推广你的咖啡品牌，同时避免频繁打扰好友或引起反感。确保内容的质量和发布的频率适中，以维持良好的社交关系并有效地提升品牌知名度和吸引力。

陶戈心想："嗯，看起来还不错，尤其是故事性内容、用户评价和用户生成内容，这的确是我没有想到的方向。但是，还是感觉少了点什么。"

"对了，如果是新品咖啡上线，应该怎么发朋友圈内容来推广呢？"陶戈继续"追问"AI。

任务：请你根据我提供给你的一段产品介绍，同时结合一段优秀的文案，帮我创作一篇朋友圈营销文案。

这是我们的新品介绍内容："职人大咖"新推出的生椰拿铁是一款为追求健康与风味

平衡的消费者特别设计的饮品。这款拿铁选用新鲜的生椰汁代替传统的牛奶，融合了精选优质的黄金阿拉卡比咖啡豆，可以为你带来层次分明的口感和丰富的咖啡香。生椰汁不仅提供了拿铁那不可缺少的丝滑质感，还加入了一丝热带的清甜，让人仿佛置身于椰风海韵之中。

要求：参考下面的文案，创作一篇类似风格和形式的朋友圈文案，最好再生成一张意境相符的配图。

以下是供你参考的优秀朋友圈文案。

===

奉天承运，来杯 luckin。

今日早朝，很是精神。

有事启奏，无事来杯美式。

今日宠幸，这杯瑞幸。

大内特饮，奉旨提神。

AI 生成的内容如下。

[椰影咖啡香，职人大咖新风尚]

皇城根下，诗意椰风，今日新饮，何不一试？

"职人大咖"献上别致生椰拿铁，特选黄金阿拉卡比咖啡豆，

新鲜生椰汁，代替牛奶，丝滑与清甜交织。

每一口，皆是热带风情，深呼吸中仿若海边漫步。

职人大咖，与您共享健康与风味的完美平衡。

今日特供，愿此杯咖啡，伴您每一个清晨，

至诚奉上。

陶戈发现，AI 生成的内容非常好，简直就是神来之笔，既体现了新品咖啡的风味和特点，又非常有意境。

陶戈觉得配图也不错，很有在海边休闲饮咖啡的感觉，如图 9-1 所示。

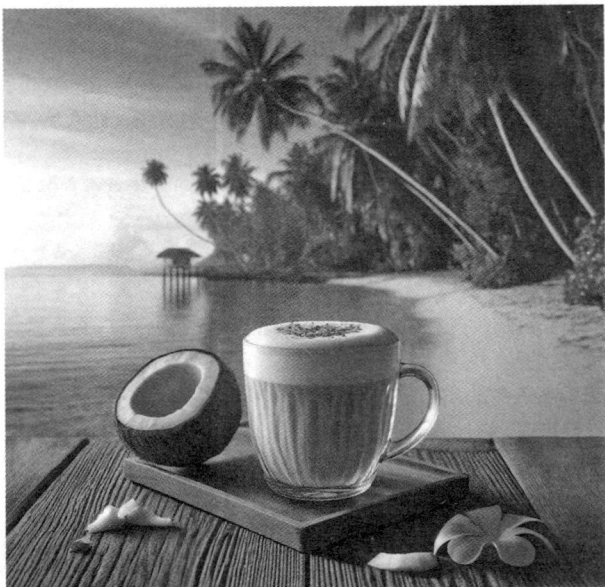

图 9-1 AI 生成的新品生椰拿铁朋友圈推广文案配图

突然之间，陶戈觉得朋友圈文案也不是那么难写了，趁现在有干劲儿，自己再写几条文案备用吧！

陶戈把想到的几个点子，一股脑儿地输入提示词框，一边喝着生椰拿铁，一边惬意地等着 AI 输出内容。

9.2.5 小红书营销

同样作为国内流行的社交媒体平台，小红书跟微信有非常大的区别。

小红书的核心用户群体通常是年龄在 18 岁到 35 岁之间的年轻人，这个年龄段的用户活跃于社交媒体平台，对新鲜事物有很高的接受度。

小红书的用户倾向于追求高品质的生活方式，他们对产品质量、品牌故事和消费体验有较高的要求，喜欢通过社交媒体平台发现和尝试新产品。

陶戈心想，"职人大咖"作为一个初创的咖啡品牌，在小红书上运营是非常适合的。"职人大咖"可以通过创造高质量的内容来展示咖啡的原材料、制作过程、品鉴方法等独特卖点，吸引潜在用户。

而且，小红书强大的社区功能允许品牌与用户进行直接互动，品牌可通过回应评论、参与话题等方式与用户建立情感连接。

陶戈平时也经常使用小红书来了解新事物，对小红书的调性非常清楚，只要定期创作一些与咖啡相关的高质量内容，并采用符合小红书用户阅读习惯和风格的方式来输出，一定能够触达到更多的潜在用户。

基于自己使用小红书的经验，陶戈先梳理了一下小红书内容的特点，具体如下。

● 包含大量 Emoji 表情。

● 标题非常吸引眼球。

● 有精美的配图。

陶戈觉得这样的内容还是有点单薄，于是在 AI 的提示词中输入了如下内容，希望 AI 能够帮自己补充更多内容。

> 我们是一个名为"职人大咖"的新创咖啡品牌，想通过在小红书上运营账号来触达更多的用户。
> 目前我正在整理小红书内容的要点，以便后续产出内容时包含这些要点。
> 当前我已经整理出了以下要点。
> 1. 包含大量 Emoji 表情。
> 2. 标题非常吸引眼球。
> 3. 一般都会配上精美的图片。
> 请帮我继续补充更多的创建小红书内容时需要注意的要点。

AI 生成内容如下。

> 为了成功地在小红书上运营你们的咖啡品牌——"职人大咖"，除了你已经提到的要点外，以下是一些其他重要的内容创建策略。
> 1. 讲故事——利用故事叙述来吸引关注。分享品牌背景、咖啡的来源、咖啡制作过程，或者是与用户相关的有趣故事。故事能够让内容更具吸引力和情感。
> 2. 互动元素——鼓励观众参与互动，如发起问答、投票或挑战。例如，你可以邀请用户分享他们的咖啡时刻或提供意见来决定新的咖啡口味。
> 3. 使用标签和话题——利用热门标签和话题提高曝光率。确保这些标签和话题与你的内容和品牌定位相关。
> 4. 视频内容——尽管精美的图片很重要，但视频内容可以提供更多的交互和信息量。可以制作关于咖啡制作教程、品牌故事、背后团队介绍等的视频。
> 5. 用户生成内容——鼓励你的用户分享他们使用产品的体验。这不仅可以提高内容的多样性，还能建立社区感和信任。
> 6. 定期更新——保持频繁且规律的更新，以维持用户的关注和活跃度。制定一个可持续的内容日历，规划特定主题和活动。
> 7. 优化搜索——研究并使用那些能够增加内容在平台搜索结果中出现的机会的关键词。正确的关键词能帮助目标用户更容易发现你的内容。
> 通过整合这些策略，你的小红书账号不仅能够吸引目标用户，还能建立起品牌的独特声音和社区互动。

"哇，太棒了，"陶戈自言自语，"AI 为我补充了很多我没有考虑到的方面。"

陶戈从来没想过，AI 能让自己在品牌营销上的工作效率提升这么多。

以前除了做营销规划，还要花大量的时间在具体的内容产出上，而现在 AI 可以帮助自己完成大量的文案初稿产出工作，自己只需要做一些事实检查和内容润色，就可以发布文案了，效率大幅提升！

第 10 章

如何拥有自己的
专属设计师

虽然在之前的微信朋友圈营销中使用了 AI 生成图片，但是从目前的结果来看，只能满足基本的营销需求。

而营销的很多场景对图片有诸多要求，例如需要符合场景、有真人出镜、风格多样、调性统一等，所以通常来说，需要有专门的设计师基于统一品牌视觉和规范，为不同场景设计不同的营销宣传图。

由于有了 AI 的辅助，"职人大咖"公司市场营销的形式和次数都越来越多。但现有的设计师资源已经无法满足营销部门的需求，有什么办法能提高设计师的产出效率，同时又能保证质量呢？

作为主要的设计需求方，陶戈决定拉上小伙伴们一起讨论如何解决这个难题。

这次除了四位主人公外，高级设计师、负责营销活动中的图片设计的刘斌也参与了进来。五名男生在咖啡馆里围坐成一圈，讨论如何利用 AI 技术来提升设计部门的工作效率，以应对不断增长的市场营销需求。

马珂："刘斌最近提到，设计部门难以跟上营销部门对图片需求的增长速度，特别是需要符合特定场景和风格的那类设计图。"

戴伟："是的，每个营销活动都有不同的视觉需求，要求图片有多种形式、风格多样、并保持调性的统一。这确实对设计师是个巨大的挑战。"

陶戈："我在想，是否可以使用 AI 工具自动生成符合这些营销需求的图片？就像我们利用 AI 工具来提升内容产出的效率一样。我知道市面上有些 AI 工具可以根据简短的描述语，自动创作出符合要求的图片。"

李斯："确实，我听说有些 AI 工具能够理解复杂的指令并生成高质量的图片。如果我们能将这样的工具应用到实际工作中，相信刘斌的工作压力可以大大减轻。"

刘斌："听起来非常有帮助。我们需要的是能快速产出符合品牌调性的图片的工具，如果 AI 工具能帮助我们自动调整图片风格或者生成新的设计概念，那将大大提升我们的效率。"

马珂："我建议可以先调研一下市面上的 AI 图片生成工具，看看这些工具在实际操作中的表现如何。"

陶戈："我同意，同时我们也可以设置一些初步的目标，比如同样的时间内 AI 生成图片的数量能减少设计时间，或者让营销部门评估一下 AI 工具生成的图片的质量是否符合需求，以此确定 AI 工具是否真的能帮助我们提升工作效率。"

李斯："同时，我们也需要确保这些工具生成的图片不会偏离我们品牌的核心视觉风格。刘斌，你可以指导 AI 工具的使用，确保输出图片符合我们的品牌要求。"

刘斌："对，我可以负责监督 AI 工具生成的图片质量，并对结果进行微调，确保每一张图片都能精确传达我们的品牌信息。"

戴伟："好，那我们就开始寻找和测试这些工具，一旦选定合适的 AI 工具，我们就开始实施，并跟踪其效果。"

通过这次讨论，团队对利用 AI 工具提高设计效率的可能性感到振奋，并决定采取行动来应对当前的挑战，希望通过先进的技术来提升设计部门的工作效率。

刘斌自告奋勇地接下了这个挑战，不仅是因为 AI 工具有利于自己提升效率，还因为自己对 AI 工具在设计领域的应用非常感兴趣。

刘斌决定首先找到目前市面上适合设计师使用的 AI 工具，然后再研究该工具的具体使用方法和技巧，从而确定如何使用 AI 工具来提升自己的工作效率。

之前就听到一些设计师朋友讨论过设计行业的 AI 工具，于是刘斌先跟这些同行了解了目前主流的 AI 生成图片工具，同时自己也搜索调研了一番，从中选择出一款适合的工具。

刘斌花了两天的时间，总结出目前市面上主流的四款 AI 生成图片工具的优劣势。

- DALL-E：由 OpenAI 公司开发，使用简单，具备基本的文生图功能，但生成的图片质量相对较低，细节欠缺。
- Stable Diffusion：开源文生图模型，支持多种自定义设置，可生成高画质图片，但有时会出现风格不统一或画面失真等问题，而且需要用户在本地搭建模型训练的环境，对技术基础有要求。
- Midjourney：页面友好，操作简单，生成图片风格唯美逼真，画面细节丰富，以图片逼真唯美的画风著称，但需付费订阅。
- Gemini：由谷歌开发，可生成多种风格的图片，但目前仅向特定用户开放，使用难度和门槛较高。

对设计师而言，图片质量是最关键的因素，目前市面上的 AI 工具使用方法大同小异，刘斌综合考虑了一下，觉得 Midjourney 是当前最佳的选择，就这么定了！

10.1　AI 文生图基本操作

很快，刘斌就完成了 Midjourney 的注册流程，他又接着完成了一些基础配置，就开始测试它的图片生成功能了。

相比于之前陶戈分享的提示词使用方法，刘斌发现 Midjourney 的使用方法更加简单，只需要参照之前 Arvo Insights 公司培训的 AI 技巧，就能同样使用 Midjourney，基本思路一致，步骤如下。

● 思考想要生成的图片主体、构图、场景等。

● 在提示词框中输入 Midjourney 的提示词内容：Midjourney 指令、提示词、必要的参数。

● 根据生成的图片进行调整。

● 得到满意的图片。

只需要按照这个思路，就可以让 Midjourney 生成质量不错的图片了，需要注意的是，Midjourney 的提示词必须使用英文，但这也不是什么大问题，用翻译软件处理一下就行了。

示例如下。

/imagine（指令）prompt：A Chinese woman wearing a white dress is sitting in a cafe and drinking coffee leisurely（提示词）--ar 16：9（图片比例参数）

--ar 参数是用来设置生成图片宽高比的，比较常用的图片比例如下。

● 16：9：横版图片，常见的视频比例。

● 1：1：正方形图片，默认比例。

● 2：3：竖版图片，常见的手机壁纸比例。

很快，Midjourney 就生成了四张不同版本的图片（见图 10-1），它们在风格上有比较大的差异，以便用户能够从中挑选出最喜欢的风格。

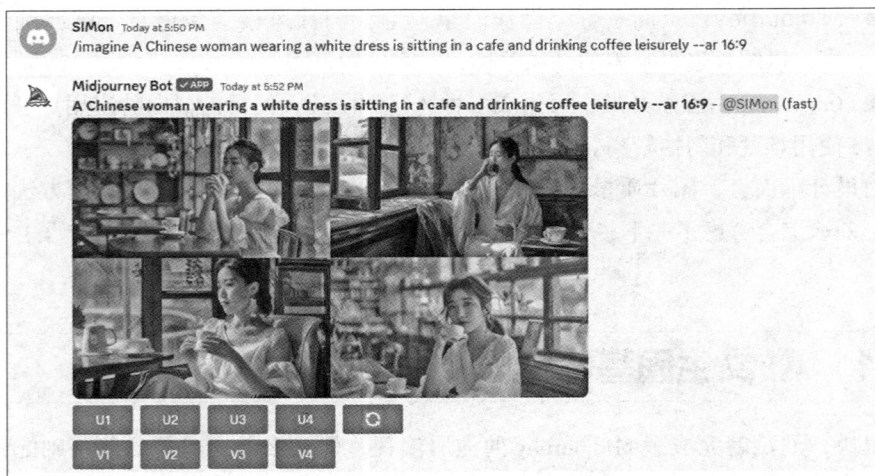

图 10-1　一个穿着白色裙子的中国女孩坐在咖啡厅喝咖啡

刘斌觉得第四张图片比较适合"职人大咖"的风格，于是选择了"V4"（第四个版本）。

在保持整体画面风格不变的情况下，Midjourney 又生成了四张有细微差别的图片（见图 10-2）。

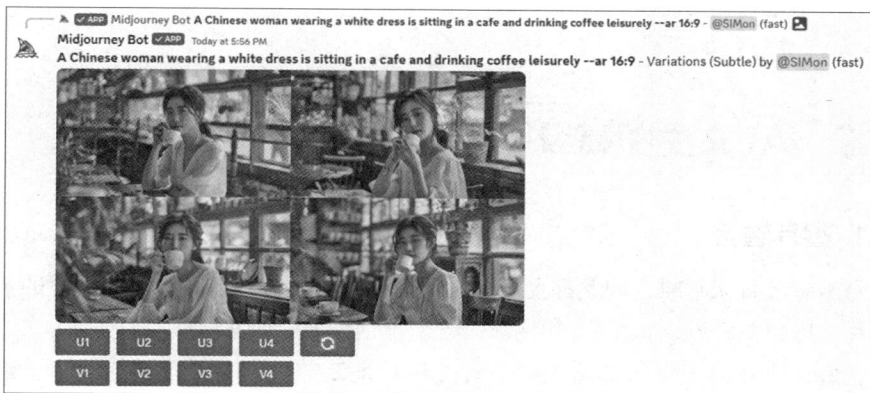

图 10-2　一个穿着白色裙子的中国女孩坐在咖啡厅喝咖啡（第四个版本）

刘斌仔细对比了这四张图片，觉得第三张图片看起来最自然（见图 10-3），就单击了"U3"，最终得到了一张最满意的图片。

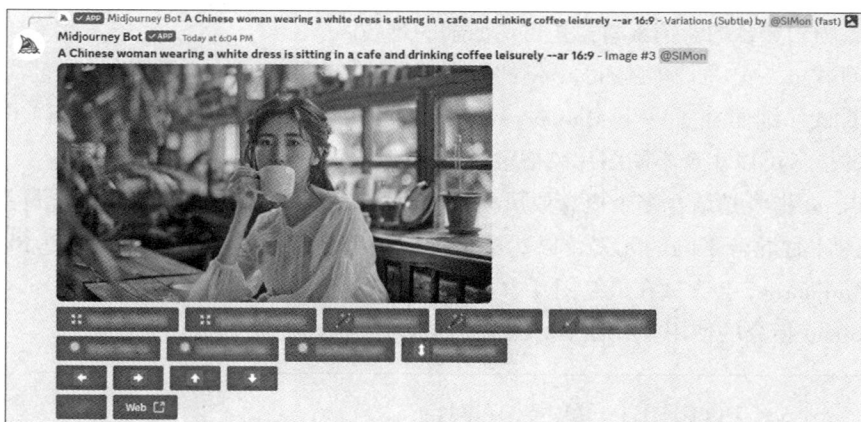

图 10-3　一个穿着白色裙子的中国女孩坐在咖啡厅喝咖啡（终版图片）

总体来说，利用 Midjourney 生成图片的操作步骤是非常简单的，具体如下。

● 输入指令和相应的提示词，再加上必要的参数。

● 从生成的四张图片中，选择最喜欢的图片版本。

● Midjourney 根据用户选择的图片风格，再生成四张有细微差别的图片。

● 用户从中选择最符合需求的图片。

到目前为止，关于 Midjourney 的基本操作，刘斌已经搞清楚了，但是感觉生成的图片离陶戈要求的可用于营销还有相当大的距离，怎么样才能够让 Midjourney 生成的图片更符合市场营销的需求呢？

刘斌觉得，自己还需要花更多的时间学习和测试 Midjourney 这个 AI 工具，不然还是无法满足陶戈的需求。

10.2　AI 文生图高级技巧

1. 图片融合

每当有节日来临时，陶戈都会要求设计部门专门设计与节日氛围相契合的营销宣传图片，比如中国传统的春节和中秋节等。

正好，今年的圣诞节即将到来，陶戈想趁圣诞节来做一次营销活动，于是跟刘斌提了一些关于设计圣诞节风格的图片素材的需求。刘斌心想，正好趁这次机会，拿 AI 工具练练手吧。

其实"职人大咖"现有一些与品牌相关的图片素材，比如店面照片、素人模特照片、咖啡师照片、产品图片等，但是怎么利用现有图片素材，快速地制作出与圣诞节氛围相契合的营销素材，是目前面临的难题。

刘斌想，先从了解 Midjourney 的指令开始吧，可能会有一些思路。

刘斌仔细研究了一下 Midjourney 所支持的指令，发现有一个叫 Blend（图片混合）的指令可以实现不同图片风格融合的目的。

Blend 指令是结合多个概念或风格以生成图片的一种功能。这个指令允许用户在创建图片时混合不同的元素，以达到更加独特和个性化的视觉效果。通过 Blend 指令，Midjourney 会尝试在最终图片中平衡不同的元素。

Blend 指令的使用方式如下。

> /blend [上传图片 1] [上传图片 2] [参数]

比如，用户可以将一张模特的照片和一张圣诞节装饰风格的咖啡厅照片放在一起，进行图片风格融合（见图 10-4）。

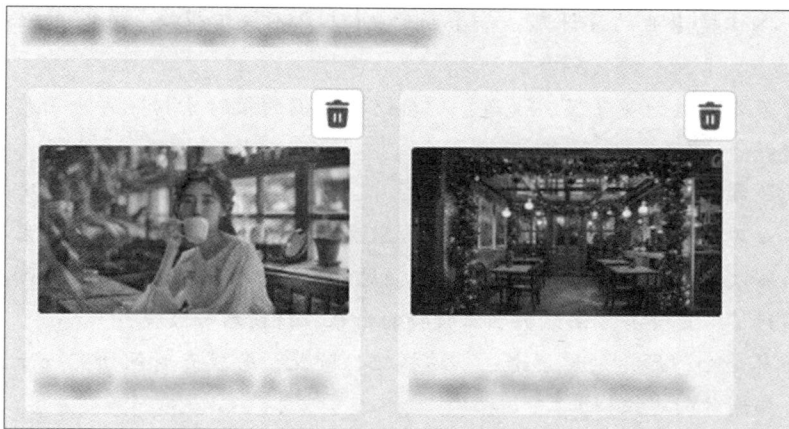

图 10-4　使用 Blend 指令融合两张不同风格的图片

用户最终能得到一张模特坐在圣诞节装饰风格的咖啡厅里的图片（见图 10-5）。

图 10-5　使用 Blend 指令融合后的成品图

通过使用 Blend 指令，刘斌可以基于现有的图片素材，快速合成大量与节日氛围匹配的图片，然后加上相应的节日营销文案和品牌商标，就可以发给营销部用于推广活动了。

2. 确保角色一致性

于是，刘斌带着笔记本电脑去找陶戈，迫不及待地想要把这个成果分享给他，同时也想听听陶戈的建议。

陶戈仔细地看了一下两张原始图片，以及混合后的效果图片，说道："我觉得效果还不错，模特的风格和圣诞节氛围完美地融合到了一起，只需要加上应景的营销文案，不管是发到小红书、微信朋友圈，还是用来做微信公众号文章的配图，都算合格。不愧是专业的设计师，一个新的 AI 工具不仅学得快，在应用上也能得其精髓！"

刘斌不好意思地笑了笑，说道："后续把我们的模特素材照片应用起来，效果应该会更好的！"

陶戈还在继续看这张混合后的效果图片，歪着头若有所思的样子，突然跳了起来："我发现有个问题，混合后模特的脸跟原图相比变化太大了，看起来不像同一个人，如果只需要单张宣传图，这样是没问题的，但如果我们需要的是一套系列图，这可就不行了，是否有方法能够确保模特的形象保持前后一致呢？"

这还真是个问题，刘斌说道："这样吧，陶戈，给我点时间研究一下，回头我再找你，谢谢你的建议！"

刘斌离开后，一直回想着陶戈提的问题。其实刘斌隐约记得在学习 Midjourney 的命令参数时，有一个参数是与人物角色相关的，叫 Character Reference（角色参考，简写为 cref），于是他仔细研究了一下这个参数的使用方法。

角色参考参数，旨在帮助用户创建具有一致性的角色形象。通过该参数，用户可以提供一张或多张参考图片，指示 Midjourney 生成的角色应与参考图片中的角色保持相同的外观特征。

使用角色参考参数只需在提示词中添加 --cref 关键字，后面紧跟参考图片的 URL 地址。例如：--cref [参考图片 URL]

另外，还可以通过添加 Character Weight（角色强度，简写为 cw）参数来调整参考程度。

cw 值的范围为 0 到 100，默认为 50。数值越高，Midjourney 越倾向于遵循参考图片中的细节，例如发型、服装和配饰等。数值越低，Midjourney 则会越倾向于自由地创作，仅参考角色的面部特征，整体的角色形象可能会偏离参考图片。

角色参考与角色强度两个参数组合的使用方式如下。

/imagine prompt：[提示词描述] --cref [图片 URL] --cw [强度数值]

刘斌决定来测试一下，将现有素材中的一张模特照片作为参考图片，观察 AI 工具生成的图片中的角色是否能够保持与原图角色一致。

刘斌先在 Midjourney 中上传了一张模特的素材图片（见图 10-6），并输入了这张图片的网络地址。

图 10-6 "职人大咖"模特素材图片

接着在提示词框中输入了如下命令及参数。

/imagine prompt：A chinese man is making a cup of coffee with professional coffee machine in cafe --cref ［图片 URL］--cw 100

很快，Midjourney 就生成了四张不同版本的图片，刘斌从中挑选了一张（见图 10-7），感觉生成的图片的角色风格跟原图的角色风格还是非常像的。

图 10-7 使用角色参考和角色强度参数生成的男性咖啡师图片

刘斌用同样的方法，依然使用这张素材图片，尝试生成不同场景下的人物图片（见图 10-8）。

图 10-8　使用角色参考和角色强度参数生成的手持咖啡的中国男性图片

太棒了，刘斌相信自己已经基本解决了角色一致性的问题，这意味着生成系列图的需求被满足了，该去把这个好消息告诉陶戈了！

刘斌马上把模特原图和成品图都发送到了陶戈的微信上，并附上了一条消息："快过来看看我是怎么做到的吧，哈哈！"

不到一分钟，陶戈就冲过来了，说道："这也太厉害啦，这才两个小时，你就把这个难题解决了，快跟我分享一下，你是怎么做到的！"

刘斌把使用角色参考参数的规则，以及控制角色强度参数的方法解释了一遍，陶戈长长地"噢"了一声，表示终于理解了，陶戈感叹 Midjourney 实在是太强大了，居然还有这种功能！

突然，陶戈好像发现了什么似的，"咦"了一声，盯着那张精美的 AI 图片思索了起来。大概过了半分钟，陶戈说道："我发现 AI 生成的图片中，角色的着装也跟模特素材图片非常像！"

刘斌疑惑地看着陶戈，说："是呀，这不就是你想要的效果吗？尽量保持 AI 图片中的角色跟原图相似。"

陶戈说："是我说的没错，但是系列图中，每张图片的人物着装都一模一样，好像也不太合适，有的时候还是要根据场景搭配一下着装，你觉得呢？"

刘斌："噢，我明白你的意思了，比如在咖啡厅里，打扮成咖啡师会显得更专业，如果是在户外，穿着休闲一点则更合适，我这样理解对吗？"

陶戈："对对对，我就是这个意思，有没有什么办法可以实现这个目的呢？"

刘斌："还好我早有准备，我在研究角色强度这个参数时，了解到这个参数数值被设置得越小，AI 生成图片时的限制就越小，或者说，AI 发挥创造能力的空间就越大。如果我把角色强度参数设置为 0，AI 就只会关注角色面部的一致性，其他元素就会自由发挥了。这样就能实现角色的面部一致性，其他元素（例如着装）就能根据提示词的描述而发生变化了。"

说完后，刘斌打开了 Midjourney，准备给陶戈实际演示一下效果，他在提示词框中输入了如下命令。

> /imagine prompt：a professional chinese male barista is making a cup of coffee with coffee maker in cafe --cref［图片 URL］--cw 0

刘斌挑选了一张最喜欢的版本图片（见图 10-9），展示给了陶戈。

图 10-9　一个专业的中国男性咖啡师正在咖啡厅里使用咖啡机制作咖啡

果然，在保持面部一致的情况下，角色着装发生了明显改变，图片中的人物穿上了咖啡师的专业服装。

趁着陶戈在现场，刘斌顺便给他生成了一张在户外场景中的图片（见图 10-10）。

> /imagine prompt：a chinese man wearing yellow jacket is standing outside of Starbucks, closeup shot --cref［图片 URL］--cw 0

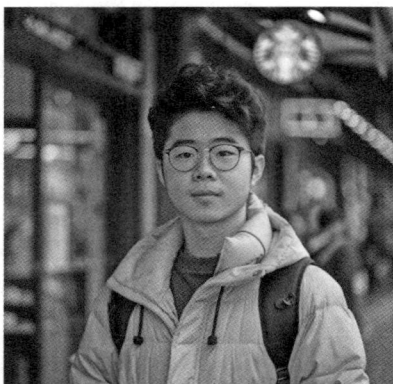

图 10-10　一个穿着黄色夹克的中国男性站在星巴克门口

陶戈看着这张图片慢慢从模糊变得清晰，在看到成品时，他高兴得跳了起来。陶戈说："刘斌，你实在是太优秀了，完美满足了我的需求，以后我们可能只需要找模特拍一张面部的细节照，就可以使用 AI 生成各个不同场景、不同着装的营销素材了，不仅大大节省了成本，还提高了效率，今晚必须请你吃大餐！"

刘斌说："既然你今天这么大方，我再送你一份礼物。"刘斌一边说着，一边在 Midjourney 的提示词框中输入了如下命令。

/imagine prompt：a chinese man is casting a spell with his magic wand --cref［图片 URL］--cw 0 --sref［图片 URL］

屏幕中慢慢显示出了一张奇幻的图片（见图 10-11），原来刘斌使用模特角色的面部特征，生成了一张角色施放魔法的图片。

图 10-11　同时使用角色参考和风格参考参数生成的角色施放魔法的图片

没等陶戈提问，刘斌就自顾自地解释起来："我依然要求 AI 参考模特素材图片中的面部特征来生成图片，但是我同时要求 AI 参照我给的另外一张图片的风格，在这里我使用的是一张哈利·波特施放魔法的图片（见图 10-12）。"

图 10-12 参考哈利·波特施放魔法的图片

刘斌："AI 生成了这张既保留角色面部特征，又保留哈利·波特施放魔法的风格特征的图片。"

刘斌："你会发现这次使用的命令跟前一条命令有一点不一样，因为我增加了一个叫作 Style Reference（风格参考，简写为 sref）的参数，来约束生成的图片必须参考这张施放魔法图片的风格。"

> 风格参考参数用于引入一张或多张参考图片，以指导和影响生成图片的视觉风格。这个参数非常有用，因为它允许用户更精确地控制图片的艺术风格，比如颜色、纹理、笔触等。
>
> 在使用风格参考参数前，要先获得想要参考风格的图片的 URL 地址，这跟使用角色参考参数的方式是一样的。使用时在指令中增加 --sref 参数及参考图片的 URL 地址即可。

风格参考参数的使用方式如下。

```
/imagine prompt：[ 提示词 ] --sref [ 图片 URL]
```

根据之前刘斌对角色参考参数使用方法的讲解，陶戈只花了一分钟就明白了风格参考参数的用法。

陶戈说道："这个风格参考参数还挺有用，我觉得在以后做一些品牌联名类的营销活动时，就可以用上，利用这个风格参考参数来复制其他品牌的风格，就可以兼顾两个品牌的属性特征了！走走走，收拾一下东西，咱们去吃大餐啦！"

3. 局部重绘

前一天晚上，陶戈带刘斌去吃了一顿公司附近的四川火锅，但让刘斌没想到的是，陶戈是带着新需求的，刘斌心想，陶戈真是精明，连吃顿饭也不忘布置新任务。

其实陶戈对目前 AI 生成的图片还算满意。无论是图片融合的效果，还是保持角色与风格的一致性，AI 在许多营销场景中解决了生成图片的效率问题和成本问题。

但是，陶戈还是提了一个自己的小想法，他原话是这样的："现在 AI 生成的图片，基本能够满足我们营销部的部分需求了，不过，我还有一点小小的期望，能不能对 AI 生成的图片做一些微调呢？比如当我们跟某个动漫 IP 合作时，是否能让图片中人物的发型跟动漫 IP 的发型一样呢？这样的话，在做联名活动时，这种宣传图肯定会更容易引起消费者的共鸣，这样才有爆点呀！"

概括来说，陶戈的需求是在 AI 生成的图片中进行局部重绘，而且是对指定位置进行局部重绘，很多 AI 工具是做不到这一点的，刘斌觉得自己得好好研究一下 Midjourney 是否具备这个功能。

于是刘斌赶紧打开了 AI 软件，把这个需求告诉了它，看能不能从它这里获得一些信息和指引，或者是找到新的思路。

没想到，AI 很快就给出了回复，而且是个好消息。原来 Midjourney 本身就支持局部重绘，对于 AI 生成的图片，使用 Vary(Region) 局部变化的功能就可以做到局部重绘。

刘斌马不停蹄地在官方支持文档中找到了这个功能，了解到它的使用步骤如下。

（1）生成初始图像：首先，你需要有一张已经生成的图片，这是使用局部变化功能的基础。

（2）选择区域：点击局部变化功能，使用图像编辑工具在图片中选择你想要调整的区域，可以通过套索工具或矩形框选择工具来选择。

（3）输入提示词：在下方的提示词输入框中，描述想要为选定区域重新生成的图片。

（4）迭代和调整：根据需要，重复以上过程，细化区域或尝试不同的参数，直到达到满意的效果。

刘斌找到了昨天使用 AI 生成的那张施放魔法风格的混合图，按照前述使用步骤进行操作，用矩形框选择工具，选择了角色的发型部分，如图 10-13 所示，在输入提示词时，刘斌想了想，要不给他重新生成一个超级赛亚人的发型吧，陶戈看到了肯定会吓一跳。

图 10-13 使用图像编辑工具选择想要重新生成的区域

刘斌在提示词输入框中输入了"super saiyan style yellow hair"（像超级赛亚人一样的黄色头发①），单击"重新生成"，静静地等着 AI 完成发型重绘，重绘后的图片如图 10-14 所示。

图 10-14 局部重绘后的图片

哇哦，太搞笑了，刘斌决定赶紧发给陶戈，吓他一大跳，哈哈！

4. 图像平移

下午三点，刘斌正忙着工作，突然收到陶戈发过来的一条微信消息，打开一看，

———————————

① 本书因色数为单色，所以头发显示为黑色。

原来陶戈给自己发了一张图片（见图 10-15）。

图 10-15　AI 生成的包含一只金色凤凰的图片

刘斌没有放大图片进行查看，只是扫了一眼，心里想："这不是我上午发给陶戈，想吓他一跳的图片吗？他为什么又重新发给我了？难道是不喜欢这个效果？"

"咦，不对呀！这张图片的尺寸不对，我发给陶戈的是正方形的图片，怎么他发给我的图片是长方形的？"

于是刘斌打开了图片，仔细看了一下图片细节。

"啊！！原来是在原图的基础上，在上方添加了一只金色的凤凰，这家伙是怎么做到的？不行，我现在就去找他问清楚。"

刘斌刚从座位上站进来，就被一双大手给按了下去，回头一看，正是陶戈，真是说曹操，曹操就到。

刘斌说："快，给我讲讲你是怎么做到的，在不改变原图主体的情况下，在上面增加了一只金色凤凰，你该不会是偷偷学了 Photoshop，自己在上面加了一个金色凤凰图片素材吧？！"

陶戈眉毛一挑，得意地说道："怎么可能，我要是自己会用 Photoshop，还找你干什么？我当然也是用 AI 生成的啦！"

陶戈接着说："虽然组织上把学习利用 AI 提升设计效率的重要任务交给了你，但我们营销部也没闲着，大家一有空就实践你教给我们的技巧，我们想着，以后可以自己使用 AI 生成一些比较简单的营销效果图，就不用一直麻烦你了，这样也算减轻了你的工作压力，让你把精力放在更重要的设计项目上。"

刘斌感动得热泪盈眶，但还是没忘记让陶戈解释一下，这个效果是如何实现的。

陶戈不好意思地笑了笑，说道："好吧，那我今天就班门弄斧，跟你讲讲我是怎么实现的。"

陶戈一边说着，一边在 AI 工具的浏览页面中，找到了刘斌上午发给他的那张图片，然后指着图片下方的四个箭头图标（见图 10-16），解释道："我就是使用了这里的箭头来实现这个效果的。"

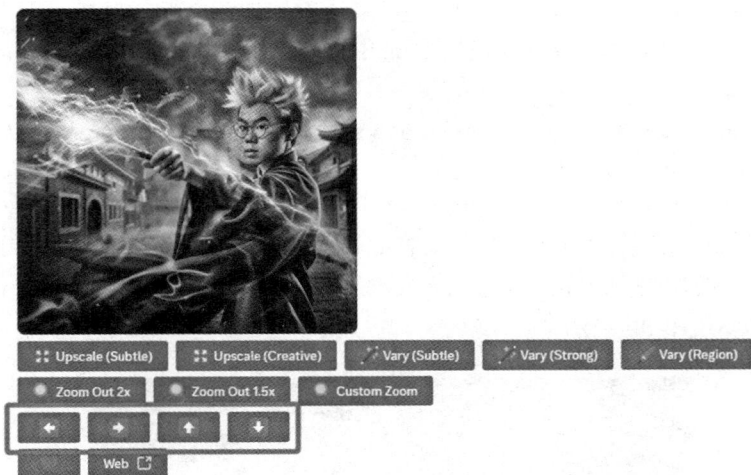

图 10-16　图片平移功能

刘斌不解地问道："这四个普普通通的箭头图标有什么神奇之处呢？"

陶戈接过话头，说道："这四个箭头图标有个统一的功能名称——图像平移，顾名思义，就是可以在原图的基础上，将图片往上下左右四个方向进行延展，从而更改图片的高度或宽度，并同时保持画面的整体协调，神奇的是，在平移图像的时候，可以在延展的区域中增加新的素材，所以我就在你发给我的这张图片上，加上了一只金色凤凰。是不是很简单？"

陶戈："再告诉你一个小秘密，我们可以在延展后的图片上，继续使用这个图像平移功能，这个功能是可以重复使用的，这就意味着可以在任意方向上无限地进行图片延展，是不是很酷！"

刘斌："的确是一个看起来很简单，却非常实用的一个功能啊，又获得了一项新技能，感谢分享，以后肯定能用上，哈哈！"

5. 生成配文的图片

闲来无事，刘斌又开始练习使用 Midjourney。突然一个想法从刘斌脑子里闪过，他发现之前用 AI 生成图片时，都没有考虑同时生成文字的情况，AI 是否能做到在生成图片的同时生成文字呢？

虽然可以用平面设计软件（例如 Photoshop）在后期添加文字，但毕竟多了一道工序。如果能够让 AI 直接生成配文的图片，岂不是能进一步提升效率？

而且，如果能同步生成文案和图片，文案与图片的融合度会更高，看起来更和谐。

刘斌心想，理论上应该是可行的，但还是实操验证一下吧。为测试 AI 能否直接生成包含文字的图片，刘斌在提示词输入框中输入了如下指令。

---

a chinese man is making coffee in a modern cafe, there are words "职人大咖" behind him --cref [图片 URL] --cw 0

这条指令跟之前使用角色参考参数的指令基本一致，主要的差异就在于要求 AI 在角色的背后增加四个汉字——"职人大咖"，耐心等待图片生成，看看效果吧！生成的图片如图 10-17 所示。

图 10-17　使用 AI 生成带"职人大咖"四个汉字的图片

生成的图片本身并没有问题，但是没有一张图片上的文字正确。刘斌要求 AI 重新生成了好几遍，无一例外，每张图片上的文字都不对，看来 Midjourney 在生成汉字的准确性上还是存在提升空间的。

等等，刘斌转念一想："要不我试试生成英文？"

于是刘斌在提示词输入框中，将刚刚那条指令中的中文字符改成了英文，具体如下。

> a chinese man is making coffee in a modern cafe, there are words "Prof.Cafe" behind him --cref [图片 URL] --cw 0

AI 这次生成的图片如图 10-18 所示，英文字符基本上都是正确的。

图 10-18　使用 AI 生成带英文"Prof.Cafe"的图片

虽然当前不能使用 Midjourney 正确生成带中文的图片，但至少知道了这个 AI 工具的限制。

如果只是简单生成带英文的图片，AI 还是可以胜任的。刘斌把自己用 AI 生成带文字的图片的方法也传授给了营销部门的同事，对他们应该也是有帮助的。

6. 批量生成图片

刘斌刚把手头的事情忙完，正准备冲一杯最喜欢的冰美式犒劳一下自己。

陶戈冲到了自己的工位面前，说道："刘斌，我有个关于使用 AI 批量生成图片的问题，你能帮我解决吗？比如，我希望在一次营销活动中，同时生成三张或四张图片，将其分别发布到不同的营销渠道，例如小红书、微信朋友圈、微信公众号等，但是每次都要复制一遍同样的命令来生成图片，或者是等一张图片生成完成后，才能重新生成另外一张图片，有点浪费时间。有没有什么办法可以用一条指令，批量生成多张图片呢？"

刘斌说："当然有呀，我之前在测试的时候，就经常这么干，我会指示 AI 同时生成几张图片，然后我就能做其他工作，而不用一直操作 AI，两边都不耽误。"

刘斌一边打开 Midjourney，一边接着说："其实很简单，只需要使用一个叫 Repeat（重复）的参数就可以了，这个参数的使用规则如下。"

/imagine prompt：[提示词] --repeat [重复次数，数值范围为 2~40]

紧接着，刘斌在提示词输入框中输入了如下命令，实操演示给陶戈看。

/imagine prompt：a chinese female barista with long hair is making coffee --r 3

AI 会提醒用户是否确定要同时生成三张图片，如图 10-19 所示。

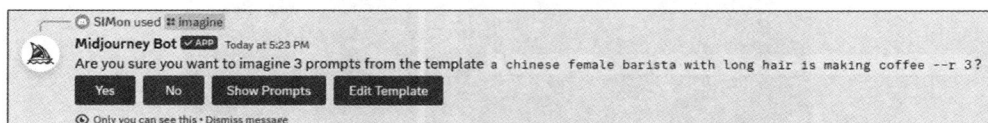

图 10-19　使用重复参数功能的确认提醒

单击"Yes"后，AI 就会一次性完成三张图片的生成。

"这也太简单了吧！"陶戈在一旁小声说道。

刘斌扑哧一声笑了出来，说道："简单？那我再给你演示一个有点难度的。"

刘斌噼里啪啦地敲起了键盘，在提示词输入框中输入了如下指令。

/imagine prompt：a chinese {female,male} barista with {black,yellow} hair is making coffee

陶戈突然发现，虽然指令中并没有使用重复参数，但 AI 也提醒用户确认是否生成多张图片，如图 10-20 所示，而且还是同时生成四张图片，这是怎么回事？

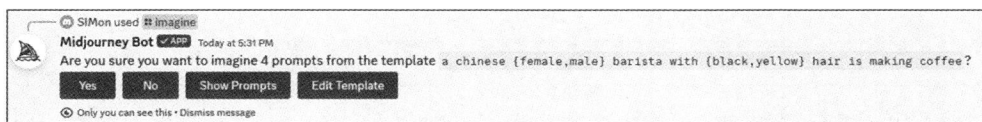

图 10-20　未使用重复参数功能的确认提醒

刘斌一边等着 AI 生成图片，一边解释："你看到了命令里有两个大括号吧，分别是 {female,male}、{black,yellow}。你可以理解为这是两组可选列表，每组可选列表里面有两个值，这就相当于告诉 AI，从第一个可选列表中，依次使用其中的所有值，再依次搭配第二个可选列表中的所有值，分别生成一张图片，这样就会形成四种搭配，从而能够同时生成四张图片。"

将这两组列表中的值两两搭配后，生成了四组指令，如下所示。

a chinese female barista with black hair is making coffee

a chinese female barista with yellow hair is making coffee

a chinese male barista with black hair is making coffee

a chinese male barista with yellow hair is making coffee

刘斌："怎么样，现在应该明白，为什么即使我没有在指令中使用重复参数，AI 依然能够同时生成多张图片了吧！"

陶戈："终于看明白了，这个用法真高级，相比于使用重复参数只能生成同种风格的多张图片的限制，这种使用大括号来组合不同值的方式，显得更加灵活了。"

陶戈："不过刘斌，我还有个小问题，你别笑我。我是不是可以在命令中加入更多的大括号，或者是在原有的大括号中加入更多的值，让 AI 同时生成更多图片呀？"

刘斌："原则上可以，但要注意 AI 一次能生成的图片数量的上限。若要求生成的图片的数量超过上限，即使不报错，可能也会导致 AI 负荷过重，出现问题。"

陶戈："明白啦，我要赶紧把这两个技巧分享给其他小伙伴！"

10.3　AI 文生图辅助工具

1. AI 图片工具的提示词公式

经过近一个月的研究和使用，刘斌已经非常熟悉使用 AI 图片工具的规则、技巧以及相应的提示词，也整理出来一套适用的提示词万能公式，具体如下。

形容词＋主体＋行为＋艺术形式＋光线效果＋色彩风格＋视角

比如，提示词如下：一个中国（形容词）女孩（主体）正坐在树荫下看书（行为），光线非常柔和（光线效果），细节丰富（色彩风格①）的面部特写（视角）。AI 生成的图片如图 10-21 所示。

图 10-21　一个中国女孩正坐在树荫下看书，光线非常柔和，细节丰富的面部特写图片

根据实际情况，配合之前学习到的各种参数（例如图片尺寸、风格、质量等参数），就能够获得符合自己需求的图片。

不过，刘斌记得有次跟陶戈吃饭的时候，陶戈提到了一个小问题，他说由于他并不是专业的设计人员，对于清晰、完整地描述一张图片，其实是存在一定困难的。比如描述光线、角度、人物风格等，陶戈只会使用几种常见的描述词，因此总感觉生成的图片少点什么，每次都需要对生成的图片进行反复调试，这样才能获得比较满意的结果，陶戈觉得如此反复甚是苦恼。

对于这个问题，其实是有解决方案的。刘斌在研究各种 AI 生成图片工具时，发现了一些辅助类工具，这些工具可以提升 AI 生成图片的效率。

比如有一些可以安装在浏览器中的插件，可以在使用 Midjourney 时，以简单、可视化的方式，帮助用户完善提示词，使提示词贴近前文提到的提示词万能公式。

---

① 本书因色数为单色，所以彩色显示为黑白色。

这类插件有很多，使用方法也大同小异，但是刘斌觉得用得比较顺手的一个浏览器插件叫 Image Prompter（图像提示器），平时它的图标会悬浮在网页右侧，当单击该插件图标后，会弹出相应页面。

Core Prompt（核心提示词），是指由用户填写的，对希望生成的画面场景的描述，其中包括人物主体和行为。而其他的关于风格类型的描述，则通过切换选项卡，并选择自己想要的样式就可以实现了，完成所有选择后，Final Prompt（最终提示词）就会展示完整的提示词，这样用户就可以直接复制这段提示词到 AI 生成图片工具中使用了。

最后一个名为"parameter"（参数）的选项卡，允许用户直接把想要的参数配置放到最终提示词中，这对新手而言是非常友好的，免去了需要记忆众多参数的烦恼。

2. Weshop：局部重绘利器

除了像 Midjourney 这种非常定制化、灵活的 AI 生成图片工具，其实还有一些更加方便、快捷，用于解决某个特定问题的 AI 生成图片工具。

例如，用户已经有一张不错的营销图片了，但是希望仅改变某个部分的细节，而其他部分维持原样。这可以使用 Midjourney 中的局部重绘功能实现，但对新手用户而言，解决特定问题的 AI 生成图片工具操作起来会更加方便快捷。

比如一款叫作 Weshop（唯象）的在线 AI 生成图片工具，它可以快速实现图片的局部重绘，使用起来非常简单。

只需要简单的三步就能完成了。

第一步，新建任务，并上传一张需要调整的素材图片，如图 10-22 所示。

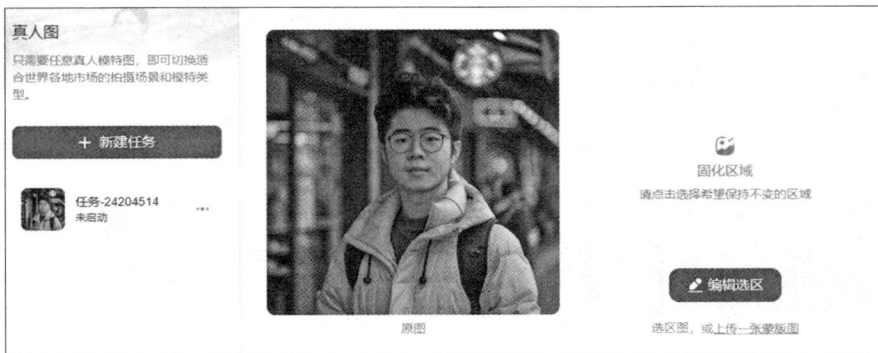

图 10-22　Weshop 上传图片页面

第二步，选择需要保留的区域，比如选择示例图中人物的面部（见图 10-23），表示仅保留面部，此操作会导致图中其他内容发生改变。

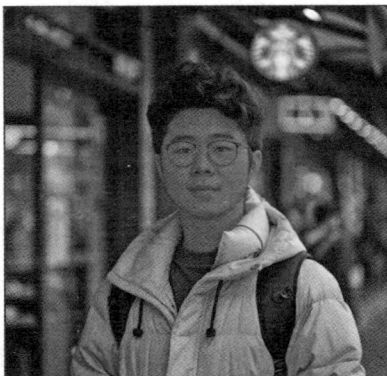

图 10-23　Weshop 选择保留区域

第三步，按照自己喜欢的方式来生成图片，这里有三种方式可供选择，如图 10-24 所示。

● **文字描述**：输入常规的提示词即可。

● **快捷模板**：从工具预设的模板中选择应用，适合新手用户。

● **高级自定义**：顾名思义，满足定制化的需求，适合高阶用户。

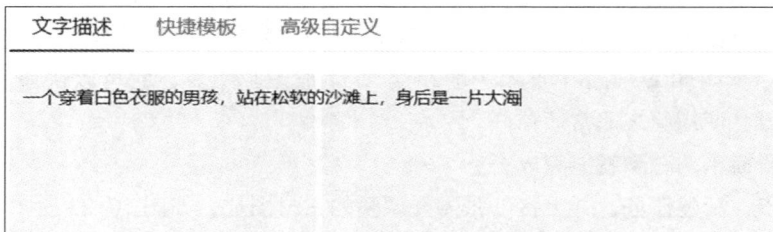

图 10-24　Weshop 生成图片的三种方式

很快，Weshop 就生成了图片（如图 10-25 所示）。

图 10-25　Weshop 生成的图片

相比于 Midjourney 的复杂指令和参数设置，Weshop 能够更快地在已有素材上进行二次创作，不仅可以重新生成背景，也可以重新生成面部，甚至是某一个很小的部分，Weshop 的可操作性和易用性更强。

虽然原本只是寄希望于设计部门使用 AI 工具来提升产出营销素材的效率，但是没想到，在刘斌把这些 AI 工具操作技巧分享给营销部门后，营销部门也能自己使用 AI 工具生成常规的营销素材，用于一些不那么正式的营销场景，例如微信朋友圈营销和小红书营销等。

设计部门不仅能够把更多的精力放在更重要的设计项目上，而且在有了 AI 工具的辅助后，工作效率也大幅提升，已经能够完全满足营销部门的设计需求了，实现了双赢！